《列国志》编辑委员会

主　任	陈佳贵		
副主任	黄浩涛　武　寅		
委　员	（以姓氏笔画为序）		
	于　沛	王立强	王延中　王缉思
	邢广程	江时学	孙士海　李正乐
	李向阳	李静杰	杨　光　张　森
	张蕴岭	周　弘	赵国忠　蒋立峰
	温伯友	谢寿光	
秘书长	王延中（兼）　谢寿光（兼）		

中国社会科学院重大课题
国家"十五"重点出版项目

列国志

GUIDE TO THE WORLD STATES

中国社会科学院《列国志》编辑委员会

墨西哥

谌园庭 编著

社会科学文献出版社
SOCIAL SCIENCES ACADEMIC PRESS (CHINA)

墨西哥行政区划图

墨西哥国旗

墨西哥国徽

尤卡坦半岛乌斯马尔的"四方修道院"

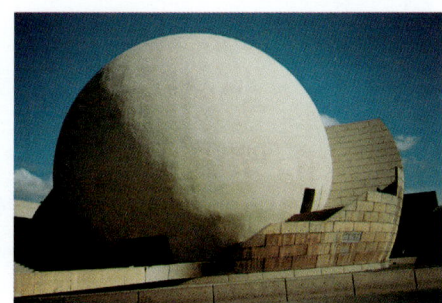

蒂华纳市文化宫

墨西哥城的"美洲塔"

照片均为徐世澄摄

墨西哥城美术馆

墨西哥城国民宫内壁画

墨西哥国立自治大学图书馆

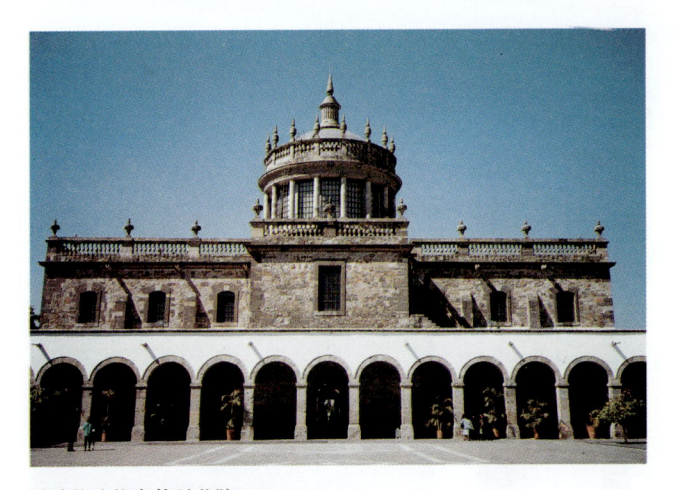

瓜达拉哈拉市的孤儿院

墨西哥城"中国钟"

普埃布拉市的"中国公主"

墨西哥城市中心索卡洛广场印第安人舞蹈

坎昆"金字塔"式的旅馆

图伦遗址

奇琴伊察金字塔

尤卡坦半岛奇琴伊察玛雅古观象台

特奥蒂华坎太阳金字塔

前　　言

　　自1840年前后中国被迫开关、步入世界以来，对外国舆地政情的了解即应时而起。还在第一次鸦片战争期间，受林则徐之托，1842年魏源编辑刊刻了近代中国首部介绍当时世界主要国家舆地政情的大型志书《海国图志》。林、魏之目的是为长期生活在闭关锁国之中、对外部世界知之甚少的国人"睁眼看世界"，提供一部基本的参考资料，尤其是让当时中国的各级统治者知道"天朝上国"之外的天地，学习西方的科学技术，"师夷之长技以制夷"。这部著作，在当时乃至其后相当长一段时间内，产生过巨大影响，对国人了解外部世界起到了积极的作用。

　　自那时起中国认识世界、融入世界的步伐就再也没有停止过。中华人民共和国成立以后，尤其是1978年改革开放以来，中国更以主动的自信自强的积极姿态，加速融入世界的步伐。与之相适应，不同时期先后出版过相当数量的不同层次的有关国际问题、列国政情、异域风俗等方面的著作，数量之多，可谓汗牛充栋。它们

对时人了解外部世界起到了积极的作用。

当今世界,资本与现代科技正以前所未有的速度与广度在国际间流动和传播,"全球化"浪潮席卷世界各地,极大地影响着世界历史进程,对中国的发展也产生极其深刻的影响。面临不同以往的"大变局",中国已经并将继续以更开放的姿态、更快的步伐全面步入世界,迎接时代的挑战。不同的是,我们所面临的已不是林则徐、魏源时代要不要"睁眼看世界"、要不要"开放"问题,而是在新的历史条件下,在新的世界发展大势下,如何更好地步入世界,如何在融入世界的进程中更好地维护民族国家的主权与独立,积极参与国际事务,为维护世界和平,促进世界与人类共同发展做出贡献。这就要求我们对外部世界有比以往更深切、全面的了解,我们只有更全面、更深入地了解世界,才能在更高的层次上融入世界,也才能在融入世界的进程中不迷失方向,保持自我。

与此时代要求相比,已有的种种有关介绍、论述各国史地政情的著述,无论就规模还是内容来看,已远远不能适应我们了解外部世界的要求。人们期盼有更新、更系统、更权威的著作问世。

中国社会科学院作为国家哲学社会科学的最高研究机构和国际问题综合研究中心,有11个专门研究国际问题和外国问题的研究所,学科门类齐全,研究力量雄厚，有能力也有责任担当这一重任。早在20世纪90年代初，中国社会科学院的领导和中国社会科学出版社就提出编撰"简明国际百科全书"的设想。1993年3月11日，时任中国社会科学院院长的胡绳先生在科研局的一份报告上批示："我想，国际片各所可考虑出一套列国志，体例类似几年前出的《简明中国百科全书》，以一国（美、日、英、法等）或几个国家（北欧各国、印支各国）为一册，请考虑可行否。"

中国社会科学院科研局根据胡绳院长的批示，在调查研究的基础上，于1994年2月28日发出《关于编纂〈简明国际百科全书〉和〈列国志〉立项的通报》。《列国志》和《简明国际百科全书》一起被列为中国社会科学院重点项目。按照当时的计划，首先编写《简明国际百科全书》，待这一项目完成后，再着手编写《列国志》。

1998年，率先完成《简明国际百科全书》有关卷编写任务的研究所开始了《列国志》的编写工作。随后，其他研究所也陆续启动这一项目。为了保证《列国志》这套大型丛书的高质量，科研局和社会科学文献出版社于1999年1月27日召开国际学科片各研究所及世界历史研究所负责人会议，讨论了这套大型丛书的编写大纲及基本要求。根据会议精神，科研局随后印发了《关于〈列国志〉编写工作有关事项的通知》，陆续为启动项目拨付研究经费。

为了加强对《列国志》项目编撰出版工作的组织协调，根据时任中国社会科学院院长的李铁映同志的提议，2002年8月，成立了由分管国际学科片的陈佳贵副院长为主任的《列国志》编辑委员会。编委会成员包括国际片各研究所、科研局、研究生院及社会科学文献出版社等部门的主要领导及有关同志。科研局和社会科学文献出版社组成《列国志》项目工作组，社会科学文献出版社成立了《列国志》工作室。同年，《列国志》项目被批准为中国社会科学院重大课题，国家新闻出版总署将《列国志》项目列入国家重点图书出版计划。

在《列国志》编辑委员会的领导下，《列国志》各承担单位尤其是各位学者加快了编撰进度。作为一项大型研究项目和大型丛书，编委会对《列国志》提出的基本要求是：资料翔实、准确、最新，文笔流畅，学术性和可读性兼备。《列国志》之所以强调学术性，是因为这套丛书不是一般的"手册"、"概览"，而是在尽可能吸收前人成果的基础上，体现专家学者们的研究所得和个人见解。正因为如此，《列国志》在强调基本要求的同时，本着文责自负的原则，没有对各卷的具体内容及学术观点强行统一。应当指出，参加这一浩繁工程的，除了中国社会科学院的专业科研人员以外，还有院外的一些在该领域颇有研究的专家学者。

前言

　　现在凝聚着数百位专家学者心血、约计 150 卷的《列国志》丛书，将陆续出版与广大读者见面。我们希望这样一套大型丛书，能为各级干部了解、认识当代世界各国及主要国际组织的情况，了解世界发展趋势，把握时代发展脉络，提供有益的帮助；希望它能成为我国外交外事工作者、国际经贸企业及日渐增多的广大出国公民和旅游者走向世界的忠实"向导"，引领其步入更广阔的世界；希望它在帮助中国人民认识世界的同时，也能够架起世界各国人民认识中国的一座"桥梁"，一座中国走向世界、世界走向中国的"桥梁"。

《列国志》编辑委员会
2003 年 6 月

CONTENTS

目 录

第一章　国土与人民 / 1

第一节　自然地理 / 2

　一　地理位置 / 2

　二　地形特点 / 3

　三　河流与湖泊 / 6

　四　气候 / 8

第二节　自然资源 / 9

　一　矿物 / 9

　二　植物 / 10

　三　动物 / 12

第三节　行政区划 / 13

　一　州 / 13

　二　联邦区 / 29

　三　市 / 32

第四节　居民与宗教 / 37

　一　人口 / 37

　二　民族 / 39

CONTENTS

目 录

三 语言 / 41

四 宗教 / 42

第五节 民俗与节日 / 43

一 服饰 / 43

二 饮食 / 44

三 礼仪 / 46

四 习俗禁忌 / 48

五 节日 / 49

第六节 国旗、国徽和国歌 / 54

一 国旗 / 54

二 国徽 / 54

三 国歌 / 55

四 国鸟雄鹰 / 56

第二章 历 史 / 57

第一节 古代印第安文明 / 57

一 奥尔梅克文化 / 58

二 特奥蒂瓦坎文化 / 59

CONTENTS

目　录

三　玛雅文化 / 61

四　托尔特克文化 / 63

五　阿兹特克文化 / 64

第二节　殖民地时期 / 67

一　墨西哥的征服 / 67

二　殖民统治 / 69

第三节　独立战争 / 71

一　独立战争前夕的墨西哥 / 71

二　多洛雷斯呼声 / 74

三　莫雷洛斯领导的游击战 / 76

四　墨西哥独立和共和政体的建立 / 78

五　独立初期的墨西哥 / 80

第四节　墨美战争和华雷斯改革 / 83

一　墨美战争 / 83

二　1854年革命和华雷斯改革 / 85

三　英、法、西三国武装干涉 / 87

第五节　1910~1917年革命和卡德纳斯的改革 / 89

一　迪亚斯的独裁统治 / 89

CONTENTS
目 录

　　二　1910~1917年革命 / 92

　　三　护宪运动 / 94

　　四　卡德纳斯改革 / 96

第六节　1940~2000年革命制度党执政时期 / 100

　　一　1940~1970年稳定发展时期 / 100

　　二　1968年学潮和埃切维里亚革新 / 102

　　三　墨西哥债务危机 / 104

　　四　发展模式的危机与改革 / 106

第七节　21世纪初的政权更迭 / 110

　　一　2000年大选与政治格局变化 / 110

　　二　2006年大选与纷争 / 111

第三章　政　治 / 114

第一节　宪法 / 114

　　一　1814年宪法 / 114

　　二　1824年宪法 / 114

　　三　1857年宪法 / 115

　　四　1917年宪法 / 115

CONTENTS

目　录

第二节　国家机关 / 118

　　一　总统 / 118

　　二　内阁 / 119

第三节　立法与司法 / 120

　　一　联邦议会 / 120

　　二　司法机构 / 123

第四节　政党、团体 / 124

　　一　政党 / 124

　　二　社会团体 / 137

第四章　经　　济 / 139

第一节　概述 / 139

　　一　经济简史 / 139

　　二　发展水平和经济结构 / 146

第二节　农牧业 / 147

　　一　概况 / 147

　　二　种植业 / 149

　　三　畜牧业 / 150

CONTENTS

目 录

　　四　林业 / 150

　　五　渔业 / 151

第三节　工业 / 152

　　一　制造业 / 152

　　二　建筑业 / 155

　　三　能源业 / 156

　　四　矿业 / 157

第四节　商业和服务业 / 160

　　一　商业 / 160

　　二　服务业 / 161

第五节　交通与通信 / 162

　　一　公路 / 163

　　二　铁路 / 163

　　三　水运 / 164

　　四　航空运输 / 166

　　五　电信 / 167

第五节　财政与金融 / 168

　　一　财政 / 168

CONTENTS

目 录

  二 金融 / 171

  三 货币制度与货币政策 / 173

  四 汇率制度和外汇制度 / 175

  五 国际储备 / 176

  六 外债 / 176

 第六节 对外经济关系 / 177

  一 对外贸易 / 177

  二 外国资本 / 180

 第七节 旅游业 / 187

  一 旅游业概况 / 187

  二 主要旅游胜地 / 188

第五章 军 事 / 206

 第一节 概述 / 206

  一 军队发展史 / 206

  二 国防体制 / 210

  三 国防预算 / 213

CONTENTS

目 录

第二节 军种与兵种 / 214

 一 陆军 / 216

 二 海军 / 218

 三 空军 / 220

 四 准军事部队 / 221

第三节 兵役制度、军衔制度和军事院校 / 221

 一 兵役制度 / 221

 二 军衔制度 / 223

 三 军事院校 / 223

第四节 对外军事关系 / 226

 一 与美国的军事外交关系 / 226

 二 联合国维和行动 / 227

第六章 教育、科学、文艺、卫生、体育 / 229

第一节 教育 / 229

 一 简史 / 229

 二 教育地位 / 231

CONTENTS
目　录

　　三　教育体制 / 233

　　四　师资 / 241

第二节　科学技术 / 242

　　一　科技政策 / 242

　　二　自然科学 / 243

　　三　社会科学 / 244

第三节　文学艺术 / 245

　　一　文学 / 245

　　二　戏剧和电影 / 249

　　三　音乐和舞蹈 / 254

　　四　美术 / 257

第四节　医疗卫生 / 260

　　一　医疗设施 / 260

　　二　医疗制度 / 261

　　三　医疗保障制度 / 262

第五节　体育 / 265

第六节　新闻出版 / 267

CONTENTS

目 录

    一   平面媒体 / 267

    二   广播电视 / 270

第七章　外　　交 / 273

第一节　外交政策 / 273

    一   防御性外交政策时期（1910~1970）/ 273

    二   第三世界主义外交政策（20世纪70~80年代初期）/ 277

    三   外交政策的重心向经济利益转移（20世纪80年代中期至2000年）/ 280

    四   新世纪外交政策的变化和传承（2000年以后）/ 287

第二节　同美国的关系 / 288

第三节　同拉美国家的关系 / 292

    一   同拉美国家的关系 / 292

    二   同古巴的关系 / 294

第四节　同欧盟的关系 / 296

CONTENTS

目 录

第五节 同苏联、俄罗斯的关系 / 298

    一 同苏联的关系 / 298

    二 同俄罗斯的关系 / 299

第六节 同亚太国家的关系 / 300

    一 同亚太地区国家的关系 / 300

    二 同日本的关系 / 301

第七节 同中国的关系 / 302

    一 政治关系 / 302

    二 双边贸易 / 303

    三 双边经济合作 / 304

第八节 对当前重大国际问题的立场 / 305

附 录 / 308

主要参考文献 / 312

第一章

国土与人民

墨西哥（México）全称墨西哥合众国（Estados Unidos Mexicanos），墨西哥人常常称自己的国家为墨西哥共和国。1821年墨西哥宣布独立后，有两次称"墨西哥帝国"的短暂时期，一次是1822~1824年，伊图尔维德于1822年5月自称皇帝，遭到民众的反对，于1824年7月被处决。另一次是1863年法国军队占领墨西哥城后，于1864年4月扶植奥地利皇帝的幼弟马克西米利亚诺大公登上墨西哥的"王位"。1867年墨西哥人民取得抗法战争的胜利，处决了马克西米利亚诺，墨西哥帝国从此不复存在。

相传墨西哥的国名来源于印第安纳瓦特尔语的"墨西特里"（Mēxihtli）一词。墨西特里是阿兹特克人战神和太阳神的别名。删去"特里"，加上词尾"哥"（意为"地方"），意即战神指定的地方。此外，还有一种说法是，墨西哥一词在纳瓦特尔语中，意思是"月亮的中心"，寓意为"宇宙的中心"[1]

---

[1] 徐世澄著《墨西哥》，外国习俗丛书，世界知识出版社，2000，第23页。

墨西哥

第一节 自然地理

一 地理位置

墨西哥位于北美洲西南部，介于北纬14°32′27″~32°43′06″，西经86°42′36″~118°27′24″之间。北部隔布拉沃河（美国称格兰德河）与美国相邻，两国边境线长达3152公里；东临墨西哥湾和加勒比海；东南接危地马拉、伯利兹，与两国的边境线分别为956公里和193公里；西、南濒太平洋。从地理位置来看，墨西哥具有独特性和优越性：一方面，它是北美洲和拉丁美洲的连接点，著名的特万特佩克地峡将北美洲和中美洲连成一片，是纵贯南北美洲陆路交通的必经之地，因此，墨西哥素有"陆上桥梁"的美称；另一方面，东西两面濒临大西洋和太平洋，为其发展提供了各种机遇。

墨西哥国土面积1964375平方公里，其中陆地面积1959248平方公里，岛屿面积5127平方公里[①]。国土面积居世界第14位，在拉丁美洲仅次于巴西、阿根廷，居第3位。海岸线长11122公里，其中太平洋海岸7828公里，墨西哥湾、加勒比海岸3294公里。其领海有300万平方公里经济专属区和35.8万平方公里大陆架。

沿海有众多的岛屿。其中太平洋沿岸有雷维亚希赫多群岛、塞德罗斯岛和特雷斯－马里亚斯群岛，在加利福尼亚湾有蒂布龙岛和安赫尔－德瓜达岛，在加勒比海中有穆赫雷斯岛和科苏梅尔岛等。

---

① http：//www.sre.gob.mx/english/

二 地形特点

墨西哥地形复杂，最早入侵墨西哥的西班牙殖民者埃尔南·科尔特斯对墨西哥广泛分布的陡坡地面作了一个形象的比喻：墨西哥像一块揉皱了的手帕。

墨西哥土地面积的5/6是高原和山地，平均海拔约1800米。全境东、西、南三面为马德雷山脉所环抱，中间为较平坦的墨西哥高原。高原南部的南马德雷山脉，火山雪峰林立，称为横断火山带，许多火山海拔在3000米以上，地震频繁。高原的西部边缘有西马德雷山脉，海拔2000多米，地势崎岖险峻，成为高原地区与太平洋沿岸地带交通的障碍。全国只有墨西哥湾、加利福尼亚湾和太平洋沿岸有狭长的平原。全境大致可分为6个特征显著的地形区。

墨西哥高原 北起墨、美边界，东、西、南三面为东马德雷山脉、西马德雷山脉和横断火山带所环绕，面积占墨西哥陆地面积的大部分。高原边缘山脉的外侧陡峭，内侧平缓宽广，使高原在地貌形态上似一"方桌"隆起在两侧海岸平原之上，所以墨西哥高原又称"桌状高原"。

墨西哥高原大致以北纬22°为界分成南北两部，地势由北向南逐渐抬升。北部高原平均海拔约1000米，内有许多被山岭隔开的内陆沉积盆地，如马皮米盆地、迈兰盆地等，地势平坦，故又称"北部盆地"，当地人叫"博尔松"，气候温热干燥，农业需靠灌溉。南部称"中央高原"，地势高峻，平均海拔2000～2500米，多宽广平坦的山间谷地和火山锥，内有许多湖泊和山间谷地，如托卢卡谷地（海拔2800米）、墨西哥谷地（2300米）、普埃布拉谷地（2200米）等，土地肥沃，气候温和，年降水量700～1000毫米，是墨西哥主要农业区。矿物资源丰富，多铅、锑、锌、汞、银、铜、铁、锰等矿藏。北纬19°线附近，从西向东耸立着300多座火山，称横断火山带，构成墨西哥中央高原的南部边界。横断火山带有全国最高峰奥里萨巴峰（海拔5610米）和次高峰波波卡特佩特火山（5452米），以及伊斯塔西瓦特尔火山（5290米）、托卢卡火山（4558米）、内华达科利马火山（4268米），还有20世纪40年代才出现的帕里库廷火山（2774米）。

奥里萨巴峰，又名西特拉特佩特尔火山，位于韦拉克鲁斯州和普埃布拉州的交界处。是墨西哥最高峰，为北美洲第三高峰。1848年有人首次登上该峰。奥里萨巴峰是休眠火山。山体呈圆锥形，峰顶有3个火山口。4500米以上长年积雪，以下多乔木林。1545~1566年曾多次喷发，最后一次喷发为1687年，至1878年几乎完全熄灭，但在1941年又有微弱活动。

波波卡特佩特火山横跨普埃布拉州、墨西哥州和莫雷洛斯州，海拔5452米，是墨西哥第二高峰，也是墨西哥最著名的火山。"波波卡特佩特"是印第安语，简称"波波"，意为"冒烟的山峦"。该火山1994年年底结束了长达70年的休眠状态，开始进入活动期。1997年6月30日，波波卡特佩特火山曾发生较大喷发，2000年年底以来一直轻度喷发，火山周围地区处于黄牌警戒状态。

横断火山带以南为东西向大断层，巴尔萨斯—梅斯卡拉河谷蜿蜒其间。大断层以南为东西走向的南马德雷山脉，长1200公里，平均宽100公里，平均海拔2000米，最高峰特奥特佩克山，海拔3703米，由火山侵入岩和古老岩浆岩构成，富铁、锑、铋等矿藏，地震频繁。

西马德雷山脉和太平洋沿海平原 西马德雷山脉位于墨西哥高原西缘，呈东南—西北走向。从瓦哈卡州的米斯特科山结沿太平洋岸延伸到墨美边境，长约1300公里。该山脉由许多条平行山脉组成，宽为80~250公里，海拔一般为2500多米，最高峰韦韦托山，海拔 3150 米。东坡平缓，西坡陡峭，为内地高原与太平洋沿海平原交通的障壁；山地大部分为熔岩所覆盖，富金、银、铜等金属矿藏。

东马德雷山脉和墨西哥湾沿岸平原 东马德雷山脉位于墨西哥高原东缘，东南—西北走向。北起墨美边境的布拉沃河谷地，南至瓦哈卡州的米斯特科山结，全长 1000 余公里。以北纬 20°为界分南北两段：南段海拔在 3000 米以上，多火山和熔岩高原，富金、银、铅、铁矿；北段海拔一般在 1000 米左右，为一褶皱山地，最高峰佩尼亚山海拔 4054 米。多金属矿藏。墨西哥湾沿岸地带有数片不相连接的平原，沿岸及附近的大陆架是重要石油和天然气产区。

地峡地区 地峡地区位于东南部，介于墨西哥湾和太平洋特万特佩克湾之间。南部是恰帕斯马德雷山脉，平均海拔 2000 米，气候干燥；中部是谷地和台地；北部为丛林密布的塔巴斯科平原，覆盖热带雨林，气候湿热，富藏石油和硫黄。西部的特万特佩克地峡最窄处宽约 220 公里。构造上属一下陷谷地，地势波状起伏，海拔多不足 200 米。建有纵贯地峡南北的铁路、公路和输油管，为太平洋与大西洋间的陆上交通捷径。

尤卡坦半岛 位于墨西哥湾和加勒比海之间，将加勒比海从墨西哥湾中分离出。半岛平均宽约 320 公里，海岸线长约 1100 公里。整个半岛地势南高北低，平均海拔不足 200 米。半岛由珊瑚礁和多孔石灰岩构成，表面覆盖一层干薄泥土，形成低矮台地，岩溶地貌广泛。地表水多渗入石灰岩洞，河湖缺乏，北部尤甚，多为荒凉的沙滩；东部沿岸多陡峭的悬崖，且海湾众多，大小岛屿散布其间，最大的为科苏梅尔岛。

下加利福尼亚半岛 位于墨西哥西北部，墨西哥湾与太平洋之间，北邻美国。自西北向东南延伸 1223 公里，宽 50～250 公里，平均宽度 75 公里，面积 14.37 万平方公里，形似北美大陆的"瘦臂"。它是北美海岸山脉的延伸,大部分为海拔500～1500米的山地,地势北高南低,最高点为北部的恩坎塔达峰,海拔3078米;中部多火山,海拔1995米的特雷斯-比赫内斯火山知名;拉巴斯以南,海拔降至250米。山地东坡陡峭,沿海平原狭窄;西坡平缓,平原较宽。海岸曲折,多小岛。

三 河流与湖泊

内河网稀疏,源短流急,多不利通航。墨西哥河流主要分为三个水系:大西洋水系、太平洋水系和内流水系。墨、美边境的布拉沃河(格兰德河)是全国最长的河流。东南沿海的格里哈尔瓦河、帕帕洛阿潘河和乌苏马辛塔河的径流量占全国河流径流量的40%,过去经常泛滥成灾,现筑有水坝控制洪水。西南部的巴尔萨斯河径流量占全国河流径流量的15%,多急流险滩,富水力资源。西北部沿海平原上的索诺拉河、亚基河、富埃尔特河等,虽径流量不大,但流经西部干旱地区,灌溉意义极大。北部高原属内流区,河流少而短,最重要的是纳萨斯河和阿瓜纳瓦尔河,沿岸是全国著名的棉产区。尤卡坦半岛由海拔200米左右的石灰岩台地构成,雨水几乎全部沿着石灰岩孔隙渗入地下,属无流区。湖泊多分布在中部高原的山间盆地中,最大的是查帕拉湖。

大西洋水系 乌苏马辛塔河,位于危地马拉西北部和墨西哥东南部,发源于危地马拉马德雷山脉东北坡,源流名叫奇克索河。上游有一段为墨西哥与危地马拉两国界河,长300公里,乌苏马辛塔河全长1110公里,流域面积10.3万平方公里,年均径流量546亿立方米。主要支流有:帕西翁河、拉坎图姆河等。

帕帕洛阿潘河,位于墨西哥东南部的韦拉克鲁斯州,由韦拉克鲁斯州和瓦哈卡州边界附近几条河流汇合而成,最终注入坎佩切湾。年均径流量411亿立方米。主要源流有圣多明各河、奇奇卡蒂阿帕河和圣克里斯托瓦尔河。受墨西哥飓风的影响，几乎每年都发生洪水泛滥。1947年起墨西哥政府开发帕帕洛阿潘河流域，排干沼泽，开垦土地，修筑防洪坝和水电站，分配农田，安顿移民。这一水系自阿尔瓦拉多湖上溯240公里可通航。

格里哈尔瓦河，位于墨西哥东南部，源流叫奎尔科河，发源于危地马拉马德雷山与墨西哥索科努斯科山之间的山间谷地，最终注入坎佩切湾。河流全长766公里，流域面积5.22万平方公里，年均径流量约463亿立方米。主要支流有嫩通河、圣米格尔河、大萨利纳斯河、圣多明各河、苏恰帕河、本塔河、皮丘卡尔科河、塔科塔尔帕河等。

布拉沃河，在美国称"格兰德河"，源出美国落基山，注入墨西哥湾。全长3034公里，从华雷斯至河口长2019公里，是墨西哥和美国的界河。流域面积47万平方公里，其中墨西哥境内约占23.95万平方公里。河口形成典型的三角洲。流域内大部分地区气候干燥，植被稀疏，水量较小，含沙量大。主要支流有孔乔斯河、萨拉多河和圣胡安河。布拉沃河流域春夏两季多暴雨，洪水期为6~11月，因缺乏防洪的根本措施，常致水灾。20世纪30年代以后，墨美两国在沿河地带修筑一系列拦河坝、水库等水利设施，集灌溉、防洪于一体。沿岸形成著名的灌溉农业区。因水浅，不利航运。境内沿河主要城市有华雷斯、新拉雷多、雷诺萨。

太平洋水系 莱尔马—圣地亚哥河，全河由两段组成，前段发源于中部高原的莱尔马湖，称莱尔马河，汇入查帕拉（Chapala）湖。流出查帕拉湖后称圣地亚哥河，汇入太平洋。莱尔马—圣地亚哥河全长1006公里，流域面积约12.8万平方公里，年均径流量114.6亿立方米。其中，莱尔马河长563公里，流域面积5.25万平方公里；圣地亚哥河干流长443公里，多险滩、瀑布，不通航，但其肥沃的土地具有重要的经济价值。全河有众多支流，上、下游干流及其支流构成了墨西哥最大的水系，沿河两岸分布着许多重要大城市。

巴尔萨斯河，位于墨西哥中南部，发源于普埃布拉州境内阿托亚克河，注入太平洋。全长840公里，流域面积10.7万平方公里，年均径流量122亿立方米。巴尔萨斯河流经横断火山带与南马德雷山脉之间的大峡谷，支流众多，水量较为丰沛。

查帕拉湖，是墨西哥面积最大的淡水湖，位于哈利斯科州东北部海拔1800米的高原上，北距瓜达拉哈拉约50公里。东西长约77公里，南北宽约16公里，面积约1080平方公里，平均深度10米。莱尔马河从东面注入，圣地亚哥河从东北角流出。富产淡水鱼。湖中有两个小岛，秋冬多水鸟，北岸有查帕拉镇，气候宜人，风景优美，为游览胜地。

四 气候

墨西哥气候复杂多样。北回归线横贯墨西哥中部，南部地处热带，北部地处亚热带。由于境内多高原和山地，垂直气候极为明显，形成了多种气候类型。其湿热和半湿热气候类型所占面积为国土总面积的27.8%；极干旱和干旱气候类型地区占49.1%；温和气候类型地区占23.1%。

墨西哥沿海平原、地峡地区，海拔大多在1000米以下，年均气温在25～27.7℃以上，属热带气候；尤卡坦半岛，平均海拔不足200米，气候干热，为热带草原气候；东南沿海和向风山坡年降水量一般为1500～3000毫米，为热带雨林气候；中央高原由于东马德雷山脉阻挡东北信风吹入，年降水量700～1000毫米，属温带多雨气候，终年气候温和，山间盆地年均气温在24℃左右；北部广大地区，风从干燥内陆吹来，年降水量在500毫米以下，甚至不足250毫米，形成大片荒漠和半荒漠，大部分为沙漠气候；海拔3000米以上的高山地区，年均气温在0℃以下，属寒带苔原气候。

除少数高山地区外，各地最冷月份平均气温一般都在 12℃ 以上。全国大部分地区分旱、雨两季，11 月至次年 5 月是旱季；雨季从 6 月至 10 月，集中了全年 75% 的降水量。最旱月份为 2 月，降水量仅 5 毫米；降水最多月份为 7 月，降水量约 170 毫米。墨西哥 70% 的地方气候干燥或半干燥，蒸发量大，因此境内约 80% 的土地缺水。墨西哥干旱和半干旱地区年降水量一般在 200～500 毫米之间，水资源仅占全国的 7%，而其可耕地面积却占全国的 53%；湿热地区年降水量一般在 1500～3000 毫米，有的地方高达 4000～5000 毫米，水资源占全国总量的 64%，其可耕地面积仅占全国的 11%。干旱缺水是制约墨西哥种植业发展的一个重要因素。

第二节 自然资源

一 矿物

墨西哥处于环太平洋成矿带上，矿产资源丰富。能源矿产资源有石油、天然气、铀和煤；金属矿产有铁、锰、铜、铅、锌、金、银、锑、汞、钨、钼、钒等；非金属矿产有硫黄、石墨、硅灰石、天然碱和萤石等。其中储量居世界前列的矿产有：银位居世界第 2 位；铜、石墨和天然碱位居世界第 3 位；硫黄和重晶石位居世界第 6 位；钼、铅和锌位居世界第 7 位；锰位居世界第 8 位。

墨西哥具有丰富的油气资源，据墨西哥能源部公布的数据，截至 2006 年年底，墨石油总储量为 461.97 亿桶，其中已探明石油储量为 150 亿桶左右，潜在储量约 312 亿桶。由于新探明储量不足以弥补开采量，墨西哥石油储量呈逐年下降趋势，到 2008

年年底，已探明的石油储量下降至 143 亿桶。目前，墨西哥已探明石油储量居世界第 14 位，石油产量居世界第 6 位。截至 2008 年年底，已探明的天然气剩余可采储量为 3727.08 亿立方米，居世界第 31 位。主要的含油气区为：东北部气区、坦皮科油区、韦拉克鲁斯油气区和南部油气区。煤炭资源主要分布在东北部的科阿韦拉州和南部的瓦哈卡州。

银矿和金矿主要分布在中央高原和西马德雷山脉，最大的金矿是墨西哥州的雷亚尔—德奥罗矿。西马德雷山区储藏着铅、铜、锑、钨、锡、铋、汞等有色金属，是墨西哥最重要的有色金属资源分布地区。

表 1-1　2007 年墨西哥主要矿产的储量及存储量基础

单位：万吨

产品	储量	储量基础
银	3.7	4
铅（金属量）	150	200
锌（金属量）	700	2500
铜（金属量）	3000	4000
钼（金属量）	13.5	23
锰（金属量）	400	900
铁矿石（矿石量）	70000	150000
铁（金属量）	40000	90000

资料来源：Mineral Commodity Summaries，2008。

二　植物

墨西哥森林覆盖面积约为 4930 万公顷，占世界森林总面积的 1.19%。树木种类繁多，既有温带和高山寒带的松杉、栎树，又有热带的棕榈、榕树、木兰等。在恰帕斯州

第一章　国土与人民

热带丛林中，盛产50多种木材质地优良的树种，如黑檀木、桃花心木、花梨木和西班牙杉树。在特万特佩地峡和尤卡坦半岛，盛产人心果树。

墨西哥原始森林破坏严重，根据墨西哥环境部2002年公布的卫星数据显示，墨西哥的森林资源正在遭到毁灭性的破坏，森林面积减少的速度比政府预计的要快两倍，墨西哥已成为世界上毁林率最高的国家之一。

墨西哥植物资源丰富，有2.6万多种植物。其中以仙人掌最为出名。仙人掌是墨西哥的标志之一，墨西哥也被誉为"仙人掌之国"。墨西哥的仙人掌品种繁多。据统计，全世界已知的仙人掌科品种有1000多种，在墨西哥就可以找到500多种，其中有200多种是墨西哥的本地品种。它们千姿百态，有高的、矮的，圆的、扁的，开花的、结果的，开的花朵有黄色、红色、紫色等，五彩缤纷，无奇不有。其中最引人注目的是一种叫"皮达哈亚"的仙人掌，枝体高达18米，堪称为仙人掌树。这种仙人掌的分支是从粗大的茎部成直角分出来的，然后又向上与茎平行生长，形成了一只碧绿的巨掌。巨掌上结有鹅蛋般大小的仙人掌果，成熟时呈紫红色，汁多味甜，可作水果，食之沁人心脾。被称为印第安无花果的"诺帕拉"仙人掌，又名"霸王树"，分布很广，茎杈多刺，开红色花，结梨形果，汁多味甜。过去，印第安人将它作为生长胭脂虫和食用水果的一种良种来栽培，因为树上寄生着一种胭脂虫，能提炼名贵的红色染料。还有一种奇异的六角仙人掌和一种叫"图纳"的仙人掌，它们总是不断地从茎部长出新枝，其颜色随着季节的变化而变化，时而呈绿色，时而呈黄色，有时还会现出红色。

仙人掌用途十分广泛。它的汁液可以解渴，被称为"荒漠之泉"；它的嫩芽可以做成各种美味菜肴，清脆可口；它的纤维可以制粗布；茎可以作燃料和建材。所以，墨西哥人对仙人掌怀

墨西哥

有特殊的感情,每年约 8 月中旬都要在著名的仙人掌产地——米尔帕阿尔塔地区,欢度仙人掌节。节日期间,展出用仙人掌制作的各种食品,设在路旁的摊点当场烹炒仙人掌菜肴,供游人品尝。

龙舌兰以及龙舌兰文化是墨西哥所特有的。龙舌兰是墨西哥原生的植物,拥有很大的茎部,当地人称为龙舌兰的心(piña),其长得非常像一颗巨大的凤梨,多汁富含糖分,因此常被用来发酵酿酒。早在欧洲人发现新大陆之前,当地的印第安文明就已掌握用龙舌兰汁酿酒的技术。以龙舌兰为原料酿造的特基拉酒,是墨西哥的国酒,也是世界上最受欢迎的烈性酒之一。墨西哥政府有明文规定,只有栽培在哈利斯科州的特基拉镇一带的特种龙舌兰为原料所酿制的酒,才允许冠以"特基拉"之名出售。

墨西哥人与龙舌兰有着千丝万缕的关系:在龙舌兰的茎叶上用刀划开一小口,便流淌出了汁液,用嘴吮吸可解渴;许多印第安人住屋,都是用龙舌兰的高大苔茎盖的;有的人家门前还在两棵树之间挂着一个吊床,而吊床和所用的绳子都是用龙舌兰的叶茎制成的;有的住户家门前存放着许多龙舌兰的苔茎,这些龙舌兰苔径还可以用作饲料、柴火和做家具。不少街头摊点有用龙舌兰植物纤维制作的工艺品小包、小鸟,以及布、衣服、头巾和拖鞋等出售。

三 动物

墨西哥物种资源丰富,是全球 5 个拥有最多物种的国家之一。遍布墨西哥的高山松林、炙热沙漠和潮湿的热带雨林构成了一个庞大的生态系统网络:墨西哥有 526 种哺乳动物,居世界第 2 位。爬行动物种类位居世界首位,墨西哥国家统计局提供的资料显示,全世界 700 多种爬行动物中有 570 多种栖息在墨西哥。有 1150 种鸟类,居世界第 10 位。

鹿和丛林狼广泛分布于马德雷山系。西马德雷山脉北部边远地区仍可见到灰狼。灰熊在 1960 年以后，可能已在野外灭绝，但黑熊的数量相当稳定。大型猫科动物（美洲豹和美洲狮）已相当稀少，但棉尾兔很多，环颈西猯还相当多，野火鸡和较小的猎鸟亦为数不少。

海牛、雪貂、海龟、白尾鹿、鳄鱼、红足塔兰图拉毒蜘蛛等动物因人为滥捕已濒临灭绝。估计 900 多种受到墨西哥法律保护的动物中，部分稀有物种在今后 10 年内有可能从墨西哥国土上消失。

第三节　行政区划

墨西哥现有 31 个州和 1 个联邦区，总称 32 个联邦单位。州以下设市，联邦区下设区，全国共有 2454 个市[①]。州和市在地方事务上享有自主权。

一　州

联邦宪法规定："各州在一切地方事务上享有自由和自主权。"各州均有自己的宪法和立法、行政、司法机构。然而各州可行使的权力实际上受到联邦宪法许多条款的限制，州政府仅在土地、财政、教育、司法、公共服务、地方治安等方面有一定程度的自主权。

州的行政首长是州长，由各州选民直接选举产生，任期 6 年，期满后终生不得再任。各州政府设秘书长一名，协助州长处理政府各部门工作。州政府行政官员均属州长领导。

州的立法机关，称州议会，均为一院制。州议员任期 3 年，

---

① http：//www.sre.gob.mx/english/

期满全部改选，不得连选连任。州议会的选举办法与联邦众议院相似，也采用多数代表制和比例代表制相结合的方式，议席数目按各州人口比例决定。

各州的法院系统一般分为两级。最高一级法院有的称州最高法院，有的称州高等法院。法官均由州长提名，州议会批准，其数目各州不一。州的基层设初审法官（一些州称普通法官），基层法官都由州高等法院任命。州的法院系统主要审理普通的刑事、民事案件。

31个州分属于五大统计区。

北部地区7个州

科阿韦拉州，全称"科阿韦拉德萨拉戈萨州"。面积149982平方公里，人口24.95万（2005年）。首府萨尔蒂约。最早有印第安部落在此定居。16世纪中叶成为西班牙殖民地。1824年设州。1857年与新莱昂州合并，1868年从该州分离出来，单独设州。该州北邻美国。东部为东马德雷山脉。西部是海拔1000米左右的高平原，属北部高原的一部分。气候炎热干燥，年降水量250～340毫米。河流稀少短小，西南部为内流区，多湖泊。境内有墨西哥最大的煤矿，是国内主要煤炭产区。铁、铅、锌、银、铜等矿产蕴藏丰富，总产量居全国领先地位。自20世纪30年代以来，州内修建了一系列水利工程，农业发展迅速，盛产棉花、小麦、葡萄。西南部为全国著名的拉古纳棉区的一部分。畜牧业发达，以养牛、羊为主，牛肉向美国出口。工业主要有采矿、冶金、纺织、食品等。境内铁路运输发达。

奇瓦瓦州，面积244938平方公里，居全国第1位。人口324.14万（2005年）。首府奇瓦瓦。古代为塔劳马拉人聚居地。16世纪后成为西班牙殖民地。1824年设州。墨美战争时期一度为美国占领。法国干涉时期，奇瓦瓦市曾是华雷斯政府驻地。该州是民族英雄潘乔·比利亚的主要根据地。北邻美国。西部耸立

第一章 国土与人民

表1-2 墨西哥31个州和1个联邦区人口、面积

地 区	州	人口(2005年统计)	面积(平方公里)	首 府
北部地区	科阿韦拉州 Coahuila de Zaragoza	2495200	149982	萨尔蒂约 Saltillo
	奇瓦瓦州 Chihuahua	3241444	244938	奇瓦瓦 Chihuahua
	杜兰戈州 Durango	1509117	123181	杜兰戈 Durango
	新莱昂州 Nuevo León	4199292	64924	蒙特雷 Monterrey
	圣路易斯波托西州 San Luis Potosí	2410414	63068	圣路易斯波托西 San Luis Potosí
	塔毛利帕斯州 Tamaulipas	3024238	79384	维多利亚城 Victoria
	萨卡特卡斯州 Zacatecas	1367692	73252	萨卡特卡斯 Zacatecas
海湾地区	坎佩切州 Campeche	754730	50812	坎佩切 Campeche
	金塔纳罗奥州 Quintana Roo	1135309	50212	切图马尔 Chetumal
	塔巴斯科州 Tabasco	1989969	25267	比亚埃尔莫萨 Villahermosa
	韦拉克鲁斯州 Veracruz de Ignacio de la Llave	7110214	71699	哈拉帕 Jalapa
	尤卡坦州 Yucatán	1818948	38402	梅里达 Mérida
北太平洋地区	下加利福尼亚州 Baja California	2844469	69921	墨西卡利 Mexicali
	南下加利福尼亚州 Baja California Sur	512170	73475	拉巴斯 LaPaz
	纳亚里特州 Nayarit	949684	26979	特皮克 Tepic
	锡那罗亚州 Sinaloa	2608442	58328	库利亚坎 Culiacán
	索诺拉州 Sonora	2394861	182052	埃莫西约 Hermosillo

15

续表 1 – 2

地 区	州	人口（2005年统计）	面积（平方公里）	首 府
南太平洋地区	科利马州 Colima	567996	5191	科利马 Colima
	哈帕斯州 Chiapas	4293459	74211	图斯特拉-古铁雷斯 TuxtlaGutiérrez
	格雷罗州 Guerrero	3115202	64281	奇尔潘辛戈 Chilpancingo
	瓦哈卡州 Oaxaca	3506821	93952	瓦哈卡 Oaxaca
中央地区	阿瓜斯卡连特斯州 Aguascalientes	1065416	5471	阿瓜斯卡连特斯 Aguascalientes
	瓜纳华托州 Guanajuato	4893812	30491	瓜纳华托 Guanajuato
	伊达尔戈州 Hidalgo	2345514	20813	帕丘卡 Pachuca
	哈利斯科州 Jalisco	6752113	74211	瓜达拉哈拉 Guadalajara
	墨西哥州 México	14007495	21335	托卢卡 Toluca
	米却肯州 Michoacán de Ocampo	3966073	59928	莫雷利亚 Morelia
	莫雷洛斯州 Morelos	1612899	4950	库埃纳瓦卡 Cuernavaca
	普埃布拉州 Puebla	5383133	33902	普埃布拉 Puebla
	克雷塔罗州 Querétaro	1598139	11449	克雷塔罗 Querétaro
	特拉斯卡拉州 Tlaxcala	1068207	4016	特拉斯卡拉 Tlaxcala
联邦区	联邦区 Distrito Federal	17803916	1479	墨西哥哥城 Ciudad de México

资料来源：墨西哥国家统计、地理及信息局。

着巨大的西马德雷山脉，多深邃的峡谷，气候温和，雨量适中，山坡长满葱郁的松树和刺柏，构成墨西哥最大的针叶林带的一部分。中部和东部由许多平原和低台地组成，气候干燥，年降水量250~500毫米。该州是墨西哥最重要的矿业州。西部山区为全国首屈一指的矿区。东南部有驰名世界的圣埃乌拉利亚大银矿。银、铅、锌的蕴藏量和产量均居全国首位。铜、金、铁、汞产量亦占据重要地位。工业除采矿外，还有冶金、纺织、造纸等部门。农业主产燕麦、小麦、玉米、苜蓿。畜牧业颇发达，以养牛为主。首府奇瓦瓦是墨西哥北部最大的铁路枢纽。

杜兰戈州，面积123181平方公里，居全国第4位。人口150.91万（2005年）。首府杜兰戈（全称"维多利亚德杜兰戈"）。西班牙殖民者到达前，有纳瓦、特佩万、萨卡特克等印第安部落在此定居。16世纪成为西班牙殖民地。1824年设州。该州西部是西马德雷山脉，山坡上生长着浓密的松树和刺柏，系墨西哥最大针叶林带的一部分。东部属北部高原，山地气候多样，年降水量在500毫米以下。经济以矿业和畜牧业为主。金和铁的产量均居全国首位，全州拥有300多家矿业公司。北部有广阔的天然牧场，是墨西哥主要牧区之一，放牧牛、马、绵羊；牛肉为大宗出口产品，占全国牛肉出口量的一半以上。农业主要集中在纳萨斯河流域及拉古纳灌溉区，主产菜豆、棉花和小麦。州内有木材加工、畜产品加工等工业。

新莱昂州，墨西哥东北部经济发达的州，是全国第三大工业区。面积64924平方公里。人口419.93万（1995）。首府蒙特雷，是全国第三大城。位于墨西哥东北部。北邻美国。东马德雷山脉自西北向东南贯穿全州，平均海拔2000~2300米。东北部为高平原，向墨西哥湾倾斜。山地气候多样，年降水量在1000~2500毫米。早期有奇奇梅克人居住。16世纪末葡萄牙人路易斯·德卡瓦哈尔在此建立殖民地，后划归新西班牙总督辖区。

墨西哥

1824年设州。矿藏丰富，有银、铅、磷灰石、铁、锰、重土（天然产的氧化钡）等矿。蒙特雷是全国最大的钢铁工业基地，产量占全国半数以上。采矿、有色金属冶炼、造纸、玻璃、化学、水泥、电力、纺织、服装等工业也很发达。"客户工业"的发展，使墨美边境的新拉雷多成为新兴工业城。农牧业兴盛，柑橘产量居全国首位。

圣路易斯波托西州，面积63068平方公里，居全国第15位。人口约241万（2005年）。首府圣路易斯波托西。最早有奇奇梅克人和瓦斯特克人在此居住。1570年西班牙殖民者开始拓殖。自16世纪末发现金、银矿后逐渐繁荣。1824年设州。除东部帕努科河流域是谷地外，均为中央高原，平均海拔1800米左右，地下有丰富的地热资源。气候温和干燥，年降水量仅400毫米，河流稀少。该州以采矿业为主，盛产铜、铝、锌、铅、银、金，并有砷、汞、锡等矿。工业以首府为中心，有冶金、纺织、食品、家具制造等部门。农业集中于土地肥沃的东部谷地，出产玉米、小麦、甘蔗、番茄、苜蓿、水果等。畜牧业较发达，绵羊存栏头数在国内居领先地位。境内交通方便，有铁路和公路通往坦皮科港。

塔毛利帕斯州，面积79384平方公里，居全国第7位。人口302.42万（2005年）。首府维多利亚城。早期有多个印第安部落在此定居。1522年西班牙殖民者埃尔南·科尔特斯派遣贡萨洛·德桑多瓦尔征服该地。1824年设州。该州北界美国。东临墨西哥湾。全境大部分是平原，向墨西哥湾倾斜，仅西部和西南部有东马德雷山脉穿越。山地气候温和，平原炎热，降水量400~1000毫米，由南向北递减。自发现油田后，经济蒸蒸日上，现为本国石油、天然气主要产区之一。马德罗城和雷诺萨是闻名全国的石油工业中心，墨、美边境的马塔莫罗斯为新兴的"客户工业"区。沿海渔业发达。农业主要出产棉花、甘蔗、烟草、

18

水果，南部盛产剑麻。坦皮科为墨西哥最大商港。

萨卡特卡斯州，面积73252平方公里，居全国第10位。人口136.77万（2005年）。首府萨卡特卡斯。古代主要居民为萨卡特克人。1824年设州。该州西部是西马德雷山脉。南部有萨卡特卡斯山脉横峙。东北部为平坦高原。气候温和干燥，年降水量仅300毫米，无较大河流。是墨西哥重要的矿业州之一，其地位仅次于奇瓦瓦州和瓜纳华托州，主要开采铅、锌、银、铜、铝、金；也产锰、铁、锡和汞。农产品有玉米、苜蓿、甘蔗、咖啡、水果等。工业部门较少，仅有冶金、食品、制糖、酿酒、纺织等小型企业。

海湾地区5个州

坎佩切州，面积50812平方公里，居全国第18位。人口75.47万（2005年）。首府坎佩切。早期是玛雅古国的一部分。16世纪40年代中成为西班牙殖民地。17世纪遭荷、英海盗洗劫。1824年建立联邦时，该地属尤卡坦州。1858年单独设州。全境为平缓起伏的石灰岩低台地。北部和西部较高，有海拔200米以上的低丘，气候干热。西南部低平，属热带雨林区。降水量自南向北渐次减少，由于受岩溶地貌影响，雨水多流入地下暗河，地表河流稀少。州内林海茫茫，盛产桃花心木、雪松、洋苏木等具有很高经济价值的珍贵木材。该州人口多集中于沿海地区，内地渺无人烟，经济较落后。剑麻、硬木、糖胶树胶（口香糖原料）、热带水果、岩盐为大宗出口物资。产玉米、甘蔗、水稻、甘薯、木薯和烟草。近海盛产大虾。卡门为全国主要渔港之一，水产加工工业发达。

金塔纳罗奥州，面积50212平方公里，居全国第19位。人口113.53万（2005年）。首府切图马尔。早期为玛雅古国一部分。16世纪中叶成为西班牙殖民地。1824年建立联邦时，属尤卡坦州。1901年划为地区，1931年改归尤卡坦和坎佩切两州。

墨西哥

1935年重新设地区。1974年改为州。该州位于尤卡坦半岛东部，包括科苏梅尔等岛屿，东临加勒比海，南面与伯利兹接壤。全境为岩溶侵蚀平原，洞状陷穴星罗棋布。气候炎热湿润。是墨西哥人口最少的州，每平方公里仅4.2人。州内森林资源丰富，盛产雪松、桃花心木、紫檀、云实、洋苏木等珍贵木材。糖胶树胶产量名列世界前茅，为大宗出口商品。受土质条件影响，农业较落后，以种植玉米、花生、芝麻、热带水果为主。

塔巴斯科州，面积25267平方公里，居全国第24位。人口199万（2005年）。首府比亚埃尔莫萨。古代属奥尔梅克文化圈。1527～1540年间逐渐成为西班牙殖民地。1824年设州。该州地势低平，海拔在200米以下，为格里哈尔瓦河和乌苏马辛塔河的冲积平原，多沼泽、泻湖和热带森林。气候闷热，年降水量2000毫米以上。原以农牧业为主，经济较落后。20世纪60年代以来，在陆上和近海大陆架发现大片油田和天然气田，蕴藏量十分丰富，现已开发横贯恰帕斯和塔巴斯科两州的雷福尔马油田，成为墨西哥新兴的石油产区。此外，还出产甘蔗、咖啡、香蕉、可可、椰子、水稻、硬木、牲畜和鱼虾。

韦拉克鲁斯州，墨西哥海湾地区的一个州，最大石油产区。全称韦拉克鲁斯-利亚韦州。面积71699平方公里。人口711万（2005年）。首府哈拉帕恩里克斯，简称哈拉帕。东部为狭长沿海平原，长690公里，平均宽88公里，平均海拔100米，气候湿热，年平均降水量1500毫米。西部是东马德雷山脉，在州境南部与新生火山山脉交会，气候温和湿润。奥里萨巴火山海拔5610米，为墨西哥最高峰。州内河流众多，有帕帕洛阿潘等40多条河流注入墨西哥湾。是古代奥尔梅克文化的发祥地。此后，有托托纳克人和瓦斯特克人居住。1581年西班牙殖民者胡安·德格里哈尔瓦首先到本地区沿海探险。翌年，埃尔南·科尔特斯率侵略军从古巴出发在韦拉克鲁斯港登陆，并以此为基地征服整个墨西哥大陆。1824年设州。独立后，曾先后3次遭到法、美远征军的侵犯或占领。经济发达，石油产量居全国各州首位。有夸察夸尔科斯、图斯潘、波萨里卡等大油田。炼油、石化、纺织等工业发达。农业在国内占重要地位，玉米、水稻、甘蔗、咖啡、烟草、辣椒等农产品产量丰富。沿海盛产大虾。韦拉克鲁斯港是重要国际商港。

尤卡坦州，面积38402平方公里，人口181.89万（2005年）。首府梅里达。早期是玛雅古国的一部分。16世纪40年代为西班牙殖民者占领，归危地马拉检审庭辖区管辖。18世纪单独建尤卡坦都督辖区。1824年立州。该州位于尤卡坦半岛北部，为平缓起伏的石灰岩低台地，多洞状陷穴和地下暗河。气候干热，年降水量1000毫米左右，5～8月为雨季。自19世纪中叶起，该地即开始发展剑麻和优雅龙舌兰的种植业。这里出产的剑麻和优雅龙舌兰厚实，纤维强韧，为制作缆绳和麻袋的理想材料，产量居世界前列，为墨西哥大宗出口物资，被称为尤卡坦的"绿色金子"。以剑麻为原料的工艺品有地毯、挂毯、褡裢等。农业较落后，产玉米、甘蔗等，主要供应州内消费。工业以制缆绳、麻袋和水产品加工为主。

北太平洋地区5个州

下加利福尼亚州，面积69921平方公里，人口284.45万（2005年）。首府墨西卡利。1534年西班牙殖民者福尔顿·希门尼斯到达该地。殖民时期属新西班牙总督辖区。1824年建立联邦时，属加利福尼亚地区。1931年设北下加利福尼亚地区。1952年改设下加利福尼亚州。该州位于加利福尼亚半岛北部，包括太平洋中的瓜达卢佩岛、塞德罗斯等岛屿，以及加利福尼亚湾的安赫尔-德瓜达岛。北与美国相接。南加利福尼亚山脉纵贯全州，南部和西部多山地，两岸是狭窄的沿海平原，东北部为科罗拉多河冲积三角洲。气候干燥，年降水量250毫米左右。是墨西哥的重要渔业州,沿海盛产大虾、牡蛎和龙虾。科罗拉多河流域为灌溉农业区,有小麦、大麦、玉米、棉花、甘蔗、水果、蔬菜等。墨美边境的蒂华纳是著名的自由港,商业发达,旅游业兴旺。太平洋沿岸有重要的渔港和商港恩塞纳达。北部有铁路通索诺拉州,公路通南下加利福尼亚州。

南下加利福尼亚州,面积73475平方公里,居全国第9位。人口51.22万(2005年)。首府拉巴斯。1534年西班牙殖民者福尔顿·希门尼斯到达该地。1535年埃尔南·科尔特斯占领拉巴斯一带。1824年建立联邦时,属加利福尼亚地区。1931年设南下加利福尼亚地区。1974年改为南下加利福尼亚州。该州位于加利福尼亚半岛南部。东部为山地,多火山。西部有较宽的沿海平原。气候干燥,河流稀少。是墨西哥人口密度最低的州,平均每平方公里仅3人。工业落后。渔业较发达,沿海盛产大虾和牡蛎,为大宗出口商品。主要农畜产品有棉花、甘薯、橄榄、葡萄、牛、猪、羊等。山地有银、铁、铜矿。工业仅有农产品加工、水产品加工、采铜等少数部门。

纳亚里特州,面积26979平方公里,居全国第23位。人口94.97万(2005年)。首府特皮克。1531年成为西班牙殖民地。1824年建立联邦时,该地属哈利斯科州。1884年划为地区。1917年改为州。该州东部是西马德雷山脉,南部是火山带,西部是布拉沃河和圣胡安河水系冲积成的海岸平原。内地温凉干燥,年降水量不足300毫米;沿海气候湿热,年降水量约1000毫米。农业较发达,烟草、香蕉、菜豆产量为各州之冠,亦产甘蔗、玉米、咖啡、小麦和水果。山区谷地以畜牧业为主。特皮克和特夸拉两市有面粉、纺织、化纤、制鞋、锯木、制糖等工业。

锡那罗州,面积58328平方公里,居全国第17位。人口260.84万(2005年)。首府库利亚坎(全称库利亚坎罗萨莱斯)。西班牙殖民者到达前,有印第安游牧部落在此定居。1529~1531

年间为努尼奥·德古斯曼的西班牙侵略军征服。1824 年建立联邦时，该地与索诺拉合并成西部州。1830 年单独设州。全境为西马德雷山脉西麓狭长的沿海平原，沿岸多湖、湾、沼泽。气候炎热，月平均气温 20～25℃，年降水量 700 毫米左右。州内修建有萨纳洛纳、伊达尔戈等大水库，是墨西哥新兴灌溉农业区，水稻产量占全国半数以上，其他农产品有甘蔗、玉米、小麦、棉花、大豆、花生和蔬菜。沿海渔业发达，水产加工工业在国内名列前茅。还有制糖、纺织、建材、造纸、化学等工业。马萨特兰是该州主要港口和渔业基地。铁路纵贯全州，有公路通往杜兰戈等内地城市。

索诺拉州，面积 182052 平方公里，居全国第 2 位。人口 239.49 万（2005 年）。首府埃莫西约。早期有印第安游牧部落在此定居。1530 年努尼奥·德古斯曼率西班牙远征军入侵。1824 年建立联邦时，与锡那罗亚合并为西部州。1830 年单独设州。该州北界美国，西临加利福尼亚湾，东部是西马德雷山区，中部为台地，沿海有狭长冲积平原，西北部是沙漠地带。半干燥气候，沿海炎热，内地温和，年降水量 350～400 毫米。铜产量占全国总产量的一半以上。现为墨西哥小麦主要产区。工业有采矿、冶金、石油提炼、水产加工、纺织、食品等。富水产。畜牧业以养牛为主。濒海城市瓜伊马斯是加利福尼亚湾重要商港。

南太平洋地区 4 个州

科利马州，面积 5191 平方公里，居全国第 29 位。人口 56.80 万（2005 年）。首府科利马。早期有印第安部落在此定居，附属于阿兹特克帝国。16 世纪成为西班牙殖民地。1824 年建立联邦时该地为地区。1857 年改州。该州北有新生火山山脉余脉，南临太平洋，为狭长的沿海平原。气候炎热多雨。阿尔梅里亚河贯穿全州。山区和沿岸广布热带雨林。经济以农业为主，产甘蔗、玉米、椰子、水稻和热带水果。工业不发达，仅有食品

墨西哥

和制革等工业部门。曼萨尼约港为全国良港之一。有铁路和公路与瓜达拉哈拉市相联系。

恰帕斯州，墨西哥国土最南端的少数民族聚居州。面积74211平方公里。人口429.35万（2005年）。首府图斯特拉-古铁雷斯。东邻危地马拉，是地峡地区的一部分，地形起伏较大。北部为多火山的台地，平均海拔2000米。中部是恰帕斯谷地。南部耸立着恰帕斯马德雷山脉，海拔在2000米以上。沿海有狭长的平原，多滨海湖泊。沿海气候湿热，谷地和山地气候温和，年降水量2000毫米以上，南部和西部较少。格里哈尔瓦河流贯全境。古代该地先后为奥尔梅克族和托尔特克族印第安人占有，随后为阿兹特克帝国的一部分。1534年后成为西班牙殖民地。1543年划归危地马拉。1824年经公民投票成为墨西哥的一个州。境内有约30个印第安部族。经济落后，以木材业和热带作物种植业为主。咖啡和香蕉产量均占全国首位，木材生产居全国第4位。农产品有玉米、水稻、甘蔗、芒果等，主要供州内消费。工业主要有木材加工、食品加工、纺织业等。20世纪70年代以来，州内勘探发现蕴藏量丰富的雷福尔马油田，石油工业有了一定的发展。州西北部帕伦克玛雅城邦遗址、西部博南帕克玛雅城邦遗址是玛雅文化的重要代表。

格雷罗州，面积64281平方公里，居全国第14位。人口311.52万（2005年）。首府奇尔潘辛戈（全称"奇尔潘辛戈德洛斯布拉沃斯"）。古代该地为阿兹特克人占有。16世纪成为西班牙殖民地。1849年设州。该州北部是塔斯科山脉和巴尔萨斯河谷地。南部是南马德雷山脉。沿海有狭窄的平原。沿海平原及谷地气候湿热，山地气候温和。巴尔萨斯河谷地土地肥沃，盛产水稻、玉米、甘蔗、菜豆和棉花。太平洋沿岸气候湿热，盛产咖啡、烟草、香蕉等。近海富水产。山区林木葱茏茂密，地下有萤石、金、银、铜、铁、汞、铅、锌等矿。

瓦哈卡州，面积93952平方公里，居全国第5位。人口350.68万（2005年）。首府瓦哈卡（全称"瓦哈卡德华雷斯"）。古代这里是米斯特克人和萨波特克人的文化中心。1529年成为西班牙殖民者埃尔南·科尔特斯的领地。1824年设州。现为少数民族聚居地。该州大部分为海拔2000米左右的南马德雷山脉和瓦哈卡马德雷山脉，仅南部沿海有狭长的平原。全境以热带山地气候为主，年降水量500~1000毫米。盛产咖啡和烟草，还产玉米、水稻、牛、羊。太平洋沿岸的萨利纳克鲁斯港是墨西哥新兴的石油工业基地。

中央地区10个州

阿瓜斯卡连特斯州，面积5471平方公里，居全国第28位。人口106.54万（2005年）。首府阿瓜斯卡连特斯。最初有印第安部落在此定居。16世纪西班牙人到达，当地土著居民全部逃离。殖民时期居民均由西班牙移民及其后裔组成，农业生产水平较高。1824年建立联邦时属萨卡特卡斯州。1857年设州。萨卡特卡斯山的两列支脉纵贯全境，山间为广阔的谷地，气候温热，雨水稀少。境内多温泉。农牧业是该州的经济支柱。农畜产品种类繁多，有干辣椒、菜豆、玉米、葡萄、蔬菜、水果、马铃薯、牛、猪、羊、马等。有银、铅、铜、硫黄、汞、锡等矿。州府阿瓜斯卡连特斯为全州农畜产品的主要集散地，商业繁荣，还有铁路车辆修理、金属冶炼、纺织、陶瓷、烟草、酿酒等工业。

瓜纳华托州，墨西哥第二大矿业州。面积30491平方公里。人口489.38万（2005年）。首府瓜纳华托。位于中央地区。北部是西马德雷山脉，南部的平原为中央高原的一部分，平均海拔1800米。气候温热，年平均气温19℃，年降水量740毫米。有莱尔马—圣地亚哥河及其支流，湖泊遍布全境。早期居民有塔拉斯克族和欧托米族印第安人。16世纪成为西班牙殖民地。境内的多洛雷斯伊达尔戈是1810年墨西哥独立运动的发源地。1824

年设州。矿藏丰富,金属矿产总蕴藏量和金、银的产量均居全国第 2 位。农业发达,玉米、小麦、苜蓿、马铃薯、鹰嘴豆、辣椒、番茄、菜豆等产量在各州中居领先地位。制造业以食品、纺织、制鞋为主。瓜纳华托是著名旅游胜地和文化艺术中心。

伊达尔戈州,面积 20813 平方公里,居全国第 26 位。人口 234.55 万(2005 年)。首府帕丘卡,全称"帕丘卡德索托"。早期有托尔特克人在此居住,是古代印第安文化发祥地之一。此后奇奇梅克人、阿兹特克人和西班牙人相继占领这一地区。1869 年设州。境内大部分为高原和山地,平均海拔 2000 米以上。属温带气候,年降水量 500 毫米以下。矿产丰富,有金、银、汞、铜、铅等矿,银储量居全国首位。农产品有玉米、水稻、咖啡、龙舌兰、烟草、苜蓿、柑橘等。天然牧场占全州面积的 1/3,主要放牧牛、羊。

哈利斯科州,墨西哥太平洋沿岸中部经济发达的州。面积 74211 平方公里。人口 675.21 万(2005 年)。首府瓜达拉哈拉,是墨西哥第二大城市。地形复杂多变。西马德雷山余脉纵贯全州。新生火山山脉横峙中部。东北部属中央高原,海拔 1500 米左右,气候温和,年降水量约 1000 毫米。西部太平洋沿岸为狭长的沿海平原,气候炎热干燥,年降水量 250～500 毫米。东部的查帕拉湖是墨西哥第一大湖。早期主要居民有奇马尔瓦克族和塔拉斯克族印第安人。1529 年西班牙殖民者努尼奥·德古斯曼征服该地,称"新加利西亚"。1824 年设州。农业发达,玉米、鹰嘴豆、苜蓿、甘蔗、烟草、水稻、小麦、柑橘、柠檬产量居全国前列。瓜达拉哈拉、查帕拉等地区及中央高原畜牧业兴盛。山区矿藏丰富,铁、银、锰、金、铅、铜、锌总产量名列全国第 3 位。境内丛林密布,产松、栎等珍贵木材。近海是墨西哥第二大渔场,盛产河鳟、鲨鱼、石斑鱼、花鳅和海龟。工业以瓜达拉哈拉和古斯曼城为中心,有采矿、纺织、食品、制革、陶瓷等。瓜达拉哈拉是著名旅游胜地。

墨西哥州，墨西哥中央地区经济发达的州，第二大工业区。地处联邦区周围。面积 21335 平方公里。人口约 1401 万（2005 年）。首府托卢卡德莱尔多，简称托卢卡。新生火山山脉横贯中部，最高峰波波卡特佩特火山，海拔 5465 米，山坡气候寒冷，4200 米以上终年积雪。北部墨西哥谷地为内流区，多湖泊、沼泽。南部为土地肥沃的托卢卡谷地，海拔 2600 米以上，土地肥沃，气候温和湿润。古代有为数众多的印第安部落在此定居。1521 年成为西班牙殖民地。1824 年设州。该地疆域经过多次调整，1836 年降为郡，1847 年升州。国民生产总值居全国第 2 位。原以农牧业为主，有玉米、龙舌兰、咖啡、水果、绵羊、乳牛等。20 世纪 60 年代开始重点发展工业，迅速成为墨西哥新兴工业区，有汽车、钢铁、炼铝、化学、机械、纺织、电子等工业。全州拥有 180 多座发电厂，总容量为各州之冠。交通便利，铁路、公路网稠密。主要城市有夸乌蒂特兰、特斯科科等。

米却肯州，全称"米却肯德奥坎波州"。面积 59928 平方公里，居全国第 16 位。人口 396.61 万（2005 年）。首府莫雷利亚。早期是塔拉斯克人聚居地，1522 年西班牙殖民者克利斯托瓦尔·德奥利埃入侵。1824 年设州。州府莫雷利亚是独立运动领袖莫雷洛斯的诞生地。全境大部分地区为西马德雷山脉和新生火山带所盘亘，地势高峻，海拔均在 2000 米以上，火山活动频繁，山间多谷地，土地肥沃，气候温凉。西南太平洋沿岸有狭长平原，气候炎热。全州 74% 的劳动力从事农牧业。沿海平原为全国水稻第二大产区。谷地产柠檬、鹰嘴豆、番茄、玉米、甘蔗和棉花。畜牧业以养猪、牛为主。工业不发达，仅有丝纺、棉纺、面粉、榨油、制糖等。近海渔产丰富。

莫雷洛斯州，面积 4950 平方公里，居全国第 30 位。人口 161.29 万（2005 年）。首府库埃纳瓦卡。1824 年建立联邦时，该地为墨西哥州的一部分。1869年设州,以独立运动领袖莫雷洛斯的姓氏命名。该州除北端有新生火山山脉横亘外,绝大部分为自南而北逐渐升高的平川,属亚热带气候。是墨西哥重要的水稻和甘蔗产区,盛产玉米、小麦、蔬菜、水果和咖啡。畜牧业发达,产牛、猪、羊。州府库埃纳瓦卡有高速公路通联邦区,行程仅一个多小时。

普埃布拉州,墨西哥中央地区经济发达的州。面积33902平方公里。人口538.31万(2005年)。首府普埃布拉。地势崎岖。西北为东马德雷山脉。中部火山带横峙,海拔1500~2400米。南部巴尔萨斯谷地和东北部比较平坦。早期居民有托托纳克族和特拉斯卡拉族印第安人。16世纪中叶成为西班牙殖民地。1824年设州。法国干涉时期,在萨拉戈萨将军指挥下,全州军民进行了英勇的抗法保卫战。纺织、汽车、炼钢、食品、建筑等工业发达。矿产有金、铅、锌、银、大理石等。农业盛产水稻、甘蔗、苜蓿、甘薯和水果。猪、羊等畜牧业兴盛。以玛瑙、陶器、玻璃、首饰等工艺品驰名。普埃布拉是著名古城。

克雷塔罗州,全称"克雷塔罗德阿特阿加州"。面积11449平方公里,居全国第27位。人口159.81万(2005年)。首府克雷塔罗。早期有欧托米人在此居住。1531年成为西班牙殖民地。1824年立州。该州北部有东马德雷山脉盘亘。南端是克雷塔罗山脉。中部为坦荡的克雷塔罗谷地。气候温和湿润,年降水量1500毫米以上。中部谷地土地肥沃,水源充足,农业发达,出产玉米、甘蔗、棉花和薯类。全境半数面积覆有天然牧草,畜牧业兴旺,有牛、羊、驴、马。矿产以蛋白石和汞最多,另外还开采银、铁、铜、金、水晶和大理石。工业以纺织、食品、锯木为主,多集中于首府。

特拉斯卡拉州,面积4016平方公里,居全国第31位,是墨西哥最小的州。人口106.82万(2005年)。首府特拉斯卡拉

(全称"特拉斯卡拉德西科坦卡尔")。古代居民为特拉斯卡拉人，分属4个酋长管辖，西班牙殖民时期设省。1824年作为地区加入联邦。1857年改为州。新生火山山脉自东而西横贯全境，平均海拔在2100米以上。气候温和，年降水量800毫米，河流短小。以农牧业为主，有牛、羊和猪。主要农作物有玉米、大麦、小麦、马铃薯、菜豆等，因水土流失严重，农业发展受到影响。萨瓦潘为墨西哥纺织业的第二中心。手工艺颇发达，手织毛毯和呢绒久负盛名。

二　联邦区

联邦区是联邦直辖区，其地位虽和州相同，但除司法权外，在地方事务中不享有自主权。联邦区的行政事务，由联邦区行政长官负责管理，联邦区行政长官是内阁成员；由总统任命，但从1997年起改为选举产生，职责不变。联邦区虽有自己的法律，但没有议会，它的法律由联邦议会制定。联邦区有独立的司法机关，高级审判机关称联邦区高等法院，其法官由总统任命。基层设治安法官、轻罪法官、民事法官、初审法官等。联邦区下分16个区，各区设区政府，与市同级。1821年墨西哥独立时定为首都所在地。原先首都由墨西哥城和联邦区组成，分属不同机构管理。1970年两个单位合并，统称联邦区，又名墨西哥城。

墨西哥城是墨西哥合众国首都，政治、经济和文化中心，全国最大的城市。地处中央高原经济发达地区的核心位置。面积近1500平方公里，人口1780.39万（2005），为世界特大城市之一。全城分为16个区，由联邦区行政公署统一管理，直辖于联邦政府。

位于中央高原南缘海拔2238米的墨西哥谷地内，四周为墨西哥州所环绕。东部有特斯科科湖，北、西、南三面分别为帕丘

卡山、克罗塞斯山和阿胡斯科火山,海拔均在4000米以上。东南有2座死火山:波波卡特佩特火山(5450米)和伊斯塔西瓦特尔火山(5290米)。地质构造不稳定,多地震。北纬19度线穿过市中心,地处内陆,地势高,气候凉爽干燥,年平均气温15.2℃,1月和7月平均气温分别为12℃和17.6℃。年平均降水量711毫米。雨季5月至9月,干季10月至翌年4月。

美洲最古老的城市 墨西哥城是旧称特诺奇提特兰(意即"特诺奇祭司所在地")。始建于1325年。由印第安部族阿兹特克人按照其主神维奇洛波奇特利的启示所建。曾为阿兹特克帝国都城和经济、军事、宗教中心。该城建在特斯科科湖的两座小岛上,用3条长堤与湖岸相连,城内有40多座大小神庙以及豪华的宫殿。1521年被西班牙殖民者科尔特斯率领的侵略军所毁,两年后殖民者在废墟上建起了墨西哥城。1535年被定为新西班牙总督辖区的首府。1821年墨西哥独立时定为首都,1824年设立联邦区,开始了近代楼房的建设。20世纪初,政府修建了排水隧道和水渠,将四周湖水排干,墨西哥城与大陆土地开始连成一片。此后该城不断扩展,居民人数持续增长。如今已发展成为一座繁华的现代化的大都市。该城市人口约占全国总人口的1/5。

全国最大的经济中心 具有全国最完整的工业体系,制造业中以化工、冶金、机械、电子、汽车制造、纺织、食品、印刷、制药、钢铁、水泥、橡胶、制革、卷烟等部门最为突出。工业产值占全国工业总产值的50%,商业占45%,服务行业占52%,银行金融活动占63%,对外贸易占62%,掌握着全国的经济命脉。

全国最大的交通枢纽 是15条公路、4条铁路干线的交会点,与国内主要城市和港口相连接。全国最大航空港,有20多条国际航线。市内有6条地下铁道,总长100多公里。

全国文化中心 集中了全国75%的高等院校。位于市区南部大学城的墨西哥国立自治大学拥有教师2.8万名,在校学生

第一章 国土与人民

27万多名，是拉丁美洲地区最古老、也是规模最大的高等学府。墨西哥城是西班牙文出版物最大的出版中心，西班牙语最大的新闻传播和影视转播中心。有50多个不同类型的博物馆、40多个艺术画廊、200多家电影院、30多家剧院、600多个公共图书馆以及一流的体育和运动设施。墨西哥壁画在世界壁画史上占据特殊的地位，墨西哥城集中了全国80%的壁画，是壁画之都。在城中许多建筑物的墙壁上，都有气势磅礴、色彩绚丽，展现墨西哥人民生活和斗争场面的壁画。20世纪20年代初以来，现代壁画相继出现，开创了墨西哥新兴的壁画运动。墨西哥城也是旅游名城。有阿兹特克文化大神庙遗址、特诺奇蒂特兰城的孪生古城特拉特洛尔科、宪法广场、三种文化广场、查普特佩克公园、瓜达卢佩圣母大堂、索切米尔科水上花园等名胜古迹。拉美塔高44层，为全城最高建筑物。有国家重点保护文物1400多处，每年接待国内外游客1000多万人次。

城区呈长方形，南北略长，东西略窄。以阿拉梅达公园为界，东部是老城区，西部是新城区。老城区街区呈正方形或长方形，比较规则。建筑物以西班牙式和巴罗克式为主，并保留着某些印第安文化的遗迹。向西、向南发展的新城，高楼大厦鳞次栉比，街道比较宽阔，主要街道呈斜交，街区不甚规则。主干街道是改革大道和起义者大道。改革大道为高级林荫道，长14.4公里，宽61米，有8条车道，沿街有大使馆、商务大楼、高级旅馆、商店、餐馆等；起义者大道长50公里，自东北向西南斜贯全城，有6条车道。两条大道的交会处有库奥特莫克纪念碑，附近是商业中心。老城区有许多热闹市场：有专营旧货、古董的市场，有专卖舶来品的市场和专售土药和宗教用品的索卡洛市场。工业区主要分布在老城区的东面和北面，尤其集中在马德罗、阿斯卡波察尔科，以及墨西哥州境内的内察瓦尔科约特、埃卡特佩克、库奥蒂特兰。工业区的外围有500

多个贫民窟,占市区面积的40%,棚屋简陋,公共设施差,约有居民400万人,多半是手工业者、铁路工人或失业半失业工人。高级住宅区在市区西南部,如奥夫雷贡区西部的洛马斯区,克罗塔夫公路两侧及卫星城。由于城市发展过快,带来住房紧张、交通拥挤、用水困难、污染严重、就业困难和犯罪率增加等各种问题。

三 市

每个市设市政府,在地方事务中享有一定自主权,但须受州长的督察。市政府由审议会和行政机关组成。审议会是市行政事务的审议、决策机构,成员统称市府委员,任期均为3年,期满全部改选,不得连选连任。审议会的主要职权为:制定有关市政管理的条例、决议、决定;监督行政机关执行审议会决议、决定情况;通过市政府财政决算和预算(须报州议会审议批准);任命市政府行政机关工作人员;审核市政工程建设计划等。市府委员在审议会内部还有一定的职能分工。检审员负责监督市政府的财政并在法律事务中代表市政府。审议员负责监督审议会决议、决定执行情况;分管特定市政常设委员会;提出有关市政的决议、决定草案。市长是审议会的议长,负责召集和主持审议会的例会,在审议会中享有表决权。市长又是市政府行政机关的首脑,负责执行审议会的决议、决定。市长下设秘书、司库及若干行政机构,协助处理行政事务。各市没有独立的司法机构,审法官属州司法系统的辅助人员,只能执行州高等法院和初审法官委托的任务。

瓜达拉哈拉 墨西哥第二大城市,哈利斯科州首府。位于墨西哥西南部,中央高原西缘布拉沃河畔。海拔1567米。气候温和湿润,年平均气温17℃,年降水量约1150毫米。始建于1531年,1542年正式建成。殖民统治时期,是新加西利亚的首府,西部重要的陶瓷业中心和农牧区商业中心。19世纪时，纺织业繁荣。19世纪末开始城市基本建设，拓宽街道，增建地下排水系统。1893年圣地亚哥河上建成水电站，解决了供水供电问题。由于铁路的修建，成为联系首都墨西哥城与西北太平洋沿岸及美国之间的交通枢纽。20世纪40年代起，经济发展迅速，成为墨西哥西部最大的商业、工业和金融中心，有墨西哥硅谷之称。拥有棉纺、食品、化学、金属加工、汽车装备、水泥、制鞋、制革、电器和电子产品等工业。手工业陶瓷、玻璃工艺品等颇为著名。交通便利，太平洋铁路和泛美公路经此，并为航空中心。有1所州立博物馆，3所大学，其中瓜达拉哈拉大学为墨西哥排名第二的大学，拥有学生10多万。市内分为4个区：东北部利伯塔德区是工人住宅区；西北部伊达尔戈区为高级住宅区；西南部华雷斯区是工业区；东南部雷福尔马区，除干道两侧为新工业区外，多为贫民窟。市中心在马约尔广场附近。城内街道整齐，风格和布局富有浓郁的西班牙韵味，有"西部珍珠"之誉，保留了大量殖民时期建筑物，有50多座古教堂，还有德戈利亚多剧院、政府宫、立法宫、司法宫等，是殖民时期文化的精粹。有音乐之乡誉称。

蒙特雷 墨西哥第三大城市，新莱昂州首府。位于东马德雷山与沿海平原交界处，圣卡塔琳娜谷地。海拔538米。气候干燥，冬凉夏热，年平均气温20~25℃，年降水量750毫米左右。1596年为纪念蒙特雷伯爵而建城。殖民统治时期经济非常落后。1888年墨西哥城—蒙特雷—美国得克萨斯州的铁路和20世纪30年代泛美公路的建成，促进了该城的发展，纺织业、采矿业和钢铁工业先后崛起，现为仅次于墨西哥城的第二大工业城市，有"北方王妃"之称。冶金工业中心，拥有全国最大的钢铁企业，生产全国半数以上的钢铁。铅、锌、银、金、铝、铜、铋等有色金属冶炼工业也较发达。还有石油提炼、机械、纺织、造纸、建材、玻璃、烟草、啤酒、食品等工业部门。全国第二大金融中心和股票市场。有许多博物馆和6所高等院校，著名的蒙特雷理工学院为全国两大高等工科学院之一。是北部交通枢纽，有铁路、公路和航空线直通墨西哥城、新拉雷多、坦皮科和马塔莫罗斯。老城区以萨拉戈萨广场为中心，为宗教、行政区，广场四周有殖民时期的大教堂、政府宫等；新城区为工商业区。

普埃布拉 墨西哥中部著名古城。普埃布拉全称"英勇的普埃布拉德萨拉戈萨"，是普埃布拉州首府。位于马林切火山西南的普埃布拉谷地内，阿托亚克河畔。海拔2162米。气候温和，年平均气温16.6℃，年平均降水量830毫米左右。始建于1532年，是墨西哥城与出海口韦拉克鲁斯港之间交通咽喉，战略地位重要。殖民时期是墨西哥文化、宗教中心，被称为"天使城"。1862年萨拉戈萨将军带领全市军民进行了英勇的保卫战，粉碎法国侵略军的围攻，改为现名。是墨西哥重要工业中心，有纺织、汽车、玻璃、水泥、皮革、建材、机械、化工、卷烟等工业。手工艺享有盛名，尤以玛瑙、陶器、首饰著称。交通便利，有铁路、国家公路、航空线通往墨西哥城、韦拉克鲁斯港和南部重镇瓦哈卡。也是旅游胜地，有著名的圣灵怀大教堂、双塔大教堂、圣莫尼卡隐修院等60座教堂。普埃布拉大学建于1537年。

华雷斯 墨西哥北部边境城市，奇瓦瓦州最大城市。位于东北部边境布拉沃河（格兰德河）南岸，与美国埃尔帕索城隔河相望。地势平坦，海拔1160米。气候干燥，年平均气温15℃~20℃，年降水量不足250毫米。除沿河绿洲外，周围是荒漠地带。始建于1662年，原名"埃尔帕索德诺尔特"，因华雷斯总统曾于此建立反法侵略司令部（1865~1866年），在1888年改为现名。是农畜产品集散地，周围灌溉农业区生产棉花、粮食、水果、畜产品。工业以农畜产品加工为主，主要有轧棉、纺织、面粉、酿酒、植物油、肉类加工、皮革、服装、木材、玩具等工业。旅游业发达,有瓜达卢佩大教堂、艺术历史博物馆和大型斗牛场等。交通便利,有铁路、公路、航空线与墨西哥城相通,并有3座桥梁与对岸的埃尔帕索相连。

墨西卡利 墨西哥西北边境城市,下加利福尼亚州首府。位于科罗拉多河支流纽河河畔,墨西卡利谷地中。气候干旱,日光充足,年降水量不足250毫米。1901年建城,其名取自墨西哥和美国加利福尼亚词首,与美国边境城市卡莱克西科相邻。1937年建成从科罗拉多河引水的莫雷洛斯水坝,周围成为美洲著名的灌溉农业区。为长绒棉、水果、蔬菜、粮食、苜蓿以及牲畜等农牧产品的集散地和加工中心。主要工业有棉花加工、面粉、植物油、肥皂、啤酒、运输设备,以及客户工业等。交通方便,有铁路、公路、空中航线与首都、国内各大城市及美国圣迭戈等联系。旅游业发达,街道商店设置颇具异国风貌。有下加利福尼亚自治大学。

韦拉克鲁斯 墨西哥东海岸最大的城市。位于墨西哥湾南部坎佩切湾西岸平原。海拔10~15米。气候湿热,年平均气温25.6℃,年降水量1670毫米,6月至10月有飓风。始建于1519年,是西班牙入侵后在墨西哥大陆上建造的第一座城市。为墨西哥城及中央腹地的出海口,素有"东方门户"之称,战略地位重要。历史上屡遭海盗袭击和法、美侵略军的占领。16世纪一度为总督辖区的首府。后又为华雷斯总统,卡兰萨总统时期的临时首都。全国最大的商港之一,主要输入机器、纺织品、药品等;输出咖啡、烟草、糖胶等农矿产品。工业有冶金、机械、造船、化学、石油加工、纺织、水泥、食品、制鞋、烟草等。有铁路和公路与墨西哥中央高原相连,也是国际航空中继站。有海军学院、海军航空学院、海洋商业学院等。城南海滩为旅游胜地。

圣路易斯波托西 墨西哥北部工业城市,圣路易斯波托西州首府。位于中央高原,海拔1877米。气候温和。始建于1583

年，1658年设市。1863年为华雷斯政府所在地。1910年在此公布"圣路易斯波托西计划"，提出墨西哥革命的政治和社会目标，开始了墨西哥1910~1917年革命。采矿业发达，是银矿业中心。工业有金属冶炼、纺织、食品、制造业等。农业出产玉米、小麦、番茄、苜蓿、水果等。交通便利，有铁路、公路线通往墨西哥城、坦皮科港。1923年设圣路易斯波托西自治大学。市内有西班牙巴罗克式大教堂。

奇瓦瓦 墨西哥北部最大的铁路枢纽，奇瓦瓦州首府。位于西马德雷山脉山谷，海拔1430米。气候温和，雨量适中。16世纪开始有人定居，1709年建城。反法战争期间曾是华雷斯政府驻地。殖民时期是繁荣的矿业中心。畜牧业发达，以养牛为主。交通便利，有航空线、公路经此。1954年设奇瓦瓦自治大学。市内有18世纪墨西哥建筑艺术杰作圣方济各教堂及1810年革命烈士纪念碑。

瓜纳华托 墨西哥著名旅游胜地，瓜纳华托州首府。位于瓜纳华托州西南部，3条深谷交界处，海拔2050米。典型的西班牙殖民城市。始建于1554年，1741年设市。是独立运动领袖伊达尔戈于1810年最早占领的大城市。为16世纪三大产银中心之一。著名的马德雷矿脉曾被认为是世界产量最丰的银矿。1822年受山洪破坏，银矿减产，城市衰微，直到20世纪30年代，随着旅游业的发展和联邦政府对矿业和农业的扶植，经济逐渐好转。有铁路、公路和航空线。设有瓜纳华托大学。城市建筑物与街道保持了殖民地时期的风貌。有瓜纳华托圣母大教堂、拉巴伦西亚纳、圣弗朗西斯科和圣迭戈等著名教堂。

杜兰戈 墨西哥重要商业和矿业城市，杜兰戈州首府，全称"维多利亚德杜兰戈"。位于杜兰戈州南部，西马德雷山脉的富饶谷地。始建于1556年。1823年前曾是新比斯开省政治和教会首府。富藏铁矿，城北塞罗得梅尔卡多山有品质极高的铁矿，是世界最大铁矿之一。工业有棉纺、炼铁、玻璃、面粉、制糖和卷烟等。交通便利,有公路、铁路和航空线。市内设杜兰戈华雷斯大学。以疗养地和附近温泉久负盛名。

阿瓜斯卡连特斯 墨西哥中部商业城市,阿瓜斯卡连特斯州首府。位于中央高原,阿瓜斯卡连特斯河河畔,海拔 1888 米。始建于 1575 年,初为矿工居住区。1661 年设镇。1857 年成为州府。是全州农畜产品的主要集散地,商业繁荣。有铁路车辆修配、纺织、金属冶炼、陶瓷、烟草、酿酒等工业。1973 年设阿瓜斯卡连特斯自治大学。拉帕罗基亚等多所教堂中藏有殖民地时期的宗教艺术品。

第四节 居民与宗教

一 人口

据墨西哥 2005 年人口普查的数据,全国总人口为 103263388 人,其中男性 50249955 人,女性 53013433。[1] 据墨西哥全国人口委员会的数据,2007 年全国总人口为 1.075 亿,仅次于美国和巴西,位居美洲第 3 位,在全球排名第 11 位。其中,女性占 51.3%,男性占 48.7%。国民人均预期寿命为 75.1 岁,其中女性为 77.5 岁,男性为 72.7 岁。人口出生率预计为 18.3‰,人口死亡率为 4.8‰。

从人口年龄结构方面看,墨西哥是一个"年轻"的国家。据 2008 年资料,1~14 岁的人口占人口总数的 29.4%,15~64 岁占 65%,65 岁以上占 5.6%。但随着人口出生率和死亡率的下降,墨西哥人口年龄结构将发生较大变化。墨西哥全国人口委

---

[1] http://www.sre.gob.mx/english/

员会预计，15岁以下人口比例将由2008年的29.4%下降到2050年的16.8%，而65岁以上老年人的比例将从2008年的5.6%上升至2050年的21.2%。

20世纪70年代以前，墨西哥政府一直鼓励生育。长期的殖民统治和战争，使墨西哥失去了大片的国土和大量人口，这使墨西哥人认为，要使墨西哥弥补战争损失，并在今后增强国力和保卫国土，就必须大力增加人口。1897年首次由国家制定了人口增殖法律。1920年，国内战争结束后，政府把人口增长看成是经济发展的基本条件。20世纪30年代，政府禁止避孕节育及其宣传活动。1938年颁布第一部《总人口法》，鼓励提高人口的自然增长。1938年，政府宣布把所有外国石油公司收归国有，从此墨西哥走上了发展民族工业的道路。当时全国人口不足2000万，劳动力明显不足，政府更加提倡多生多育。第二次世界大战后，墨西哥经济发展较快。1947年墨西哥政府制定了第二部《总人口法》，鼓励生育，并严格禁止人工流产和使用节育用品。1959年以后，由政府提供的小学教科书中，大力宣传大家庭的好处，对多子女的家庭给予多种奖励。但20世纪60年代后期，人口负重给经济、社会各方面发展造成的压力越来越大，粮食、失业、住房、城市人口膨胀等问题日益严重。墨西哥本来是个农业国，粮食长期自给自足，但是20世纪70年代开始，大量进口粮食。

1972年4月，政府首先对外宣布本国将采取节育政策。同年9月，埃切维里亚总统宣布，墨西哥政府将采取强硬的节育措施，他说，墨西哥不能在发展途中停车，如果不努力控制人口增长，这个国家将遭受重大挫折，并会失去独立。1973年墨西哥颁布第三部《总人口法》，宣布避孕是妇女的一项权利；把家庭生育计划纳入保健和服务范围；成立国家人口委员会。1978年起草了地区人口政策，降低地区级人口增长率和调整各地的人口分布，对全国和每个州都规定了人口出生率、自然增长率和空间分布数量。节约政策中，墨西哥政府没有经济奖励和惩罚措施，而主要靠宣传教育、学校教育、卫生保健、节育服务、社会保险。节制生育政策推出后，墨西哥人口增长率由20世纪70年代初的34‰降为2007年的18.3‰。

政府加强了对人口分布方面的管理。1978年的地区人口政策中规定，要降低联邦区、蒙特雷和北下加利福尼亚边境沿线城市的人口迁入率；开辟新的移民区，尤其是要控制首都人口的增加。在国际移民方面，墨西哥每年都有大量人口迁移出国，尤其是到美国定居。政府鼓励人口迁出，并关心和保护他们在国外的人权。对归侨同样欢迎。

但人口地理分布不均的状况没有得到改善。2006年，人口密度为每平方公里54.9人，其中一半以上人口集中居住在6个州和联邦区，另有4个州人口都不足100万。以墨西哥城为中心的中央地区诸州人口稠密，其中联邦区平均每平方公里6337人，居全国首位。南北两头人口密度较低，西北部的南下加利福尼亚州每平方公里仅5.3人。

第二次世界大战后，城市化进程大大加速。1940年城镇人口只占全国人口的35.1%，2007年上升至74.6%。墨西哥城、蒙特雷和瓜达拉哈拉等大城市的人口膨胀程度最严重。一些人口则流向了北部"客户工业"城市如华雷斯、蒂华纳，旅游城市坎昆等。

二　民族

墨西哥是个多民族国家。古代居民为印第安人。16世纪西班牙征服墨西哥后，征服者大批屠杀和奴役土著居民，致使人口锐减，劳动力严重缺乏。殖民地当局从16世纪中叶开始输入黑人奴隶。在长达300年的殖民统治时期，西班牙人（移民及其后裔"克列奥"人）、印第安人和黑人不断融合，逐渐形成一个新民族——墨西哥族。墨西哥人口中各种混血人种有 16 个，其中印欧混血种人（"梅斯蒂索"人）占总人口的 91.7%，印第安人占 7.8%，白人、黑白混血种人（"穆拉托"人）以及黑人与印第安人混血种人（"桑博"人）约占 0.5%。

墨西哥有 56 个印第安民族，占人口总数的 11%～13%。①现在，墨西哥印第安人大约有 1200 万人，其中人数最多的是纳瓦特尔族，有 165 万人；其次是玛雅族，有 89 万人，米斯特克族 51 万人，萨波特克族 50 万人，奥托米人 32 万人，这 5 个民族的人口占印第安人口总数的 58%。有 15 个民族人口不足千人，小的部族只有百十人。

印第安人主要集中在中部和南部几个州。根据墨西哥土著人发展全国委员会的统计，印第安人所占人口比重最多的是尤卡坦州，占该州人口总数的 59%；其次是瓦哈卡州（48%）、金塔纳罗奥州（39%），恰帕斯州（28%），坎佩切州（27%），伊达尔戈州（24%），普埃布拉州（19%），格雷罗州（17%），圣路易斯波托西州（15%），韦拉克鲁斯州（15%）。

在墨西哥和拉美各国中，印第安人是一个弱势群体。15 世纪末哥伦布发现美洲大陆后，印第安人遭到了惨无人道的屠杀和虐待，人口锐减了 90% 以上。绝大部分幸存者不得不逃到偏远的内地山区谋生或者就地被同化。他们中除了居住在城镇、有正式工作的极少数境遇好一些外，绝大多数至今仍生活在内地森林、草原地区，从事着农、牧、林、渔业等简单劳作，游离于现代社会之外。印第安人聚居区经济落后、生活困

---

① 这里指只讲土著语的印第安人口数目。如纳瓦特尔族人口总数有 244 万，但只讲本族语言的人口为 160 万。

难、医疗卫生和教育水平低下，各方面状况与主流社会形成了强烈反差。

三　语言

墨西哥官方语言为西班牙语。据统计，5岁以上的居民有12%的人只会讲土著语，不会讲西班牙语。①

墨西哥的西班牙语与各西班牙语国家基本一致，但又有自己的特色。墨西哥西班牙语和美洲其他国家西班牙语一样，不存在第二人称代词的复数形式 vosotros/as，而用 ustedes 指"你们"和"您们"。在语法上，墨西哥人很少用现在完成时，一般用简单过去时代替。在词汇方面，许多在西班牙常用的词汇，在墨西哥的西班牙语里却早已不用，而很多在西班牙被遗忘了的词汇，如今在墨西哥却很有生命力。

英语词汇在墨西哥西班牙语中广泛使用。由于与美国相邻，经常有来自美国的英语词汇融入墨西哥西班牙语中，有些甚至只在墨西哥使用，在西班牙等别的西班牙语国家很少使用，如 closet（壁柜），carro（汽车）等。

土著语言对墨西哥西班牙语影响也很大，尤其是高原地区纳瓦语的影响最大。如墨西哥人过多使用物主形容词就被认为是受纳瓦语的影响，因为纳瓦语的特点之一就是频繁使用物主形容词。在语音方面，则体现在非重读元音弱化，s-z发音没有区别等方面。

印第安人讲各种印第安语。墨西哥印第安语非常繁复，通常认为有5种（一说12种）语族。由于殖民主义者的残杀，印第安人数量在几百年的时间里锐减，再加上文化的同化，印第安人的大部分语言已经灭绝，目前即使会说印第安语言的大部分人也是操双语的人群。

---

①　http：//www.sre.gob.mx/english/

墨西哥

四 宗教

居民中89.7%的人信奉天主教,4.9%信奉基督教新教,0.1%信奉犹太教,2.1%信奉其他宗教,约有3.2%的人没有宗教信仰。① 古代印第安土著居民主要信仰玛雅宗教和阿兹特克宗教。16世纪西班牙人入侵后,天主教开始传播并逐渐成为占统治地位的宗教。信奉瓜达卢佩圣母是墨西哥天主教的特点。罗马教皇在墨西哥派驻有宗教代表,并在墨西哥设有16个教省,这些教省进一步分为70个教区和16个总教区,分别由主教和总主教管理。

墨西哥天主教有自身的特色,信奉瓜达卢佩圣母。1521年,西班牙殖民者征服墨西哥后,西班牙传教士也开始肩负对土著印第安人进行宗教洗礼、改变其宗教信仰的使命。1531年12月12日,一位名叫胡安·迭埃戈的印第安青年在墨西哥城外特佩亚克山上看到身披白色长袍、棕褐色皮肤的圣母显灵。据说,圣母先后出现了4次。圣母消失后,荒地里长出了一束玫瑰花。胡安·迭埃戈采了玫瑰花回去,母亲的病不治而愈。他立即去向主教胡安·德苏玛拉加报告。这个故事一传十,十传百,很快在印第安人中流传开来。印第安人宁可信仰这位与他们肤色相同、"土生土长"的圣母,称她为"瓜达卢佩圣母"。1810年墨西哥争取独立时,领导游击队的伊达尔戈神甫曾以瓜达卢佩圣母像作为旗帜。独立以后,这面旗帜便成了国家的标志。

传说当年圣母显灵的特佩亚克山,成了墨西哥的圣地。18世纪初,在这里修建了一座仿意大利文艺复兴式的瓜达卢佩圣母教堂。后来,又修建了一座现代派风格的瓜达卢佩圣母大教堂。号称世界天主教三大奇迹之一。站在可以容纳4万信众的

---

① http://www.sre.gob.mx/english/

大厅里，从任何角度都可以看到圣坛上的圣母像。教堂近旁，还有一座瓜达卢佩博物馆，里面陈列着不同时代的油画、版画，主题是感激圣母的场面。1981年12月12日瓜达卢佩圣母显灵450周年纪念时，朝圣者达500万人。瓜达卢佩圣母因为代表国家统一、民族与文化融合，从而成为墨西哥的民族象征。她的棕褐色皮肤，使宗教在墨西哥奇迹般地化为民族凝聚力。

第五节　民俗与节日

一　服饰

墨西哥的现代服装是印第安式样和西班牙式样长期混合的产物。大城市居民的服饰已基本欧化，各种款式都有，但仍可看到传统文化的印记。居民们的衣着偏好鲜艳的色彩，据说这和当年玛雅人的习俗是一致的，他们认为色彩对比强烈的衣着能吓退妖魔，保佑众生平安。

日常生活里，在乡村和农场中，墨西哥人总是随季节变化穿着一些简朴的服装。他们往往上穿衣襟绣花的衬衫，下着白色或米色长裤，头戴宽边草帽，脖子上系着红绸花领巾。有时，他们还会再穿上一件马夹，或是外披一件斗篷。平时，墨西哥妇女爱穿色调明快、艳丽的绣花衬衣和图案、款式多变的长裙。出门在外之时，她们还喜爱披上一块用途多样的披巾。

在特殊庆典上，一些墨西哥人会穿着传统服装。在墨西哥人的传统服装之中，名气最大的是"恰鲁"和"支那波婆兰那"。前者是一种类似于骑士服的男装，由白衬衣、黑礼服、红领结、大檐帽、宽皮带、紧身裤、高筒靴所组成，看起来又帅又酷。后者则为一种裙式的女装，它多以黑色为底，金色滚边，

墨西哥

并以红、白、绿三色绣花，无袖、窄腰、长可及地，穿起来令人显得又高贵、又大方。有时候，墨西哥人在庆典活动中还佩戴传统面具。

只有在十分正规的场合，墨西哥人才讲究穿西装或西式套裙。在商务交往中，这种穿法本身就是一种基本的礼貌。墨西哥人非常讲究在公共场合着装的严谨与庄重。在他们看来，在大庭广众之前，男子穿短裤，妇女穿长裤，都是不合适的。因此，在墨西哥人出入于公共场所时，男子一定要穿长裤，妇女则务必要穿长裙。

二　饮食

数百年来，玉米一直是墨西哥人的主食，墨西哥人习惯用玉米制作食品。无论是在大城市，还是小集镇，沿街而卖的各种小吃中也大都是玉米食品。在盛大的国宴上，也常有几道用玉米烹制的美味佳肴。作为一日三餐的家常便饭，许多墨西哥人喜欢喝玉米面的"阿托莱"粥和磨得细细的玉米面制成的"Taco"薄饼，此饼卷着熟肉、奶酪等吃。有用玉米面制作的粽子、玉米饺子；有用玉米酿成的酒等。豆类在墨西哥人的饮食中也占有很大比重，有各种豆类饭、豆类饼、豆类粥、豆类菜等。

在墨西哥，你可以尽情地品尝奶酪玉米片、酿墨西哥辣椒、仙人掌沙拉、恩切拉达卷饼、菲希塔铁板烧、米饭布丁、咖啡蜜富兰、炸冰激凌等墨西哥美食，其中以恩切拉达卷饼、菲希塔铁板烧最具民族特色。恩切拉达卷饼选择的原料为菲力牛肉或鸡腿肉，在烤制前先浸泡在特制的酱汁中，这是墨西哥家家户户经常自制的一种酱汁，世代相传的配方采用了许多当地特有的香料和调味料。酱汁奇特的秘方让腌制过的肉烤制后又香又嫩，使你不得不佩服墨西哥人的聪明巧思。

第一章　国土与人民

有一种名叫"达玛尔"的食品，也是墨西哥人平常爱吃的食品。达玛尔的做法和形状似中国的粽子。它以粗颗粒的玉米面为原料，放入肉片和辣椒馅，用玉米叶或香蕉树叶包裹而成。煮熟后的达玛尔清香可口，甜、辣、香味俱全。

墨西哥是辣椒的发源地之一。全球有一半的辣椒品种生长在墨西哥境内，红的、黄的、绿的应有尽有。上百种的辣椒，新鲜的同晒干的名称各有不同，炮制方法也是数不胜数，如用于腌肉、煲汤、烧烤、沙拉、糖果、饮品等，可谓是无所不辣。墨西哥人以嗜辣而闻名于世，辣椒是餐桌上必不可少的调料，有用辣椒、番茄、香菜、洋葱拌成的凉菜，有用辣椒、鸡肉制成的各种风味小吃等。辣椒、玉米、昆虫是他们的三大国食。

墨西哥菜分头道菜、汤类、主菜和甜品，汤类较为清淡，用来突出主菜的酸辣特色。正宗的墨西哥菜，材料多以辣椒和番茄为主打，味道有甜、辣、酸等，而酱汁九成以上是用辣椒和番茄调制而成的。拿 ceviche 来说，它可是一种广为人知的墨西哥美味，是当地人把刚捕捞的各种海鲜浸泡在胡荽汁和酸橙汁中，用纯天然的方法腌制而成。还有一种叫做莫莱的调味香辣酱，完全继承了 17 世纪一个复杂的异域菜谱，需要混合 100 多种原料才能制成它那特有的美味和诱人的深棕色，因而制作莫莱酱便成了厨师们一显身手而又颇费工夫的事。

墨西哥北方牧区的膳食离不开奶酪制品，沿海一带人爱吃海味。

墨西哥土著人有食用龙舌兰和昆虫类的习俗。墨西哥人食用的昆虫有多少种呢？据可食用昆虫问题专家拉莫斯估计，达到 450 多种。可食用的虫类主要有"查普林"蝗虫、蜻蜓、蝴蝶、毛虫、蚊蝇、蚂蚁、蜂等。值得一提的是，根据种类的不同，有些昆虫可食用其卵、幼虫和成虫，也就是说，在其整个发育期内

都可食用。其中，最有名和人们食用最多的昆虫包括"查普林"蝗虫、"湖米尔"大水蚊、龙舌兰虫等，都是餐桌上的美味肉食佳品，有的还只有当贵宾临门时才上桌食用。在墨西哥城有好几个餐馆供应用各类昆虫烹制的菜肴，生意十分兴隆。

墨西哥被称为仙人掌之国。在墨西哥国内到处可看到仙人掌，有的仙人掌上结着鹅蛋般大小的仙人掌果。成熟的仙人掌果成紫红色，味道清香甜醇，可作水果食用。鲜嫩的仙人掌叶可作凉菜拌食，还可以用来炼糖和酿酒。一般在墨西哥人招待贵宾稀客的宴席上，凉拌仙人掌叶是必不可少的。将仙人掌去刺、削皮、水煮、切片后放入各种调料拌成的凉菜，清香爽口、风味独特。

墨西哥人爱饮酒，待客是少不了酒类的。有风靡世界的白兰地酒，有传统方法酿制的玉米酒、香蕉酒以及用龙舌兰蜜汁酿造的普格酒等。用龙舌兰叶酿制成的龙舌兰酒是墨西哥一大特产。龙舌兰酒的度数比较高，喝起来会有一些辣辣的而带香甜的感觉，绕于舌尖，缠绵于喉，爱喝酒的朋友不妨一试。在墨西哥人所举办的迎宾宴会上，主人通常会首先向来宾敬酒，并且大都会主动提议宾主采用手臂交叉的"伊达尔戈式"的方式饮酒。在一般情况下，墨西哥人是不劝酒的。

墨西哥人请客的正宗菜是莫莱炖肉、红烧对虾、烤羊肉、烤野猪等。餐桌上水果丰富，有香蕉、菠萝、柑橘、木瓜、柠檬、西瓜、葡萄、芒果等。还有当水果食用的仙人掌嫩果，甜酸适度，是解暑的佳品。

三　礼仪

墨西哥人社交习俗总的特点可以用这样几句话来概括：墨西哥人好相处，潇洒大方有风度；生活浪漫喜自由，愿意无拘又无束。在人际交往之中，墨西哥人总是表现得既热情、活泼，又不失文雅、礼貌。不管与什么样的人打交道，墨西哥人总能以笑脸面向对方，并且总是表现得积极、主动而友好。因此，有人曾经评论说："墨西哥人是最容易与之相处的，而且也是最容易与之交上朋友的。"

在墨西哥，熟人相见之时所采用的见面礼节，主要是拥抱礼与亲吻礼。在上流社会，男士们往往还会温文尔雅地向女士们行吻手礼。不过，跟陌生人初次相见时，墨西哥人却绝对不会这么做。在一般情况下，尤其是与不熟悉的人打交道时，墨西哥人所采用的见面礼节，不是与对方握手，就是代之以微笑。

墨西哥人十分注意礼节风度和言谈举止。他们在公共场合，一般都表现得十分文雅，而且讲究礼貌和热情。他们无论对谁，总愿以笑脸相待。他们在赴约时，一般很少守时，总愿迟到15分钟至半小时左右。

墨西哥瓦哈卡州一带的印第安人，每当款待尊贵的客人时，总习惯拿出他们最喜爱的高贵食品"油炸蚂蚁"让客人品尝。他们认为这样才能表达自己的心情。他们和朋友告别时，有送一张弓、一支箭或几张代表神灵的剪纸的习惯，以表示他们对朋友的美好祝愿。在他们看来，弓箭象征着征服大自然的力量，象征着食物与房子，而剪纸则象征着神灵和上帝的保佑。有些地方的女孩最怕过新年。因为按当地习惯，女孩超过17岁找不到对象，就会失去自由恋爱的权利。父母就会将女儿作为新年贺礼送人。

需要称呼别人时，墨西哥人的做法是比较保守的。在正式场合，他们从不主张直接去称呼交往对象的名字。只有彼此之间十分熟悉的人，才会有例外。通常，他们最惯于使用的称呼方式，与欧洲人的正统做法相仿，即在交往对象的姓氏之前，加上"先生"、"小姐"或"夫人"之类的尊称。

外国人接到墨西哥人邀请去做客时，带上一束花、一瓶酒就

可以了，如果带上一件有本国特色的工艺品，主人往往会高兴不已。

四　习俗禁忌

由于墨西哥人绝大多数信奉天主教，另有少部分新教徒，他们忌讳"13"、"666"与"星期五"，认为这些都是不吉利和令人可怕的数字和日期。

墨西哥人忌讳将黄色的花或红色的花送人。他们认为，前者意味着死亡，后者则会带给他人晦气。

墨西哥人喜爱白色，但却对紫色深为忌讳。

在墨西哥，蝙蝠及其图案为人们所忌讳。在墨西哥人眼里，蝙蝠凶恶、残暴，是一种吸血鬼。在该国，人们不仅不惧怕骷髅，反而认为它象征着公正，喜欢以其图案进行装饰。

接到墨西哥人用西班牙语所写的信件，切勿采用其他语言复信，不然就会被墨西哥人视为失礼。

墨西哥人忌讳用中国人惯用的手势来比画小孩的身高。因为用手心朝下，与地面平行的手势比画在小孩头部的位置，在他们来说，这一手势只可用来表示动物的高度，他们会认为你在侮辱人。

墨西哥人虽说常用亲吻方式施礼，但却忌讳相互不熟悉的男子之间亲吻或吻手。他们认为只有没教养的人才会这样做。他们视公共场所出现"男子穿短裤，女子穿长裤"为有失体面。他们认为"男子穿长裤，女子穿长裙"才合情理。

墨西哥南部奴雷谷一带的人，忌讳客人一进屋就脱去帽子。他们认为这样意味着来寻衅和报仇。

对于谈论政治腐败、军人地位、种族冲突、经济困境、墨美关系以及其他历史方面的话题，墨西哥人一般都兴趣不大。

墨西哥的恰姆拉人有一种迷信习俗，他们认为照相是一种十分可怕的巫术：照相机能把人摄进黑洞里去，变成一个形体丑陋的魔鬼。所以他们非常反感照相。

墨西哥的阿兹特克人把酒视为邪恶的源泉。他们认为只有老人才能开怀畅饮。这大概是因为他们的年岁较大，经验丰富，有同邪恶斗争并战胜它的能力。如果青年人喝酒，定会被看成是大逆不道的行为，必然会受到严厉的惩处。

墨西哥人在饮食上不喜欢油腻的菜品和用牛油烹调的菜肴，也不愿意吃用鸡油做的点心。

五　节　日

要准确统计墨西哥人一年到头的节日，恐怕是很难的。大到独立节、圣母节、圣诞节、"三圣节"；小至各地的狂欢节、万圣节，收获时的玉米节、棉花节、土豆节，以产品交流观摩为目的的银器节、吉他节、特吉拉酒节，等等。这些节日持续的时间，少则一日，多则10天半个月甚至一两个月。可以说一年365天，每天都有一部分人在过节。其中也少不了家庭性的，诸如生日、女孩15岁"成人日"等。在墨西哥，亲朋好友相聚或周末聚会，人们皆称之为"节日"。墨西哥的诺贝尔文学奖获得者奥克塔维奥·帕斯（Octavio Paz）说："我们的日程上排满了节日，在某些日子里，从最边远的地方到大城市里，整个国家都在祷告、欢呼、饱食、烂醉，为瓜达卢佩圣母或者萨拉戈萨将军而狂欢。""不光是教会和国家法定节日，由于每一个城市或小镇都拥有自己的圣灵，都要虔诚而正常地庆贺。同时，每一个地方，每一个行业，也都有自己的节日、仪式、集市或交易会。总之，我们每一个人，无神论者、天主教徒或者其他不同的人们，都拥有自己值得每年纪念的'圣灵'。我们的节日数不清，为此而花掉的时间、钱财无以计数。"

在墨西哥人的众多节日中，既有古代阿兹特克人的遗风，也有西班牙人的影响。墨西哥人天性喜欢"节庆"和聚会。

1月1日,新年。墨西哥人会在除夕晚上团聚,举行迎新晚会或舞会。墨西哥人辞旧迎新有些特殊习俗,人们相信吃"许愿葡萄"迎新年会带来好运。有些地方的人在元旦到来的时候是禁止笑的。古时候墨西哥人把一年分为18个月,每月有20天左右。按传统习惯,如果想获得好运,一年的最后5天内是不能笑的。还有许多墨西哥人深信你所穿内裤的颜色将决定你新年的运气。据传说,当新年钟声敲响时,那些想在新年寻找爱情的人应穿红色内裤,而那些想发财的人则应穿黄色内裤。

1月6日,三圣节。相传耶稣诞生后,"东方三圣"梅尔乔尔(Melchor)、加斯帕尔(Gaspar)、巴尔塔萨尔(Baltasar)从以色列去圣城探望耶稣,给他送去礼物。这个由西班牙传教士带到殖民地的习俗延续至今,这一天,所有的孩子都要收到大人的礼物。1月5日的晚上,孩子们把一只鞋放在卧室门口或床前,一觉醒来,就会收到"三圣"送来的礼物。人们也习惯在这一天互赠"三圣节面包圈",并聚在一起吃"三圣节面包圈"。面包圈里面藏着3个塑料小人,谁吃到了,就应当在2月2日的"圣烛节"请客。按墨西哥的习惯,只是请客人吃"达玛尔"(墨西哥粽子,用玉米叶裹上玉米面和鸡丝等)。

2月5日,宪法日。1910年,墨西哥爆发反帝反封建的资产阶级民主革命。1917年2月5日,墨西哥制宪会议通过新宪法。这部宪法体现了资产阶级民主原则,一定程度上反映了广大劳动人民的要求,为墨西哥现代资本主义进一步发展奠定了基础。随着时间的推移,这部宪法虽已被多次修改,但它至今仍是墨西哥的国家根本大法。每年的这个日子,墨西哥政府都会举行纪念活动,总统发表讲话。

3月21日,华雷斯诞辰日。墨西哥人视前总统华雷斯为民族英雄。华雷斯认为只有取缔教会和贵族对经济的垄断,才能使

第一章 国土与人民

国家走上繁荣昌盛的道路。只有采取以联邦制为基础的立宪政府，才能使国家政局稳定。1861年华雷斯当选总统。他推行的改革使墨西哥清除了殖民统治的残余。他领导的反法斗争取得巨大胜利。1872年7月18日华雷斯不幸死于心脏病。每年的3月21日，墨西哥政府都会举行纪念仪式。

4月第二周，圣周是一年中最重要的宗教节日之一。虔诚的信众会在这一周上演宗教的节目。最著名的是伊斯塔巴拉巴区的圣周五耶稣受难大游行。这个习俗从19世纪中叶开始到现在，已经延续了160年。每年由一位志愿者扮成耶稣，背上绑着6米长、85公斤重、用松木做的十字架，在圣母、圣徒、圣子的簇拥下，由罗马士兵护卫，徒步行走4公里，从教堂到位于"星山"（Cerro de la Estrella）上的"受难地"。一路上还要像传说中当年的耶稣一样，遭受鞭挞，备受皮肉之苦。到达"受难地"后，要像传说中耶稣受难似的，被钉在十字架上。这时，"圣母"哭得死去活来，虔诚的人们洒一掬伤心之泪，重温耶稣的苦难与教诲。每年圣周以前，都有人报名竞争耶稣的装扮者，以体验耶稣的苦难为荣耀。这些扮演各种角色的"演员"们约有3000多人。耶稣受难时，看台及四周人头攒动，约有一二十万之众。充当耶稣受难舞台的"星山"，原本是印第安人的"圣地"。16世纪以前，印第安人在这里举行"火节"祭祀仪式。按照印第安阿兹特克部落的习俗，每52年为一个世纪。每当新世纪来临的时候，印第安人要更换家里的用具，重修金字塔，并且在世纪末的最后一天夜里，由祭司率领前往星山，仰观星象，占卜吉凶，并求取新的火种，这就是"火节"。他们用新的火种，点燃新世纪的光明。

5月1日，劳动节。全国公共假日。全国各地工人白天举行集会或游行，晚上参加各种纪念活动。

6月29日，圣船节。是流传在纳亚里特州梅斯卡尔蒂坦岛的传统节日。这天为天主教的圣彼得和圣保罗日。清晨人们将圣彼得和圣保罗像从教堂抬出,送到各自"圣船"上,紧跟着的是"圣母"大船和乐队大船,后面还有几百艘小船。当地大主教祈祷后,宣布划船比赛开始,两艘"圣船"如箭向前,双方乐队呐喊助威。最终以渔民守护神圣彼得的圣船获胜结束。

9月16日,独立纪念日。是墨西哥国庆节。1810年9月16日,墨西哥神甫伊达尔戈在多洛雷斯镇敲响了中心广场教堂的钟声,号召赶来的市民拿起武器,夺回自己的土地,赶走西班牙殖民者。广场上聚集的人们振臂高呼"独立万岁",回应伊达尔戈的召唤。由此,墨西哥拉开了独立战争的序幕。后来,人们为了纪念在独立战争中英勇牺牲的神甫,将9月16日定为墨西哥独立日。

每年9月伊始,墨西哥首都墨西哥城市中心的宪法广场就开始动工装点建筑物,在建筑物的正面装饰上绿白红三色霓虹灯组成的国旗图案,来往的车辆和普通人家门口自发地挂上了大小不一的墨西哥国旗,街上满是出售国旗图案纪念品的摊贩,偌大的一个城市在9月变成绿白红的海洋。从9月15日起,墨西哥人就完全进入了节日状态。人们早早就开始呼朋唤友,购买食品,准备晚上的家庭聚餐。在晚上的聚会中,大家喝酒跳舞,热闹非凡。按照惯例,墨西哥总统会在市中心宪法广场国民宫的阳台上敲响钟声并发表演说。再现当时"多洛雷斯呼声"的场景。此时此刻,正在狂欢的墨西哥人全都站起身来,挥舞着小国旗唱起国歌,呼喊"墨西哥万岁",原本欢快的气氛顿时充满庄严。在每年的9月16日,也就是墨西哥国庆节的当天,联邦政府都会在首都市中心举行盛大阅兵式,彰显国家实力,这也成为墨城老百姓倾城出动的重要活动之一。阅兵正式开始后,海陆空三军士兵喊着雄壮的口号,排着整齐的方阵在宪法广场上走过,接受国民宫阳台上总统的检阅。四周的人群也被士兵们响彻云霄的呐喊声感染，欢呼声此起彼伏，场面十分热烈。

10月12日，种族节。墨西哥把10月12日称为"种族日"，是因为墨西哥人认为，由于哥伦布及西班牙殖民者来到美洲，使美洲的种族发生了变化。在每年"种族节"，墨西哥的土著居民都要举行声势浩大的游行，以要求社会的公正与平等对待。

11月1~2日，亡灵节。按照民间风俗，11月1日是"幼灵"节；2日是"成灵"节。人们在墓地通往村庄或者小镇的路上撒了黄色的花瓣，让亡灵循着芬芳的小路归来。晚间，在家门口点上南瓜灯笼，为亡灵上门引路。在祭坛上摆着玉米羹、巧克力、面包、粽子、辣酱、南瓜、甜食、甜点等供品，让亡灵享用。"亡灵节"祭坛上的面包与平常食用的面包是不同的。不同的形状又有不同的含义。有的做成"人"形，有的"人"形不带"腿"，表示"鬼魂"；被叫做"罗斯凯特"的螺旋状面包，表示生命的轮回；做成千层饼形状并带有装饰的面包"奥哈尔德拉"，意在欢迎亡灵的归来。祭奠"幼灵"的面包则做成兔子、小鸟、小狗等玩具造型。还有其他各种各样造型的面包，表示"丰饶"、"祭奠"等含义。节日里，不分男女老幼，都可以戴着面具，穿上印着白骨的鬼怪衣服，在街上招摇过市，表示亡灵归来。

11月20日，墨西哥革命纪念日。1910年11月20日是墨西哥反帝反封建资产阶级民主革命的全国起义日，每年的这一天墨西哥都会举行盛大活动，纪念这个在墨西哥以及拉美历史上占有重要地位的一天。

12月12日，瓜达卢佩圣母节。瓜达卢佩圣母节是墨西哥最重要的宗教节日。每年12月12日这一天，天主教会在特佩亚克山下的瓜达卢佩圣母大教堂举行盛大的宗教仪式，数百万信徒扶老携幼、长途跋涉，赶来参拜瓜达卢佩圣母原像。境内各地教堂也举行宗教仪式。节日前后，印第安族教徒还要表演传统的民族舞蹈，按自己的方式祭祀圣母。庆祝活动要持续一个月左右。

12月16~25日，客店节和圣诞节。传说"圣灵怀胎"的贞女马利亚随父到祖籍登记户口，因城中客店客满，结果在客店的马棚中生下耶稣。客店节是圣诞节的一部分。12月24日的"平安夜"，是合家团圆的日子。有些人家的平安夜是非常宗教式的。等到午夜时分，全家坐在一起，轮流诵读《圣经》，唱赞美歌，吻耶稣婴儿（传说耶稣在这一天诞生）。许多人家，甚至机关办公室里、写字楼里，都精心布置一个放满稻草的马槽，里面躺着一个玩具小孩，象征耶稣的降生。圣母与圣徒在旁边守候。

平安夜的仪式中，还包括为自己平常的行为忏悔，为亲友祝福。然后共进晚餐，包括传统的火鸡、沙拉、鱼酱等。加工火鸡十分复杂。一般是用注射器往鸡肉里注射葡萄酒，在鸡膛里填上杏仁、果干等，然后再用火烤。年长的父母会收到所有儿孙送的礼物。

第六节 国旗、国徽和国歌

一 国旗

旗呈长方形，长与宽之比为7∶4。从左至右由绿、白、红三个平行相等的竖长方形组成，白色部分中间绘有墨西哥国徽图案。绿色象征独立和希望，白色象征和平与宗教信仰，红色象征国家的统一。

二 国徽

徽图案为一只展翅的雄鹰嘴里叼着一条蛇，一只爪抓着蛇身，另一只爪踩在湖中岩石上生长出的仙人掌上。嘴中叼着一条飘带，上写"合众为一"。雄鹰的胸前是一枚盾形徽章。这组图案描绘了墨西哥人的祖先阿兹特克人建国的传说。相传13世纪时阿兹特克人的部落由北向南迁徙，部落的神灵太阳神发出指令，只要见到一只雄鹰叼着蛇立在仙人掌上，就在那里定居下来，部落将会兴旺发达。在太阳神的启示下，阿兹特克人于1352年在特斯科科湖畔见到了上述情景，于是就在那个地方定居下来，建立了特诺奇蒂特兰城，即现在的墨西哥城，并逐步向外扩张，建立了城邦国家墨西哥。鹰食长蛇象征着光明战胜黑暗。仙人掌被奉为墨西哥的国花，象征着墨西哥民族顽强的斗争精神。图案中下方为橡树和月桂树枝叶，象征力量、忠诚与和平。

三　国歌

墨西哥赢得独立以后，迫切需要有一首爱国歌曲，来表达国民的共同理念。当时社会上有许多流行的歌曲试图成为国歌，但是都没有成功。1853年11月，墨西哥政府决定举办一次国歌创作竞赛。竞赛分两个阶段进行，首先选出歌词，然后为获胜的歌词谱曲。青年诗人弗朗西斯科·冈萨雷斯·博卡内格拉在25名参赛者中脱颖而出。曲作者是墨西哥国家乐队的指挥海梅·努诺·罗萨。

1854年9月15日晚上，墨西哥国歌在墨西哥城的圣塔安纳剧院首次演唱，1943年5月4日被总统以法令正式定为国歌，国歌歌词最初有10段，后来作了删节。

墨西哥国歌歌词是：

　　　　墨西哥人，
　　　　响应战争的召唤，
　　　　准备好马和剑，

墨西哥

奔赴疆场。
一齐奔驰在祖国的心脏,奔向大炮怒吼的地方。

祖国!祖国!
听你的儿女们在你的庄严的祭坛上发誓:
有一天战争的号角吹响,
马上勇敢地上战场。

向你献上橄榄枝的花环,
用它来铭刻光荣的记录;
向你献上胜利的花冠,
用它来祭奠烈士陵墓,
用它来祭奠烈士陵墓。

四 国鸟雄鹰

墨西哥人将"雄鹰"视为祖国的象征,墨西哥的国徽图案为一只嘴里叼着蛇的雄鹰伫立在仙人掌上,它的国旗中间有一雄鹰,它的硬币上也有雄鹰的标志。

第二章

历　史

第一节　古代印第安文明

墨西哥的历史源远流长，其境内人类的出现可以追溯到远古时期。传说，大约在距今3.5万年时，一些生活在亚洲北部地区的游猎民族，从冰河时代海水冻结的白令海峡进入美洲，以家庭为单位居住在山洞及其他可栖身的洞穴中，以打猎为生，然后呈扇状繁衍至整个美洲。

在西班牙征服之前，由两个截然不同的区域组成了今天的墨西哥，一个在今日的坦皮科以北，一个在下加利福尼亚，一直延伸到今日美国中部的大平原和大沙漠地区。在欧洲探险者到达很久之后，一些游牧打猎民族仍在这一气候极其恶劣地区勉强维持生计。在歉收和干旱之年，他们便会到南部地区定居的村落里烧杀抢掠一番。从奇奇梅卡平原往南，一直到洪都拉斯和萨尔瓦多北部，这一带地区在地理位置上称为中美洲。到了古代时期（公元前7000～前1500年），许多游牧民族放弃了游牧生活方式，开始建立定居点。到了大约公元前3000年的时候，虽然有些部落仍然以采集植物种子和水果作为食品，但不少部落已经开始种植农作物，如玉米、南瓜、辣椒、鳄梨以及其他可食用的作

墨西哥

物。到公元前1500年，墨西哥部分地区已进入原始公社的繁盛期，之后逐步形成了高度发达的奥尔梅克、特奥蒂瓦坎、玛雅、托尔特克、阿兹特克等印第安文化。

一　奥尔梅克文化

奥尔梅克文化是已知的最古老的美洲文明，亦被称作墨西哥古代文化的始祖。该文明于公元前1200年左右发祥于中美洲圣洛伦索高地的热带丛林当中，地理上位于今墨西哥的韦拉克鲁斯州和塔巴斯科州，西起帕帕洛阿潘河，东至托纳拉河，面积约为1.8万平方公里。这一带西部为洪泛区，东部为沼泽地，气候炎热多雨，河流众多，水草丰美，并且橡胶树成片，因此当地居民被称为"奥尔梅克人"，意为"橡胶之乡的人"。

奥尔梅克文化繁荣于公元前1200~前500年。由于生活的地区土壤肥沃，降水量极其充沛，奥尔梅克人已开始放弃以采集和狩猎为主的生活方式，过渡到以耕种作物作为食物主要来源的阶段。种植的作物有玉米、马铃薯等，其中玉米是其主要种植作物。种植方式为刀耕火种。

迄今已发现的城邦遗址有圣洛伦索、拉本塔、特雷斯萨波特斯等处。圣洛伦索是早期奥尔梅克文明的中心，在公元前1150年至公元前900年间达到顶峰。其后奥尔梅克文明的中心迁移到靠近墨西哥湾的拉本塔。奥尔梅克人聚居地已出现城市雏形，城市中心街道呈南北走向，两侧对称排列着许多石碑，并建有金字塔。精湛的石雕艺术是奥尔梅克文化的另一卓越成就，有巨形头像、石祭坛、石碑、美洲豹像、玉石雕等种类，均用整块岩石或玉石凿成。现存巨头雕共13尊，造型浑厚庄重，神态逼真，最大的高达3米。石祭坛和石碑侧面有高浮雕和浅浮雕，有的还镌刻完整日期。关于这些石雕头像、浮雕和铭文的确切含义目前还没有定论。奥尔梅克人还创造了美洲大陆最古老的历法并会用"0"进行运算。

奥尔梅克社会由不同阶层组成，上层社会由不从事农业劳动的统治者、神甫和工匠组成，下层社会是为数最多的平民。宗教信仰是奥尔梅克社会的主线，奥尔梅克人主要崇拜半人半美洲虎的神，也崇拜羽蛇神和谷神。奥尔梅克文明最终在公元前400年左右消失，其消失的原因尚不得知，但它影响了大量的中美洲文明。奥尔梅克文明的许多特征，如金字塔和宫殿建造、玉器雕琢、美洲虎和羽蛇神崇拜也是后来中美洲各文明的共同元素。

二 特奥蒂瓦坎文化

公元前2世纪至公元7世纪中叶，居住在墨西哥州和普埃布拉州谷地的特奥蒂瓦坎人的文化获得高度发展，逐步形成了以特奥蒂瓦坎和乔卢拉为中心的都市社会。

其都城"特奥蒂瓦坎"在印第安语中的意思是"诸神之都"，这个诸神之都的遗址在墨西哥城东北40公里的波波卡特佩特火山和伊斯塔西瓦特尔火山山谷之间，面积20平方公里，它是古印第安人中的一支——特奥蒂瓦坎人的宗教圣地和经济中心。公元始初年至150年之间，特奥蒂瓦坎人在这里建造了拥有5万人的城市，公元450年是城市的全盛时期，其人口多达20万，是当时世界上最大的城市之一。

特奥蒂瓦坎城市布局严谨、气势磅礴、规模巨大、中心突出。纵贯南北的"亡人大道"将城市主要建筑连成一体，大道长4公里、宽40米。最北端有月亮金字塔，坐北朝南，塔高46米，分5层，底基长204米、宽137米。月亮金字塔西南建有蝴蝶宫，为全城最华丽的建筑，宫内圆柱雕刻有极为精美的蝶翅鸟身图案。太阳金字塔耸立于"亡人大道"东侧，北距月亮金字塔700米，塔坐东朝西，正面有数百级台阶直通顶部。塔高65米，

底基为边长225米的正方形,顶部原建有台庙,当年在此杀人祭太阳神,现台庙已荡然无存。塔前广场两侧还建造有许多寺庙、神坛和宫殿。两座金字塔皆用沙石泥土垒成,外覆石板,并饰有繁复艳丽的壁画。太阳金字塔和月亮金字塔是特奥蒂瓦坎古城遗址的主要组成部分,墨西哥人骄傲地把它们同埃及的金字塔相比。

特奥蒂瓦坎那时已是一个多种阶级、多种职业的城市社会,它有较发达的经济,也有政府机构。社会结构像一个金字塔,上下共3层。顶峰是上层社会,主要是高级祭司和贵族;中间是商人、军人和中级神职人员;底层是手工业者、摊贩和少量农民。从事不同职业、有着不同社会地位的居民住在不同的街区。这里曾是整个中美洲最重要的经济、宗教和政治中心。其主要经济活动是手工业,特奥蒂瓦坎的手工艺品美观大方,富有想象力。特奥蒂瓦坎的陶器已经利用模子大批生产,使用浮雕、直接上色和彩釉等不同的制作方法。农业也有相当水平,能修筑梯田、挖渠灌溉,种植玉米、番茄、南瓜、可可、棉花和烟草等作物。由于城市经常举行宗教仪式,朝圣者从四面八方涌来,商业也随之发展起来。外地的棉花、纺织品、玉石、朱砂和黑曜石等商品在市场上随处可以买到。当时的人们对几何、建筑、天文和艺术都有精深的了解。装饰宫殿四壁的绘画所表现的神话故事和各种建筑的布局都表明特奥蒂瓦坎人重视天文甚于军事。

在特奥蒂瓦坎宗教中,空气和水之神查尔科亚特尔占据中心地位。"克查尔科亚特尔"在印第安语中是"彩咬鹃-蛇神"(简称"羽蛇神")的意思,故供奉该神的神庙均以插戴彩咬鹃羽毛的蛇作为其象征。特奥蒂瓦坎城当时是邻近地区各印第安部族的朝圣中心,从而促进了城市的繁荣。

约650年,特奥蒂瓦坎骤然消亡,结束了它的辉煌。衰败的原因有多种说法,有人认为地下水位的变化和随之而来的水供应问题加速了城市衰退;有人认为屡遭外族入侵、焚烧和抢掠;还有人认为是旱灾造成。

1987年联合国教科文组织将特奥蒂瓦坎古城作为文化遗产，列入《世界遗产名录》。

三 玛雅文化

玛雅文化是世界重要的古文化之一，更是美洲古代印第安文明的杰出代表。主要分布在墨西哥南部、危地马拉、伯利兹以及洪都拉斯和萨尔瓦多西部地区。约形成于公元前2500年，公元前400年左右建立早期奴隶制国家，公元3~9世纪为繁盛期，15世纪衰落，最后为西班牙殖民者摧毁，此后长期湮没在热带丛林中。

玛雅文明在18世纪末开始引起学术界注意，19世纪末人们发掘出一批重要遗址，开始了玛雅文明的现代考古学研究。20世纪50年代后，研究进展较快，形成专门的玛雅学，是世界考古学及历史学研究的重要领域。玛雅文明的发展阶段，学者间说法不一。据美国考古学家N.哈蒙德的划分，可分为前古典期、古典期、后古典期3个阶段。

前古典期即玛雅文化形成期，年代约为公元前2500年至公元250年。在尤卡坦半岛中央佩滕盆地及其周围山谷已出现定居的农业生活，玉米和豆类是主要的作物；由土台、祭坛等组成的早期祭祀中心也已建立，此后出现国家萌芽，并出现象形文字。

古典期（约250~900年）的玛雅文化进入全盛期，各地较大规模的城市和居民点数以百计，都是据地自立的城邦小国，尚未形成统一国家。各邦使用共同的象形文字和历法，城市规划、建筑风格、生产水平也大体一致。主要遗址大多分布在中部热带雨林区，蒂卡尔、瓦哈克通、彼德拉斯内格拉斯、帕伦克、科潘、基里瓜等祭祀中心已形成规模宏大的建筑群。蒂卡尔遗址由数以百计的大小金字塔式台庙组成，气象宏伟，城区面积达50

平方公里，估计居民有4万人左右。此时出现大量刻纪年碑铭的石柱，一般每隔5年、10年或20年建立一座，成为独特的计时柱。800~900年左右，这些祭祀中心突然废弃，玛雅文明急剧衰落。11世纪以后，玛雅文明中心开始逐渐移向北部的石灰岩低地平原。

后古典期（约1000~1520年）的文化有浓厚的墨西哥风格。从墨西哥南下的托尔特克人征服尤卡坦，并以奇琴伊察为都城。建筑中出现石廊柱群、以活人为祭品的"圣井"及球场，还有观察天象的天文台和目前保存最完整的高大的金字塔式台庙，崇拜羽蛇神克查尔科亚特尔。此后北部的科潘取代奇琴伊察成为后古典期文化的中心。这一时期的陶器和雕刻艺术都较粗糙，世俗文化兴起，并带来好战之风。科潘的统治者与其他城邦结成联盟，用武力建立起自己的统治。1450年，大概由于内部叛乱，科潘被焚毁，此后百年中玛雅文化趋于衰落。1523~1524年，西班牙殖民者乘虚而入，从墨西哥南下，占领尤卡坦半岛，玛雅文明被彻底破坏。

玛雅文明基本上属新石器时代和铜石并用时代，工具、武器全为石制和木制，黄金和铜在古典期之末才开始使用，一直不知用铁。农业技术简单，耕作粗放，不施肥，亦无家畜，后期有水利灌溉。手工制品有各种陶器、棉纺织品等。不同村落和地区间有贸易交换关系。玛雅人的建筑工程达到古代世界高水平，能对坚硬的石料进行雕镂加工。建筑以布局严谨、结构宏伟著称，其金字塔式台庙内以废弃物和土堆成，外铺石板或土坯，设有石砌梯道通往塔顶。其雕刻、彩陶、壁画等皆有很高的艺术价值，著名的博南帕克壁画表现贵族仪仗、战争与凯旋等，人物形象千姿百态，栩栩如生，是世界壁画艺术的宝藏之一。

玛雅文明的天文、数学达到很高成就。通过长期观测天象，已掌握日食周期和日、月、金星等运行规律，约在前古典期之末已创制出太阳历和圣年历两种历法,前者一年13个月,每月20天,全年260天;后者一年18个月,每月20天,另加5天忌日,全年365天,每4年加闰1天。每天都记两历日月名称,每52年重复一周,其精确度超过同时代希腊、罗马所用历法。数学方面,玛雅人使用"0"的概念比欧洲人早800余年,计数使用二十进位制。玛雅文明的另一独特创造是象形文字体系,其文字以复杂的图形组成,一般刻在石建筑物如祭台、梯道、石柱等之上,刻、写需经长期训练。现已知字符约800余个,但除年代符号及少数人名、器物名外,多未释读成功。当时还用树皮纸和鹿皮写书,内容主要是历史、科学和仪典,至今尚无法释读。

玛雅文明的早期阶段围绕祭祀中心形成居民点,古典期形成城邦式国家,各城邦均有自己的王朝。社会的统治阶级是祭司和贵族,国王世袭,掌管宗教礼仪,规定农事日期。社会的下层成员为普通的农业劳动者和各业工匠。社会最下层是奴隶,一般来自战俘、罪犯和负债者,可以自由买卖。玛雅诸邦在社会发展上与古代世界的初级奴隶制国家相近,但具体情况尚无详细资料说明。

玛雅人笃信宗教,文化生活均富于宗教色彩。他们崇拜太阳神、雨神、五谷神、死神、战神、风神、玉米神等。太阳神居于诸神之上,被尊为上帝的化身。另外,行祖先崇拜,相信灵魂不灭。玛雅国家兼管宗教事务。首都即为宗教中心。

四 托尔特克文化

公元5世纪至10世纪是托尔特克文化的全盛时期。托尔特克人建立的城邦国家持续了约3个世纪。

"托尔特克"一词的原意是"工匠"。托尔特克人原是居住在墨西哥北部的一支游牧民族。大约在公元800年左右已经进入阶级社会,并开始南迁到中部高原地区。大约50年之后,这个

奴隶制国家出现了一个有名的首领叫霍拉特，对治理国家作出了杰出贡献。后来不幸被敌人杀死，其子继位，自称为克查尔科亚特尔，即印第安人敬奉的"羽蛇神"。856年，克查尔科亚特尔开始营建规模宏大的图拉城。967年，托尔特克人远征达金和奇琴伊察，在那里建立了新的玛雅托尔特克城邦。1156年奇奇梅卡人攻陷图拉城，于是托尔特克人在中部高原地区的统治也就随着图拉城的陷落而终结。

托尔特克人在雕刻、建筑、绘画等方面具有极其辉煌的成就，因而有"伟大的工匠"之称。托尔特克人建造了许多城市，其中以7世纪兴建的都城图拉最为著名。图拉城面积约13平方公里，人口最多时达6万。图拉城布局讲究对称，有排水设备，且大量地应用了模制土坯（即日晒砖）。城北有一个最大的神庙，是托尔特克人祭祀金星的神庙所在。另外，还有太阳神庙、宫殿、球场、祭坛和起居室，等等。图拉城中还有专门的石器、纺织和制陶作坊，作坊集中在专门的街区，所有的作坊都是家庭作业。托尔特克人有自己的文字和历法，是受玛雅人的文字和历法的影响而产生的。

托尔特克人在继承和吸收特奥蒂瓦坎文化的基础上，不断丰富和发展了自己的物质生活和精神生活，在墨西哥这块古老的土地上创立了伟大的艺术文明——托尔特克文明。该文明在很多方面曾影响阿兹特克文明和玛雅文明的发展。

五　阿兹特克文化

阿兹特克人又名墨西卡人。阿兹特克人原属纳瓦语（Nahuatl）系发展水平较低的一个部落，后来因吸收、融合这个地区其他印第安优秀文化传统而迅速崛起。公元11~12世纪间，从北部迁入墨西哥中央谷地。于1325年在特斯科科湖中的两个岛上开始建立特诺奇蒂特兰城（今墨西哥城）。

第二章 历 史

15世纪上半叶,阿兹特克人与附近的特斯科科和特拉科潘两个部落结盟,建立起中美洲当时最为强大的部落联盟,从1440年起,其首领莫克特苏马一世及其后裔不断对外扩张,几乎控制了整个墨西哥谷地,而且进抵太平洋和墨西哥湾沿岸,建立了幅员辽阔的阿兹特克帝国。国王莫克特苏马一世(1440~1469年在位)被称为莫克特苏马大帝。莫克特苏马二世在位时疆域东抵墨西哥湾,西达太平洋,南部扩大到危地马拉,人口约300万,达到阿兹特克发展的顶峰。

至16世纪20年代,首都特诺奇蒂特兰面积约13平方公里,人口达30万。城内街道、广场设置整齐,城中心的主庙基部长100米、宽90米,四周有雉堞围墙环绕,塔顶建有供奉雨神特拉洛克和战神维齐洛波奇特利的金字塔形大神庙(高35米),其祭坛周围有蛇头石雕,坛下发现的重达10吨的大石上,刻有被肢解的月亮女神图案。主庙附近是皇宫和富人宅第。全城有10余公里长的防水长堤,并有两条石槽从陆地引淡水入城。4个城区均有市场,商业繁荣,其中以特拉特洛尔科大市场规模最大,据记载可以容纳6万人交易货物,比西班牙的市场还大。

阿兹特克人以务农为主,主要种植玉米、豆类、蔬菜、棉花和烟草。饲养火鸡、鸭、狗等禽畜。生产工具多为木器和石器。不知用铁,但已初步掌握炼铜、炼金技术。青铜主要用于制作祭器和饰品。手工业相当发达,有金、银、铜、宝石、皮革、纺织、羽毛、陶器等各种工艺品。

阿兹特克人在文字上的发展,没有玛雅人那样成熟,仍使用绘画文字。但他们在医学方面却有相当成就。他们知道许多草药的用途,如用洋地黄治心脏病,用奎宁治疟疾,还能用一种草药制作麻醉剂,这在当时是很先进的。在天文历法方面,使用太阳历与圣年历,已知一年为365天,每逢闰年补加一天。阿兹特克人的陶器和绘画均极精致,建筑和艺术也达到相当高的水平。由

于小岛的面积有限，他们在岛屿四周建了许多人工岛。阿兹特克人利用特斯科科等湖泊发展人工灌溉系统，据说在特诺奇蒂特兰城南的索奇米尔科有1.5万条人工渠道，至今仍存900多条。

阿兹特克人实行集权统治，最高首领国王和贵族高居于民众之上，并拥有强大的军队，明显表现出阿兹特克社会已向阶级社会过渡。阿兹特克的国王由部落会议从特定的家族中推举，事实上是最高军事酋长，无世袭权，并可被部落会议罢黜。阿兹特克人同与之结盟的部落结成统一的政治和文化共同体。联盟所征服的部落须向联盟割让土地和纳贡，但可保有自己的部族神和习俗，由自己的酋长管理。特诺奇蒂特兰城分为四大区，分属四大胞族。下面共分为20个氏族，各氏族有自己的氏族神、祭司和寺庙，享有处理内部事务的权利。各氏族选出代表出席酋长会议。土地被分成王田、祭司田、军田，由公社成员集体耕种，以供国王、贵族、祭司和武士所需。但社会组织仍以被称作"卡尔普里"的氏族公社为基础，土地为氏族公有，分配给各家庭耕种。

阿兹特克人的社会组织以氏族为基础，实行公社土地所有制，但已开始出现阶级分化，贵族、祭司、武士和商人构成社会的统治阶级。贵族拥有土地和自己的姓氏，子女可受到特殊教育。平民接受农、工和战技等专业教育，是军队的主体。最下层是奴隶，主要来自阿兹特克内部，少数来自外族战俘。

宗教在阿兹特克人生活中占有重要地位。居民相信灵魂永存，并相信存在至高无上的主宰。他们崇拜自然神，主神维齐洛波奇特利被视为太阳神和战争之神，其他的神主要有：创造神特洛克-纳瓦克、太阳神托南辛、雨神特拉洛克、玉米神希洛内、羽蛇神克查尔科亚特尔等，国王被看成神的化身，祭神时以战俘为牺牲。其特异习俗之一是以活人为祭品，每年有数千人被祭神灵。武士以献身祭坛为荣。

1519年，西班牙殖民者侵入特诺奇蒂特兰，并将它一把火烧毁。阿兹特克人成千上万被屠杀，阿兹特克文明的发展从此中断。

第二节 殖民地时期

一 墨西哥的征服

公元1492年，意大利航海家克里斯托弗·哥伦布到达美洲以后，西班牙人为掠夺财富，寻找他们梦寐以求的"黄金之国"，掀起了去美洲大陆的热潮。不久西班牙人就控制了加勒比海沿岸一带，占领西印度群岛。1517年，埃尔南德斯·德·科尔多瓦的探险队从古巴出发，到达尤卡坦半岛，探察整个墨西哥西岸，为后来的侵略活动开辟了道路。1518年，格里哈尔瓦率领一支装备更佳的远征队在尤卡坦半岛西南海岸登陆，直达帕努科河口，然后携带印第安人的金制器皿返回古巴。他们掠夺当地黄金制品和带回有关阿兹特克宫廷财富的消息，大大刺激了西班牙驻古巴都督贝拉斯克斯的贪欲，他于1519年派遣破落贵族埃尔南·科尔特斯率远征队向墨西哥一带进发。

1519年2月10日，科尔特斯率领11艘船只，508名步兵、109名水手，约200名古巴印第安人，以及16匹战马，10门大炮，扬帆出发。他们首先到达科苏梅尔岛。接着，远征队沿尤卡坦半岛北岸西航，驶入墨西哥湾，在塔巴斯科登陆。当地印第安人奋起反抗，杀死西班牙士兵70余名，但最终被科尔特斯打败。

1519年3月，科尔特斯远征队在今韦拉克鲁斯港地方登陆，并开始就地建立韦拉克鲁斯城，后该市议会任命科尔特斯为当地的军政长官，从此他摆脱贝拉斯克斯的节制，直接听命于西班牙王室。这时，科尔特斯获得了关于强盛而富饶的阿兹特克帝国的

确切消息。他于是联合了两个不满于阿兹特克统治的印第安部族，并为表示殊死战斗的决心，破釜沉舟，下令烧毁全部船只，以绝退路。阿兹特克当时的皇帝莫克特苏马二世，极其软弱无能。莫克特苏马二世探知西班牙远征队即将入侵的消息十分惊慌。为免除战祸，他不断派使者给科尔特斯赠送贵重物品，要求退兵。但莫克特苏马二世的这些愚蠢行动，反而更激起了科尔特斯的贪婪野心，增强了他的进攻决心。

1519年11月，科尔特斯率领远征队穿过茂密的森林，越过高耸的东马德雷山脉，沿途极尽挑拨离间之能事，不断收编弱小印第安部落，最终以15万人大军直逼特诺奇蒂特兰。莫克特苏马二世不仅不率军抵抗，反而举行盛大仪式，将科尔特斯迎入首都，安排在一座最豪华舒适的宫殿。科尔特斯诱骗莫克特苏马二世进入自己的住所，将他擒获，威逼他宣誓向西班牙国王效忠，勒令他向西班牙殖民者缴纳黄金和奴隶。随后，科尔特斯又在王宫内发现了价值达15万金比索的"莫克特苏马宝藏"，将它据为己有。科尔特斯挟天子以令诸侯，俨然成了"太上皇"。

1520年5月，古巴都督贝拉斯克斯以科尔特斯"犯上作乱"为名，命令亲信纳瓦埃斯率军征讨科尔特斯。科尔特斯留下一半人马交由阿尔瓦拉多指挥，镇守首都；自己带领另一半人马，迎击纳瓦埃斯。科尔特斯乘雨夜袭击敌方指挥部，活捉纳瓦埃斯，迫使他下令投降。

科尔特斯离开后，阿尔瓦拉多趁阿兹特克人举行盛大宗教仪式之机，屠杀了数以千计手无寸铁的阿兹特克人。市民群众怒不可遏，揭竿反抗，把西班牙军重重包围起来。科尔特斯回首都后设法营救，终无结果。6月27日，科尔特斯命令莫克特苏马二世出面发表演说，要求人民停止斗争。但演说时，莫克特苏马二世被群众用石头砸伤，不久去世。科尔特斯只好率部下携带珠宝，乘雨夜进行突围。

科尔特斯等逃到湖堤，被阿兹特克哨兵发现，陷入四面楚歌的境地。科尔特斯率军左冲右突，官兵们有的被杀，有的淹死在特斯科科湖中，生还者仅400余人。这是西班牙殖民史上的所谓"悲哀之夜"。

科尔特斯并不罢休，继续以韦拉克鲁斯为据点，招兵买马，重整旗鼓，准备东山再起。阿兹特克人虽然获得大胜，但欧洲人带来的天花病迅速蔓延，造成大量死亡。

1520年底，科尔特斯卷土重来。他用将近5个月的时间征服了特斯科科湖沿岸，完成了对特诺奇蒂特兰的包围。次年5月，西班牙军开始攻城。阿兹特克人在莫克特苏马二世外甥夸乌特莫克率领下进行了顽强的抵抗，英勇地保卫着首都。但由于城内粮食断绝，饮水短缺，天花流行，伤病员日益增加，处境十分困难。8月13日，科尔特斯强攻，冲入城内，放火焚烧特诺奇蒂特兰城。阿兹特克人奋勇巷战，且战且退，最后他们的首领被俘，逐渐丧失抵抗能力。壮丽富饶的特诺奇蒂特兰城被侵略者夷为平地。

科尔特斯攻占特诺奇蒂特兰后，强迫阿兹特克人重建城池，并改名为墨西哥城。同时，科尔特斯继续兴师征服墨西哥城附近的阿兹特克人，巩固自己的统治。到1524年，整个阿兹特克帝国都已经在西班牙人的控制之下，而且其势力范围延伸到了危地马拉。他们把这里命名为"新西班牙"。

二　殖民统治

西班牙殖民者在征服墨西哥后，于1535年由国王下令在墨西哥设立新西班牙总督辖区，统治墨西哥等地区。首府为墨西哥城。新西班牙总督辖区的行政制度仿效宗主国的封建官僚行政体系，由西班牙国王直接任命的总督握有殖民地的最高权力。在总督之下，设置省长、郡长、市长等地方官。印

第安人的村庄则由选举或世袭的酋长——卡西克（cacique）来管理。卡西克受郡长管辖。首府墨西哥城还设有直接听命于西班牙王室的检审法庭，它主要执行司法职务，但也监督行政机关的活动。

西班牙王室为奖掖大贵族、大主教、冒险家、政府官员等"有功之人"，把印第安人的土地颁赐给他们，实行所谓"委托监护制"的封建土地制度。大庄园主以"委托监护主"的名义"监护"领地上的印第安人，逼迫印第安人提供劳役，被"监护"的印第安人事实上就是被束缚在土地上的农奴。

在西班牙殖民者的封建剥削和压迫下，印第安人大量死亡，劳动力日益短缺；同时，大庄园主不断扩大占有土地和奴役印第安人的范围，致使殖民统治当局感到征收赋税、征派劳役越来越困难。在这样的情况下，西班牙国王于1720年7月颁发赦令，废止"委托监护制"，使业已盛行的债役制日益成为占主要地位的剥削方式。"委托监护制"虽已废除，但大地主仍保留大片土地并且支配着印第安人；印第安农奴一无所得，沦为债役雇农。债役雇农名义上是接受"工资"的所谓"自由人"，但工资低得无法维持最低限度的生活，因而永远摆脱不了债台高筑的境遇。

新西班牙总督辖区的经济生活完全服从于宗主国的利益。宗主国对墨西哥的工商业实行严格的专制垄断，所有可能同宗主国竞争的殖民地工业均被禁止或受到限制，墨西哥不得同其他欧洲国家直接通商，殖民地之间的贸易亦受到严密控制。同时，西班牙殖民者把墨西哥当做供给宗主国黄金、白银的来源，因此开采黄金、白银成为墨西哥经济的主要部门。如从1545年发现萨卡特卡斯等银矿起到17世纪初这段时间是采矿工业的繁盛时期，墨西哥为全世界提供用白银总量的1/3。此外，墨西哥的纺织、制革和农产品加工工业，在殖民统治时期也有一定程度的发展。

天主教会是西班牙殖民者在墨西哥殖民统治体系中的重要组

成部分。教会人员，特别是高、中级神职人员，实质上就是殖民地官僚政府中的成员。他们控制土著居民的精神生活，实行神权专政。1571年教会又设立宗教裁判所，进一步加强思想控制（如控制学校、实行书刊检查等）和镇压"异端"。教会还是最大的地主和高利贷盘剥者。19世纪时，墨西哥半数以上的已耕种土地成了教会的财产，全国2/3的流动资金掌握在教会手中。

第三节　独立战争

一　独立战争前夕的墨西哥

19世纪初拉丁美洲爆发独立革命运动以前，新西班牙总督辖区一直是美洲各殖民地中最重要的区域。当时的墨西哥，生产世界上一半的白银；轻工业也在发展中，仅瓜达拉哈拉就有棉织、毛织、制革等100多家企业；农牧业发达，每年产值约2900万比索；商业繁荣。首府墨西哥城成为当时西半球的第一大城和文化中心，市内已设立高等院校和各种技术专业学校。但是，享受这些经济、文化果实的并不是墨西哥人民，而是西班牙王室以及为数仅一两万的伽秋平人（即西班牙人）。

19世纪初，墨西哥约有600万人，其中伽秋平人1.5万人。他们代表宗主国的利益，掌握着政治、经济和天主教会的大权，是墨西哥的最高统治者。克里奥人（土生白人）是征服者和殖民者的后裔，约100万人。他们中有的人占有广袤的土地，在剥削印第安人的基础上经营农、矿、牧和工业，也有的人在政府和教会中任低级职员和教士，还有少数为自由职业者。白人和印第安人的混血儿名为梅斯蒂索人，约有70万人，他们主要构成小私有者。在混血人种中还有名为穆拉托人的黑白混血人和黑印混血人60万，其社会地位低于梅斯蒂索人。处于社会最底层的印第安人，约 360 万人，是墨西哥的基本劳动群众。此外，还有 1 万黑人，其中 6000 人是奴隶。①

在政治方面，西班牙在墨西哥实行殖民专制统治，不许殖民地民众就任政府要职。总揽军政财务大权的总督由伽秋平人充任。而克里奥人只能充任省督、市镇长与殖民军和民兵的下级军官。1786 年，宗主国在墨西哥实行州长制，设立了 12 个州，州设州长，废除了省督和 200 个市镇长。这次改革剥夺了大批克里奥人在政府的任职权，引起他们的极大不满。对于其他人种除利用梅斯蒂索人做下级民兵军官和印第安首领管理印第安人外，一般人都没有在政府任职的可能。所以，政府的专制统治引起了民众的极大怨愤。

在宗教方面，西班牙把天主教会作为控制殖民地人民精神的工具。墨西哥教会的高级僧侣都是由宗主国的贵族充任。克里奥人和少数梅斯蒂索人只能做收入菲薄的低级教士。宗主国通过改革措施掠夺教会的财富，如 1767 年西班牙王室将耶稣会的财产充公，1804 年没收教会的慈善基金。许多与教会有经济瓜葛的人受到了很大损失。这引起克里奥人的异常愤恨，许多低级教士由此参加了起义队伍。

宗主国把墨西哥的金银矿作为重要的掠夺对象。它宣布所有地下矿藏都为王室所专有，克里奥人可以开采，但矿主除把 1/5 的矿产上交国王外，还必须缴纳繁重的出口税、白银税、冶炼和铸币税。此外，矿产还被迫购买战时公债，并向王室捐献。

在工农业方面，西班牙推行限制政策，凡是西班牙的特产都不许墨西哥种植。如小麦、葡萄和桑树都在被禁之列。目的在于为宗主国地主、商人提供牟取暴利的机会。西班牙对殖民地的工

---

① Hubrt Howo Bancroft, *Histroy of Mexico*, San Francisco: The History Company publishers, 1883.

业采取扼制政策，只能在宗主国的进口货物不能满足市场需求的情况下，才准许墨西哥生产一些生活必需品。因此，纺织品、家具、玻璃、陶器、蔗糖、皮革等的制造业也陆续发展起来。到18世纪，出现了集中的手工工场。作坊主和手工工场大多数属于克里奥人。梅斯蒂索人和印第安人被剥夺了开办作坊和工场的权利。但从事工业生产必须缴纳多项捐税，这引起了克里奥人的愤愤不平。

在贸易方面，西班牙实行垄断政策，禁止墨西哥与外国通商，与拉美其他地区的贸易也严加限制。西班牙商人每年组织船队开往指定港口进行贸易。由于垄断商有权擅自抬高卖价，压低买价，利润一般都在成本的一倍以上。西班牙王室在墨西哥实行专卖制。烟草、谷物、食盐、火药和纸牌等都属政府专卖范围。特别令矿主憎恨的是殖民政府强迫各矿以高价从政府购买用于冶炼白银催化剂的水银，大大增加了冶炼成本。这些专卖品的价格往往在实际所值的两三倍以上，况且专卖官员还任意抬高售价，中饱私囊。

征收捐税也是西班牙搜刮墨西哥的一种手段。据统计，宗主国强加在墨西哥人民身上的捐税有60种之多。与宗主国通商必须缴纳15%的出进口税。货物在墨西哥境内运输，则征收1%～12%的通行税。令人痛恨的莫过于买卖税，即使不动产的转手也要缴纳2%～15%的买卖税。此外，西班牙还向印第安人征收大量年贡。如在1798年，从墨西哥攫取的年贡就达1214217比索。王室还以各种借口强迫克里奥人捐献巨款，1804年，每人分别捐献的金额在5万～30万比索之间。大量墨西哥金银财富形成闪烁洪流，源源不断地流入西班牙，通过不同的渠道在西欧转化为资本。宗主国的榨取给墨西哥人造成深重的灾难。[1]

---

[1] 张家唐、乔明顺：《墨西哥独立战争剖析》，载《河北大学学报》（哲学社会科学版）2002年第2期。

墨西哥

新西班牙殖民地和宗主国矛盾的发展，促使了反宗主国的思想日益高涨。与此同时，英属北美独立战争的胜利给了墨西哥人民极大的鼓舞。法国大革命更坚定了墨西哥人民反殖民统治的决心。海地人民先后歼灭法国的殖民军，击退英国的干涉军，于1803年获得独立，为墨西哥人民树立了榜样，推动了民族解放运动高潮的到来。

此外，19世纪初，欧洲政局的变化引起了西班牙的政治危机。1805年，英国海军在特拉法尔加角击溃了西班牙海军，削弱了西班牙统治拉美的力量。1808年3月，拿破仑侵入西班牙推翻了波旁王朝，立其兄约瑟夫为西班牙国王。这个僭伪政权也不具备统治拉美的能力。西班牙各省议会于9月组成的"中央议会"，也同样失去控制海外殖民地的实力。这就为墨西哥和拉美地区的独立战争造成了机遇。在宗主国出现政治危机的同时，墨西哥发生了经济危机。墨西哥城内的骚动，引发了外地独立运动的发难，揭开了墨西哥独立战争的序幕。

二　多洛雷斯呼声

随着宗主国形势的日趋复杂，新西班牙殖民地要求独立的运动不断高涨，各地出现了一些秘密团体。1809年9月在米切肯省省会巴利亚多利德城策划了一起反对殖民统治的起义，因有人告密而失败。此后，革命运动的中心转移到克雷塔罗城，其参与者主要有民兵军官、退职地方官吏、神甫和商人等。他们的行动纲领是争取克里奥军官参加，先掌握民兵的领导权。然后，力求在不使用武力的情况下，迫使殖民者放下武器。独立后的墨西哥实行议会制，以被迫逊位的西班牙国王费迪南七世的名义，由各省派代表组成国会作为最高行政机构，与西班牙断绝任何从属关系。当时独立运动的主要领导人有米格尔·伊达尔戈神甫（1753～1811）和伊格纳西奥·阿连德上尉（1769～

74

第二章 历 史

1811），马努埃尔·伊图利亚加、军官胡安·阿尔马多等。

他们经秘密策划，决定于 1810 年 12 月 8 日，在圣胡安·德·洛斯拉戈斯集市上举行起义。因起义计划泄露，有些成员遭到缉捕。阿连德和伊达尔戈在多洛雷斯得知消息后，决定立即行动，提前举行起义。9 月 16 日凌晨，他们放出狱中囚犯，敲响警钟召集士兵和民众在教堂集合。伊达尔戈发表了感人肺腑的讲演，他对数千印第安人高声问道："孩子们，你们要成为自由人吗？300 年前，可恶的西班牙人从我们祖先的手中夺走了土地，你们愿意夺回来吗……解放的时刻来到了，自由的时钟敲响了，你们有勇气的话，就和我们一起干吧！"顿时，人们群情激愤，台下响起一片惊天动地的口号声："美洲万岁！""独立万岁！""打倒坏政府！"一支起义的队伍很快就聚集起来了。这就是历史上有名的"多洛雷斯的呼声"，它标志着墨西哥独立运动的开始。

当天早晨，起义军很快和阿连德召集的人马会合，从多洛雷斯向塞拉亚前进。在途中的一所教堂里，起义军发现了一幅瓜达卢佩圣母画像。瓜达卢佩圣母被认为是印第安人的保护神，伊达尔戈把这幅画像做成起义军的旗帜，很多穷苦的印第安人也因此加入了起义队伍。迅速壮大的起义军相继攻占了塞拉亚、瓜纳华托、巴利亚多利德等城市，直逼首都墨西哥城。起义队伍迅速发展到近 10 万人，伊达尔戈被推选为将军，阿连德被委任为中将，其他首领也都授予相应的军衔。

由于多洛雷斯起义前缺乏必要的准备和周密的计划，再者，伊达尔戈和阿连德在一些问题上意见相左。如军事方面，伊达尔戈强调用兵之道多多益善，不分老少都欢迎他们参军。而阿连德主张精兵才能制胜，反对兵员良莠混杂。他们的不和影响了坚强领导核心的形成，使士气受挫，一部分人甚至离开了队伍，错失了攻占墨西哥城的机会。但这时在墨西哥各地纷纷爆发了起义，

革命已呈现星火燎原之势，伊达尔戈率领的队伍赶到瓜达拉哈拉与当地起义军会合。在部队休整期间，伊达尔戈颁布了《土地法》《废奴法》《废苛捐杂税法》等法令，并任命了司法部长和国防部长，还创办了《美洲觉醒者报》，使起义的思想基础得到了巩固。

独立军的发展壮大，使克里奥人感到空前的恐慌不安。他们从保障生命财产的安全考虑，向殖民政府投诚。如一向反宗主国的墨西哥城市政会一反常态，向总督表示效忠。庄园主、矿主等富有者向殖民政府解囊捐款。殖民政府在克里奥人的支援下，扩充军队准备对独立军进行反攻。自1811年初开始，殖民军大举反攻。1月，卡列哈率军队6000人进攻瓜达拉哈拉，于21日攻占该城。独立军失利后，被迫向北撤退。"多洛雷斯的呼声"激起的革命风暴，并没有因瓜达拉哈拉的失败而平息。墨西哥城以北的萨卡特卡斯城、圣路易斯波托西、坦皮科、瓦斯特卡斯、克雷塔罗东南部的奥里萨巴、普埃布拉和西部的巴利亚多利德等地都分别与殖民军进行着不懈的战斗。

随着伊达尔戈独立军的失势，伊达尔戈与以阿连德为首的部分军官的矛盾日益激化。独立军向北撤退到萨卡特卡斯城以前，阿连德等迫使伊达尔戈辞职，阿连德就任了大元帅。1811年3月21日，这些独立军领导人在蒙克洛瓦城附近因叛徒出卖被俘。不久，被押解到奇瓦瓦受审，阿连德等于5月26日被处死刑。伊达尔戈因教职身份又经过宗教裁判所审理，于7月31日为墨西哥的独立光荣就义。尽管如此，墨西哥独立运动的烈火却再也无法扑灭了，各地的起义连续不断。

三　莫雷洛斯领导的游击战

伊达尔戈牺牲后，他的学生何塞·玛利亚·莫雷洛斯继承了他的事业，成为独立军的主力。在得到伊达尔戈被捕的消息后，莫雷洛斯立即召开会议，指出："伊达尔戈及其战友被捕，不但不会使爱国火焰熄灭，反而会使它燃得更旺！"坚定了大家的斗志。

莫雷洛斯在对敌作战中改变了战术，不与西班牙殖民军争夺一城一地的得失，而是攻其薄弱环节，给以致命打击。他运用灵活的游击战术，把敌人打得狼狈不堪。1812年2月，起义军已到达夸乌特拉一带，威胁首都墨西哥城。西班牙军主力急急忙忙转向南方，以重兵进攻夸乌特拉城。西班牙军围城达72天之久，莫雷洛斯领导军民英勇抗敌，最后城内弹尽粮绝，义军危在旦夕。5月2日凌晨，莫雷洛斯出其不意地率领军民突围，一举成功。突围成功后，起义军迅速壮大，节节胜利。拿破仑在欧洲听到这个消息感叹地说："我要是有五个莫雷洛斯，就可以征服全世界！"

1813年9月，起义军攻占阿卡普尔科，使南方已解放的地区连成一片。莫雷洛斯觉得成立政府的条件已成熟，于9月13日在奇尔潘辛戈召开了墨西哥历史上第一次国民代表大会。大会推举莫雷洛斯为最高统帅，兼任行政长官。他在大会上发表了名为"民族意识"的政治纲领。内容包括：美洲是独立自由的，这个地方不属任何国家。墨西哥民众驱逐西班牙人后，将建立自由政府。召开国会，议员任期4年，按人民的意愿治理国家。人民在法律面前一律平等。废除奴隶制、封建制，取消印第安人的贡税、什一税和烟草税等。保护私有财产，对友好国家开放港口，定天主教为国教。"民族意识"的中心思想是实现墨西哥的独立，建立民主国家，改革生产关系，为资本主义发展铺平道路。1813年11月6日，大会根据"民族意识"的精神通过了《独立文告》，还成立了议会作为常设机构。

1813年12月底，殖民当局调动精锐部队进行疯狂反扑，起义军在巴利亚多利德之战中失利。拉永等人施展阴谋解除了莫雷

洛斯指挥全军的权力。此后,各地独立军处处失利,被迫到处转移。正在这困难时期,宗主国的形势发生了变化,又加剧了独立派的危机。1814年,拿破仑帝国崩溃,费迪南七世复辟后又恢复了西班牙专制统治。墨西哥殖民当局秉承宗主国的旨意,疯狂地镇压独立派。1814年10月22日,到处流动的代表大会在小城阿帕津甘通过墨西哥历史上第一部宪法。1815年11月5日,莫雷洛斯不幸被捕,殖民政府法庭和宗教裁判所判他犯了叛逆、异端等罪行。12月22日,他为墨西哥的独立而捐躯。起义军余部转入山区坚持战斗,墨西哥的独立运动遭到了暂时的挫折。

四 墨西哥独立和共和政体的建立

莫雷洛斯的牺牲使独立军失去了一位卓越的领袖。独立军的总数只剩下不足1万人,而殖民军达8万人,其中正规军和民兵各有1.5万人,其余是地方团练。大量的军队和政府开支,以及苛捐杂税,使民众怨声载道。宗主国为了稳定墨西哥殖民政权,1816年9月委任海军中将、曾任驻英使节和古巴将军的胡安·路易斯·阿波达卡为新西班牙总督。阿波达卡采用招降权术,用优惠条件诱使独立军投降。如特华坎的特兰、克雷塔罗的奥索诺和罗曼等都举起了白旗。正在墨西哥独立军处于极其危难的时刻,西班牙革命又引起墨西哥形势的新变化,促成了独立的实现。

费迪南七世的专制统治和横征暴敛,激起西班牙社会矛盾的激化。1820年1月,黎亚哥中校领导士兵起义,逼迫费迪南实行改革。新西班牙总督不得不宣布实行出版自由、废除宗教裁判所、恢复市政会等措施。独立派乘机提出了独立的要求。原投降殖民政府的独立军将领也酝酿拿起武器展开斗争。克里奥上层人物唯恐汹涌的革命风暴兴起,于是以摄政蒂拉多为首决定采取先

第二章 历史

发制人的手法，推荐奥古斯丁·伊图尔维德为殖民政府军司令，负责彻底消灭独立军的残余势力。

伊图尔维德（1783~1824年）出生在巴利亚多利德一个伽秋平富有庄园主家庭。他原来倾向独立，后因仇视印第安人的革命行动加入了殖民军，曾先后与伊达尔戈和莫雷洛斯作战。1820年升为上校。伊图尔维德反对实行共和政体，主张建立温和的君主制。伊图尔维德使用一箭双雕的诡计，一方面设法结束独立战争，满足克里奥人的要求，博得他们的信任；另一方面，争取与独立军达成妥协，收编独立军加强自己夺取政权的力量。当时，独立军只有维森特·格雷罗（1783~1831年）部稍有实力，就成为伊图尔维德争取的对象。

1820年12月，伊图尔维德殖民军和格雷罗独立军在伊瓜拉附近交锋以后，便开始了和谈。经过几次协商后，于1821年2月24日，伊图尔维德和格雷罗在伊瓜拉达成协议。主要内容是：墨西哥建成一个独立国家、天主教是唯一的宗教、将来的政体是君主立宪制、国王为费迪南七世。如果他不能前来墨西哥即位，可以由一个亲王代替。政府由双方军队联合组成的"三保证军"保卫。"三保证"即保证任何种族的人都能在政府任职；保证所有人的生命和财产安全；保证所有神职人员的权益。"伊瓜拉方案"受到克里奥地主、矿场主、大商人、僧侣的热烈拥护。其他独立军也因支持三保证路线而归顺了"三保证军"。"三保证军"很快控制了整个墨西哥的局面。

宗主国已认识到对墨西哥的失控，便决定与伊图尔维德议和。8月23日，在科尔多瓦城签署协议，基本上承认了"伊瓜拉方案"的内容。9月27日，"三保证军"进驻墨西哥城。第二天成立临时政府，发表了"独立宣言"，组成了伊图尔维德为首的五人市政会。从此，墨西哥成为独立的国家。

然而，伊图尔维德并不满足已到手的权力，处心积虑地要做

皇帝。1822年5月,他策划首都驻军兵变,乘机称帝,自封为"阿古斯丁一世"。伊图尔维德的倒行逆施激起了全国人民的反对,他登基不到10个月就被拉下了皇帝宝座,于1824年7月被人民处决。

伊图尔维德帝国的覆灭沉重地打击了君主派的气焰,主张共和制的势力大大抬头。1823年11月,墨西哥召开制宪会议,1824年10月4日颁布宪法,正式成立联邦共和国。瓜达卢佩·维多利亚当选为共和国第一届总统。墨西哥人民的独立战争,推翻了持续300年之久的西班牙殖民统治,建立了共和政体,胜利完成了民族独立的任务,在墨西哥历史上揭开了新的一页。

然而,墨西哥独立运动只是局部地实现了资产阶级革命的任务,并未根本改变社会经济结构。革命胜利后的果实完全为克里奥封建地主所窃取,广大劳动群众依旧处于被压迫被奴役的地位。天主教会和保守势力,独立后握有比革命前更多更大的权力。军队将领与政客集团相互勾结而干预政治。大地主、天主教会、政客集团和军队成了墨西哥资本主义发展的主要障碍,导致墨西哥各方面的发展极其缓慢,难于摆脱长期处于贫穷落后和被侵略的地位。

五 独立初期的墨西哥

独立后,墨西哥实际上仍然只是一个由无数个教会势力和大庄园主控制的大大小小的独立王国(地方割据)所组成的,并没有形成真正的统一的民族国家。

经济上,殖民统治的经济基础——大地产制依然存在,大庄园数量继续扩展。原来属于西班牙人的大地产转到土生白人军官和官吏手中,而且还进一步剥夺了印第安人村社的土地,同时天主教会占有大量地产,成为最大的地主。全国大地产的数目1810年有4944个,1854年增加到6092个。在大地产制下,一小撮封建寡头不仅垄断了当时最主要的生产资料——土地,竭力保持极端落后的大庄园制,残酷剥削以农民为主体的广大劳动人民;而且这种自给自足的经济阻碍商品经济的发展,不能为工业提供广阔的市场,并成为滋生军阀独裁政权的温床。

独立后墨西哥的工商业得到一定的发展。黄金和白银在1821~1840年年均开采1417公斤和29.8万公斤。纺织工业发展最迅速,19世纪40年代中期,全国共有59家纺织厂,2609台织布机,1.1万名工人。

在封建大地产依旧保存和资本主义关系有一定发展的基础上,19世纪上半叶墨西哥在政治上形成了保守派和自由派频繁争夺政权的局面。

封建统治阶级的代表包括军阀、天主教会上层和封建大庄园主,被称为"三元寡头",联合组成了保守派。他们反对共和制,要求恢复君主制,极力维护大地产和教会的特权,所以,他们又被称为集权派和君主派。军阀集团由大、小"考迪罗"组成,他们享有特权,不受法律约束,任意洗劫国库,抢夺人民财富。大考迪罗们经常割据一方,混战不休,频繁发动政变,使政局动荡不定。他们夺取政权后都建立军事独裁统治。天主教会上层的教权集团以墨西哥大主教、主教、大修道院长等为首。他们依旧是大土地所有者、最大的银行家和高利贷者,在城市中拥有许多不动产。19世纪30年代初,墨西哥教会的财产估计约为3亿比索之巨。绝大多数的封建大地主及其官僚政客,通过经济、政治及家族联系,同军阀和教权集团紧密结合在一起。

资产阶级、中小地主、一部分军官、知识分子组成了自由派。他们主张在联邦制的基础上巩固共和政体,实行政治经济改革,以利资本主义的发展。自由派也叫联邦派,其中右翼叫温和派,由一部分开明世俗地主以及某些封建势力组成。他们反对保守派独占政权,主张实行温和的改良。左翼叫极端派,主张把天主教会的土地分给世俗土地所有者,废除教会和军人的特权,得到了小资产阶级、农民和自由职业者的支持。

在保守派和自由派的斗争中,军官起着主导的作用。他们频频发动政变,更换总统。1824~1848年间,墨西哥共发生了250次左右的政变或军事叛乱,更换了31位总统。其中仅1841~1848年就更换了21次总统。最有名的军事独裁者是安东尼奥·洛佩斯·德·桑塔·安纳,在1833~1855年间,他先后6次成为墨西哥的总统或实际掌权者。长年的政局动荡,人民得不到休养生息,共和制度和宪法徒具形式,宪法、议会、选举都成了专制独裁制度的装饰品。

此时,英国、美国、法国等列强相继侵入。它们通过贷款、输入商品、投资以及武装侵略、签订不平等条约等,攫取了各种权益,逐步控制了墨西哥的经济和政治,使墨西哥走上了半殖民地、半封建化的道路。

由于国库空虚和财政困难,墨西哥不得不接受外国的苛刻条件举借外债,回扣和利息往往占贷款数额的2/3左右。例如,1824~1825年英国曾两次贷款给墨西哥,名义上贷款数额达3200万美元,但实际上只得到1100万美元,其余的2100万美元则作为利息直接回到英国资本家的腰包。墨西哥政府被迫通过允许外国人对墨西哥矿山投资的法令,给英国的直接投资开放了门户。从此,英国资本在墨西哥的活动领域空前扩大,英国的直接投资也迅速增加起来。到19世纪40年代,英国在墨西哥拥有65家采矿公司,投资总额1000万英镑以上。英国资本控制了几乎全部的墨西哥采矿工业,一部分纺织企业和对外贸易,以及钱庄和海关,掌握了绝大部分债权。

第四节 墨美战争和华雷斯改革

一 墨美战争

墨西哥政治动荡，国家衰败，给欧美列强侵略扩张以可乘之机。1838年，法国军舰炮轰韦拉克鲁斯港的要塞，把要塞占领后，向墨西哥勒索了60万比索"赔偿费"。美国独立后，积极推行西进政策，扩展领土。先后吞并了墨西哥的路易斯安那和佛罗里达。又利用边境毗邻的有利条件，从19世纪20年代起开始向墨西哥北部边疆地区移民，并向墨西哥政府提出"购买"得克萨斯地区的要求，遭到拒绝。1835年6月，在美国支持和怂恿下，得克萨斯州的移民发动叛乱，宣布得克萨斯"独立"，成立所谓的"共和国"。1836年，墨西哥独裁者桑塔·安纳迫于美国压力，承认了"得克萨斯共和国""独立"。1845年初，美国国会不顾墨西哥政府的一再抗议，悍然通过合并得克萨斯的决议。同年3月，墨西哥与美国断绝外交关系。

1845年11月，美国以墨应归还美300万美元债务为要挟，要求墨西哥承认以格兰德河为得克萨斯和墨西哥边界；并以1500万~4000万美元的代价取得新墨西哥和加利福尼亚地区。墨西哥拒绝了美国的无理要求。1846年5月11日，美国波尔克总统发表致国会咨文，要求对墨宣战，并批准拨款1000万美元，征兵5万人。当天和次日，美国参、众两院分别通过对墨宣战决议。5月13日，波尔克发表文告，宣布美墨间"已处于战争状态"。

美国侵墨战争大体分为两个阶段。1846~1847年2月为第一阶段，美军分三路入侵墨西哥，斯蒂芬·卡尼上校受命指挥西线军队，远征新墨西哥和加利福尼亚；约翰·斯洛特舰队司令受

墨西哥

命海路袭击太平洋海岸；总司令率部直取墨西哥首府。① 开战初期，在军事上墨西哥军队拥有一支 3.2 万名官兵的军队，数量上占有优势，但缺乏训练，纪律不严，装备不足，军官指挥水平低。5 月 8 日的帕洛阿尔托战役，美军 2300 人同墨军 6000 人交战，美军以优势炮火击溃了墨军骑兵。9 月 24 日，美军增至 1.5 万人，攻占蒙特雷。1847 年 2 月，双方在布埃纳维斯塔激战。墨军统帅桑塔安纳以 2 万之众企图围歼 5000 美军。墨军几次击退美军进攻，俘 400 多人。但美军凭借炮兵的优势，击退了墨军。此役，美军伤亡 746 人，墨军损失 1500～2000 人。到第一阶段战争结束时，美已攻占了墨西哥北部大片土地。但墨西哥人民在美占区展开游击战，迫使美军停止了进军。

1847 年 2 月至 1848 年，战争进入第二阶段。美军为彻底击败墨军抵抗，改变主攻方向，开始寻找一条最短路线攻占首都墨西哥城。美军司令温菲尔德·斯科特策划并实施了对韦拉克鲁斯的两栖登陆。从 3 月 22 日开始，美 72 艘军舰和陆军的大炮对韦拉克鲁斯进行了连续几天的野蛮炮击。斯科特下令：墨西哥人不投降，便不许任何活人离开这座城市。在美军猛烈的炮火下，城市受到严重破坏，一时"城内街道上血流成渠，到处落下被敌人炮弹炸飞的人的断肢残体"。平民伤亡 100 多人，损失 500 万比索。墨西哥守军进行了顽强抵抗，码头工人和渔民也积极参战，使美军付出了 82 人伤亡的代价。3 月 29 日，墨军在指挥官命令下停止抵抗，美军才攻占该城。美军随后向首都墨西哥城推进。8 月 6 日，美军 1 万人兵临墨西哥城下。墨西哥军民为保卫首都展开了英勇战斗。墨军集中兵力 2 万人，100 门大炮。这时墨军的战斗力有了明显提高。双方首先在郊区外围展开激战。在康特列拉斯和丘鲁布斯科两战中，美军以猛烈炮火又一次击溃了

---

① 黄安年：《美国侵墨战争简述》，载《军事历史》1993 年第 5 期。

优势墨军。墨军伤亡被俘达 7000 余人，但美军也伤亡近千。9月7日，墨政府同美国举行了短时间谈判，拒绝了美国的无理要求。美军便向墨西哥城发起总攻。墨军奋勇抗击，打退美军多次进攻，美军死伤惨重。在俯瞰墨西哥城的查普尔特佩克山，战斗尤为激烈。墨西哥军事学院的学生进行了英勇战斗。美军如潮水般向山顶冲锋，学生们冒着枪林弹雨，奋勇还击，美军死伤遍地。墨军子弹打光后，与敌展开了白刃格斗。最后，有6名少年学员战斗到最后一人，光荣牺牲，被誉为"少年英雄"。9月13日黄昏，桑塔安纳率政府成员撤退，城内一片混乱。9月14日美军最终攻占墨西哥首都。但是，墨军仍在全国各地与美军激战。墨西哥人民还在美占区展开游击战，用大刀、长矛、猎枪同美军战斗。

1848年1月2日，墨美和谈正式开始。1848年2月2日，美国强迫墨西哥政府签订了屈辱的《瓜达卢佩—伊达尔戈条约》。条约规定：墨西哥的布拉沃河以北全部权利让与得克萨斯，割让新墨西哥和上加利福尼亚给美国，美国同意支付1500万美元并承担美国公民向墨西哥政府索取的325万美元的赔偿要求。美墨边界线划在沿布拉沃河到新墨西哥以南由此向西和西北，沿希拉河和科罗拉多河并由此沿上、下加利福尼亚线直到太平洋。由此，美国强占了当时墨西哥一半以上的土地，包括今天美国的新墨西哥州、加利福尼亚州和亚利桑那州以及其他几个州的一部分，总面积约230万平方公里。

墨西哥在战争中失去了其疆域之半，但这场战争也使得墨西哥国内形成了它独立以来一直缺乏的民族主义精神。

二　1854年革命和华雷斯改革

墨西哥独立以后，封建大地产制度和天主教会特权并未动摇，广大人民群众普遍要求改革。1853年桑塔安

墨西哥

纳从国外卷土重来,被保守势力再次推上了总统宝座,其又以1000万美元的代价,将科罗拉多河、希拉河和布拉沃河之间的梅西利亚河谷约12万平方公里领土割让给美国。残酷的独裁统治使人民忍无可忍。

1854年3月1日,胡安·阿尔瓦雷斯在阿尤特拉领导了推翻桑塔安纳反动统治的起义。很快,起义扩大到韦拉克鲁斯、新莱昂、索诺拉等州。1855年,阿尔瓦雷斯率部进攻首都,桑塔安纳逃亡国外。10月成立新政府,阿尔瓦雷斯当选为总统,贝尼托·华雷斯(1806~1872年)任司法部长,开始了墨西哥历史上的"革新运动"。

革新运动实质上是一次资产阶级革命。它从推翻桑塔安纳独裁统治开始,经历了内战和反对外国武装干涉的严酷斗争。领导这场斗争的是伟大的民主主义者华雷斯。华雷斯出身于贫苦的印第安农民家庭,他是一个孤儿,从小就从事艰苦的劳动,青年时期勤奋学习,积极参加社会活动。在艰苦的磨炼中,成长为一个反对封建主义、天主教反动势力和外国侵略者的英勇战士。他在司法部长任内,制定了《华雷斯法》,撤销了一切特别法庭,取消了军事法庭和教会法庭的民事审判权。

1856年2月,召开了制宪会议。极端派拥有多数席位的制宪会议,通过了《莱多法》,禁止世俗和教会团体拥有不动产,强制教会出售它所占有的地产。到1856年底,根据该法令共出售了2300万比索的不动产。教会的不动产的购买者主要是本国和外国资本家。1857年,议会通过了新宪法。宪法规定:总统由普选产生,宗教界人士不得当选为总统和国会议员,禁止奴隶制度,禁止宗教和世俗团体占有不动产,宣布私有财产神圣不可侵犯,规定言论、出版、集会和通信自由。

1857年12月,根据新宪法举行了选举。科蒙福特当选为总统,华雷斯当选为最高法院院长。反对改革和1857年宪法的教会和教权派地主，策动保守派将军苏洛阿加发动叛乱，攻占墨西哥城。科蒙福特总统战败后逃亡美国，拥护宪法的 70 名议员，在克雷塔罗城组织新政府，根据宪法的规定，华雷斯就任总统。保守派和护宪派之间的内战开始了。

保守派占据墨西哥中部，得到了教会、教权派地主的支持。到 1858 年 7 月底教会给苏洛阿加的资助金额为 460 万比索。护宪派则控制着墨西哥的边区各州，得到了资产阶级、小资产阶级、农民和城市贫民的支持。内战时期，护宪派组织了几千支游击队，活跃于保守派政府控制区。内战初期，保守派政府掌握着军事主动权，1858 年 3 月，大败护宪派，占据了采矿工业中心瓜那华托城，1859 年 2 月，进攻护宪派的重镇韦拉克鲁斯城。华雷斯政府采取坚决措施，于 1859 年 7 月颁布《改革法》，宣布僧侣为主要敌人，教会财产收归国有，政教分离和信教自由。华雷斯还制定了把教会土地分成小块出售的办法。《改革法》比较彻底地摧毁了教会的封建大地产所有制。这些改革，促使内战向有利于护宪派转化。1860 年 8 月，护宪派在西拉奥地区打败了保守派的军队，12 月 25 日攻克首都。华雷斯还都墨西哥城后，重新公布《改革法》，在全国范围内推行。

三　英、法、西三国武装干涉

墨西哥反动派寄希望于欧洲列强的干涉。他们在巴黎积极活动，要求拿破仑三世帮助建立在法国保护下的君主制。拿破仑三世则企图把墨西哥变成法国的保护国，并以对外战争的胜利来湮没无产阶级的革命斗争。1861 年 7 月，墨西哥决定停止偿付外债两年。法国、英国、西班牙以此为借口，签订了共同武装干涉墨西哥的协定，结成了反对墨西哥改革的新的"神圣同盟"。

1861 年 12 月 28 日，从古巴出发的西班牙军队占领了韦拉

墨西哥

克鲁斯城。1862年1月，英法军队登陆。4月，英、西军撤回，由法国单干。4月16日，法国悍然宣布与华雷斯政府处于战争状态。不久，法国侵略军猛攻墨西哥首都东方大门普埃布拉城。墨西哥以印第安人为主组成的驻防军士兵在萨拉戈萨将军指挥下，进行英勇抵抗。交战两个星期后，法军一败涂地，死伤千人以上，狼狈地退回东部沿海一带。

然而，法国侵略军并不甘心失败，又大举增兵前线，于1863年3月再次猛攻普埃布拉。墨军同敌人展开巷战和肉搏战，最后因粮食断绝被迫撤出普埃布拉，法军以4000人伤亡的高昂代价才占领了这座英雄城市。鉴于首都门户失陷，华雷斯主动把政府迁至圣路易斯波托西，继续领导抗战。

1864年5月，法国干涉军把奥地利皇帝的幼弟马克西米利亚诺大公扶上墨西哥皇位，称马克西米利亚诺一世。与此同时，马克西米利亚诺与法国签订协议，承认墨西哥以往的外债，并支付法国侵墨所花费用。在"帝国"控制的土地上，实际上是法军司令部大权独揽，"皇帝"不过是个傀儡。

但是，干涉军只占领了一些大城市及其附近的地区，2/3的国土仍在华雷斯政府控制之下。广大群众猛烈地反抗侵略者，千百个游击队配合政府军作战，破坏交通线，袭击小股驻防军。在长期游击战争中，涌现了一批出身贫寒的优秀指挥员。如在韦拉克鲁斯州活动的印第安人卡尔巴哈尔，他的部属全是牧民；在锡那罗亚州作战的印第安人鲁比，他的伙伴都是矿工。为了动员广大人民群众反抗侵略者，华雷斯政府深化了革新运动。1863年2月，颁布封闭女修道院的法令，其房屋改为医院，财产充作军需；7月又颁布法令，允许每个墨西哥人获得2000公顷以内的国有荒地，恢复印第安村社占有土地的权利。8月颁布没收卖国贼财产的法令，并将其分配给农民。这项法令只在几个州实行，因此没有改变墨西哥土地所有制的性质。

第二章 历 史

墨西哥人民的英勇斗争，使侵略军遭受重大损失。到1867年初，法国干涉军因作战和患病而死亡者已达20%左右。法国士兵厌战日甚，开小差和投向共和政府的事层出不穷，法国付出了约6500人伤亡和3亿法郎的高昂代价，法国人民纷纷起来反对这场侵略战争。与此同时，法国与普鲁士正在酝酿战争，无力再在墨西哥进行军事冒险，拿破仑三世政府不得不终止对墨西哥的干涉。

武装干涉终于以完全失败而告终。1867年2月5日，法军离开墨西哥城，3月中旬撤出了墨西哥。依靠法军枪柄保护的马克西米利亚诺帝国也随之垮台了。5月15日，华雷斯政府的军队攻克克雷塔罗城，马克西米利亚诺皇帝和他的几个将军被俘，并于6月19日被处死。

经过五年浴血抗战，墨西哥人民最终取得了反对外国侵略者的伟大胜利，保卫了革新运动的成果。1867年7月15日华雷斯总统凯旋进入首都。胜利后，他坚定地实行宪法和改革方案。1871年，华雷斯第四次当选为总统，1872年7月18日，他因心脏病突发不幸去世。

华雷斯继承了伊达尔戈和莫雷洛斯的革命传统，高举反外国干涉、反封建和进行资产阶级革命的旗帜，取得了局部的胜利。对以后1910年的革命起了先驱者作用。

第五节 1910～1917年革命和卡德纳斯的改革

一　迪亚斯的独裁统治

华雷斯去世后，按照宪法规定，最高法院院长莱多继任总统。莱多任职期间，由于背离华雷斯的政策，引起

墨西哥

　　国内的普遍不满。同时，旧日的护宪派分裂了。一批在内战和反对外国武装干涉中发财致富的将军，因收买教会财产而成长的新地主和亲美资产阶级聚集在迪亚斯的周围，组成新保守派，反对华雷斯的革新政策。随着波菲利奥·迪亚斯（1830~1915）的上台，墨西哥重新被推向半封建、半殖民地的苦难深渊。

　　迪亚斯原是华雷斯手下的一个将军。在战争中从事土地投机而发财，变成一个大地主。1872年同华雷斯竞选总统，失败后发动叛乱，被镇压。1876年，他再次发动军事政变，攫取了总统职位。

　　从1876年至1911年，迪亚斯统治墨西哥长达34年之久，其间只在1880~1884年间，由他安置的一个傀儡冈萨斯雷任过一期总统，但实权还是操在他手里。迪亚斯政权代表外国资本家、新旧大地主、天主教会和各种反动势力的利益。他的政治指导原则是："面包或是棍棒"。他给一切拥护他的人以"面包"，即用"官职和金钱"换取他们的支持；他给一切反对他的人以"棍棒"，即对他们进行残酷的打击和迫害，凡是落在他手中的反对者，统统被置于死地。

　　首先得到迪亚斯政权好处的是大地主。1883年，颁布《垦荒法令》，成立专门的土地测量公司，调查荒地。凡拿不出证明文件的印第安农民的土地，都被宣布为荒地，贱价卖给或者无偿地赐给那些拥护他的地主、将军、政客和外国资本家。在他统治时期，土地的集中达到极其惊人的地步。在下加利福尼亚有近3000万英亩土地分给了4个人。到1910年，墨西哥一半面积的土地属于不满3000户的大地主。这些大地主把土地交给雇用的管事人经营，而自己则住在墨西哥京城或巴黎过着奢侈糜烂的生活。从事农业劳动的1000万墨西哥人中，超过950万人没有土地，大约有500万印第安人被剥夺了土地，沦为债役制农民。

迪亚斯对天主教会采取勾结、笼络和控制的政策。他通过妻子的宗教顾问，与大主教拉拔斯提达成秘密协约：以后教职的委任须征得他的同意。他允许重新设立一些寺院和修道院，让教会收回了许多特权，使教会得以重新聚敛财富，购买地产并垄断教育，成为独裁统治的工具。

迪亚斯出卖墨西哥资源，允许外国资本家在墨西哥开采矿山、开办工厂、修建铁路、经营种植园。1887年，迪亚斯政府颁布法令，规定开采煤、石油、汞（水银）、天然气和其他矿产，除征收少量印花税外，一律免收国家税及地方税。这样，外国资本，特别是美国资本，便如潮水般地涌向墨西哥。1900年，美国资本家以每英亩略高于一美元的代价，霸占了墨西哥的大片油田，掌握了墨西哥油田、石油工业的一半以上、矿山的3/4左右。为了建筑铁路，迪亚斯政府付给外国铁路公司每公里6000～10000比索的津贴。结果，外国公司控制了墨西哥铁路的修建和经营。1884年，49家外国公司经营3500英里的铁路线。外国资本家还大量购买土地，渗入农业部门。美国"索诺拉土地牛只公司"拥有130万英亩的土地，新闻巨头赫斯特拥有250万英亩土地，"帕洛马斯土地牛只公司"在奇瓦瓦州的地产达200万英亩。他们开办咖啡、甘蔗、烟草、柑橘、橡胶种植园，残酷剥削墨西哥农民。除美国资本外，英国主要投资于石油、贵金属、糖、咖啡和公用事业等方面，法国主要投资于纺织业，德国则主要控制五金业和医药业。外国垄断资本掌握了墨西哥的经济命脉。

迪亚斯政权对外国资本家如此"忠顺"和"慷慨"，而对本国劳动人民则进行残酷的剥削和压迫。这种情况促使墨西哥民族同帝国主义的矛盾、人民大众同封建地主阶级的矛盾迅速激化。人民中普遍地孕育着对独裁政权的反抗和革命情绪，革命风暴一触即发。

二 1910~1917年革命

1910年总统大选定于7月举行,墨西哥举国上下普遍关注着国家政治生活中的这件头等大事。资产阶级自由派的代表人物马德罗出来与迪亚斯竞选总统,被迪亚斯逮捕入狱。6月,他们以阴谋武装暴动、破坏总统选举、扰乱社会治安的罪名将马德罗逮捕,关进圣路易斯波多西监狱。随后,迪亚斯重演故伎,使用非法手段操纵选举,宣布自己"当选"为第8任总统。大选完毕后,马德罗获释。10月5日,马德罗发表"圣路易斯波托西计划",宣布总统选举无效,要求迪亚斯辞职,将土地归还以前的主人,并号召人民武装起义。

马德罗的号召得到了人民的广泛响应,革命运动如急风暴雨迅速席卷全国,广大农民是这次大革命的主力军。在各地的农民起义军中,力量最强、影响最大的是南方的埃米利亚诺·萨帕塔和北部的弗朗西斯科·潘乔·比利亚所领导的两支起义队伍。

为了得到这两支农民军的有力配合,马德罗首先派其亲信冈萨雷斯将军到奇瓦瓦州会见了比利亚,就联合起来共同反对迪亚斯反动政权的问题达成初步协议。比利亚无条件地承担了对圣安德列斯、圣伊萨贝尔、华雷斯城等北部重要城镇的主攻任务。

与此同时,马德罗又派人与南方的农民军领袖萨帕塔进行会晤,萨帕塔从革命大局出发,同意与马德罗所属力量实行联合,统一了围攻迪亚斯反动政权的军事行动。一个以资产阶级为领导,南北农民武装为主力的革命联盟形成了。

各派力量都按照预定的任务开始向专制制度发起了进攻。比利亚率领的铁骑队伍,屡次重创政府军,显露出他的杰出军事指挥才能。比利亚还在进军途中打击了大地主势力,夺取他们的田产分给无地农民,受到各地群众的衷心爱戴。1910年年底,比利亚军队占领了奇瓦瓦州;1911年5月9日向华雷斯城发起迅猛攻击。经过两天激战，起义军胜利占领该城，生俘城防司令纳伐罗将军。华雷斯城被攻克具有重大意义，它不仅提高了起义军的军威，而且使政府与革命派之间的力量对比开始发生变化。

1911年3月，萨帕塔领导的南部起义军向首都方向推进，形成南北起义军夹攻迪亚斯反动政权的战略态势。南部起义军高举着"争取土地和自由"的战斗旗帜，沿途攻占大庄园，杀死负隅顽抗的庄园主和管事人，为农民夺地分地，开仓济贫。受惠农民把起义军看作自己的队伍，纷纷自愿加入起义军行列，萨帕塔军队迅速扩展到6000人，按照预定路线继续向墨西哥城进逼。

在萨帕塔和比利亚两支农民起义军的南北夹击下，迪亚斯大势已去，被迫于5月24日辞职，逃亡国外。长达30年之久的独裁统治垮台了。消息传来，全国人民欢欣若狂。

1911年11月6日，马德罗就任总统。马德罗当初发难时曾许诺把土地归还农民，但他上台后不但不实行诺言，反而下令解散要求进行土地改革的农民游击队，并镇压工人运动。工人、农民纷纷起来反对马德罗政府。另一方面，帝国主义和国内敌对势力对马德罗政府也采取敌视态度。1913年2月，前参谋长维多利亚诺·韦尔塔在美国大使直接策划下发动政变，将马德罗逮捕入狱，暗中刺死。韦尔塔就任临时总统，恢复迪亚斯时期的独裁统治。

广大人民群众对韦尔塔政权极为不满，纷纷起来讨伐。资产阶级自由派新的代表人物贝努斯蒂亚诺·卡兰萨率先举起讨伐韦尔塔的旗帜，与萨帕塔和比利亚的农民军联合起来进行斗争。美国为了给韦尔塔打气撑腰，于1914年4月派海军占领韦拉克鲁斯港，受到农民军的坚决还击。1914年7月，韦尔塔政府崩溃，政权落到了卡兰萨手中。1916年3月，美国进行第二次武装干涉，在墨西哥人的奋勇抗击下，也以失败而告终。

卡兰萨利用人民的力量夺取了政权，但同样无意满足工人、农民的要求。萨帕塔和比利亚的农民军要求把土地分给农民,卡兰萨则坚决反对。于是,围绕土地问题为中心的斗争,进一步发展成大规模内战,萨帕塔和比利亚农民军一度开进首都。在农民军强大压力下,卡兰萨不得不提出土地改革等法令,并于1916年12月召开全国立宪会议。1917年2月,经过激烈的斗争,立宪会议通过新宪法,规定国家是土地、河流、矿藏的根本所有者;有权收回外国垄断组织占有的土地、矿山和油田;规定了实行土地改革的原则与具体步骤;确认包括农业工人在内的工人劳动保护权以及组织工会、举行罢工的权利;限制教会权力,等等。1917年宪法在一定程度上反映了劳动人民的要求,是当时世界上资产阶级宪法中最民主、最进步的法典之一。

根据宪法精神,1917年3月举行总统大选,卡兰萨以绝对优势当选为共和国总统,任期4年。5月1日,资产阶级新政府宣告正式成立,随后由参众两院组成的新国会,最高法院以及其他有关机构相继成立,资产阶级国家机器臻于完备。1917年宪法的诞生和资产阶级新政府的成立,标志着这场波澜壮阔的资产阶级大革命的结束。墨西哥历史从此翻开了新的一页。

1910~1917年的墨西哥革命是反帝、反封建的民族民主革命。在这次革命中,墨西哥人民将外国资本占有的矿山、土地等自然资源收归国有,并两次粉碎美国的军事干涉。这场革命还打击了国内的封建大地主、天主教会和军阀,为墨西哥进一步发展民族经济创造了有利的条件。

三 护宪运动

以卡兰萨为首的政府反对消灭封建残余和实行彻底的土地改革。在1917~1920年间,只有45万英亩土地归还给农民,总共只有4.8万户农民得到土地,而几百万无地农民的生活状况和从前一样贫苦。1919年4月10日,政府暗害了农民领袖萨帕塔。同时，下令解散工人委员会，宣布镇压工人运动。

然而，卡兰萨政府仍坚持民族主义的反帝立场。根据宪法第27条，它于1917和1918年颁布了有关石油输出和石油矿藏征税法，对外国资本家在墨西哥的土地、地下资源和矿藏的权利加以限制。1919年，对不服从法令的外国公司，采取了坚决措施。1920年，阿尔瓦罗·奥夫雷贡和卡列斯发动政变，于5月21日杀害了卡兰萨。7月，奥布雷贡当选为总统。他虽然镇压工人运动，但在土地改革和对待外国公司的态度，基本上还按宪法精神办事。

1924年夏，普卢塔科·埃利亚斯·卡列斯当选为总统。他除了继续土地改革和实行1925年12月公布的石油法令外，主要在限制教权方面维护1917年宪法。该宪法第1条、第5条、第27条和第130条中，载有限制教权的内容。但宪法公布后，历届政府只采用了个别限制教权行动，并未全面实施这些条款。1926年，卡列斯为了维护宪法，下令驱逐大批外籍教士与修女，并封闭了部分修道院和教会学校。1926年7月14日，他签署了实施宪法的第130条法令，规定实行世俗教育，解散僧团，禁止僧人从事政治活动和外国人担任教会职务，剥夺教会占有的不动产。对破坏法令者要罚款并处以6年以下的徒刑。

围绕着反教权主义的护宪运动，发展为国内战争。墨西哥天主教会于1926年7月25日发表告教徒书，呼吁反对政府法令。在"基督万岁"口号的煽动下，教徒们抵制交通及社会活动，并组织了武装暴乱。部分未获得土地的农民也参加了暴动。但获得土地的农民则站在政府一边，反对暴动者。暴动者劫持杀害和平居民，焚烧公立学校，迫害教师，捣毁铁路，烧死旅客。1927年，政府镇压了叛乱，墨西哥政局稍趋于稳定。

但教权主义者接着制造了更大的暴乱。在1928年7月，正

当总统选举时，天主教集团暗杀了很可能当选总统的奥布雷贡。1929年3月，爆发了"44个将军的叛乱"，大地主、天主教会和埃斯科巴尔等军阀联合起来，要求取消反教权主义法令。武装叛乱很快扩展到墨西哥的西北各省，叛乱者控制了韦拉克鲁斯、科尔多瓦等7个重要行政和经济中心。西部各州教派叛乱者起而呼应。许多政府军投靠叛军。

以卡列斯任总司令的政府军，在镇压叛乱中得到墨西哥共产党、农民和工人群众的支持。全国农民同盟组织的游击队，平息了韦拉克鲁斯州的叛乱。许多农民参加了政府军。一些共产党人担任了农民和工人游击队的领导者。在各种力量的配合下，墨西哥政府于1929年4月最后扑灭了叛乱。

镇压叛乱前后，卡列斯的政治地位大大提高。他于1929年初，组织了墨西哥国民革命党，这个政党是以他为首的军事独裁者联盟。参加该党的除各军区长官外，还有城市小资产阶级、知识分子和富农代表。卡列斯通过国民革命党控制政府，当他发现总统鲁维奥有不服从自己的迹象时，便把阿贝拉尔多·罗德里格斯推上总统宝座。

四　卡德纳斯改革

1929年的世界性资本主义经济危机，给墨西哥社会经济带来严重冲击，国家财政极其困难，失业人数猛增，各地都发生了大规模罢工和农民起义。1933年12月，国民革命党在克雷塔罗城举行代表大会，讨论了总统选举事宜，卡德纳斯被推为总统候选人。

拉萨罗·卡德纳斯生于1895年，11岁在印刷厂当学徒。他积极参加了1910～1917年革命，1928年被选为米乔阿坎州州长，1930年任国民革命党主席，1931年和1933年先后任鲁维奥和罗德里格斯政府中的内政部长和国防部长。他属国民革命党左

第二章 历 史

翼，在任州长期间，以兴办教育和维护劳动法典而闻名于全国。

在竞选总统期间，他访问了28个州，足迹遍及大中小城市和印第安农村、矿区和小镇。他接受了工人、农民关于民主、土改和反帝的委托书。他向印第安人说："总统府的大门将永远向工农打开。"1934年7月1日，他当选为总统。1934年12月1日，卡德纳斯在总统就职演说中保证要做好墨西哥人民的总统。这是对独裁者卡列斯的挑战，也意味着他不再做卡列斯的傀儡，而要按1917年宪法原则，实行进一步改革。

卡德纳斯在他的总统任内（1934～1940年），改组了内阁、军队和州政府，并改变了卡列斯集团为议会多数派的局面。1936年，卡德纳斯把卡列斯及其核心骨干驱逐出境——用飞机送到美国得克萨斯。他宣布工厂主必须遵守宪法和法律，反对成立为企业主服务的"白色工会"，不愿在"反共产主义"口号下镇压工人运动。1938年春，前农业部长赛迪略将军发动叛乱，卡德纳斯镇压了叛乱者。正因为有了上述措施，改革才得以实现。

土地改革 卡德纳斯的土地改革措施和以前历届政府所进行的土地改革的不同之处，在于他敢于触动或征收封建大庄园一部分土地，废除了债役制，并实施了废除封建大地产的法令。同时他也敢于触动外国资本家的土地，将这些土地分配给农民。他鼓励合作社组织，建立了1468万个新的集体村社。1937年，他修改了宪法第27条第6款，规定一旦被确定为公地而征用的土地，一律禁止获得自由权利的"保护"令状，使个体村社的小农经济成为村社的主要形式。

在卡德纳斯土地改革措施中，有许多方面是关于农村的社会福利工作的。1937年，政府设立了社会卫生和农村医疗部。1938年，享受免费医疗的农民达100多万人。

卡德纳斯土地改革的突出特点是，分配给农民的土地数量大。在他任期6年中，将近100万农民无偿地得到了4500万英亩土地；而从 1910 年以来的历届政府，仅分给农民 2100 万英亩土地。在 1935 年 5 月一次土地分配中的土地数量，就接近罗德里格斯 6 年总统任期中分配土地的数量。在维护 1917 年宪法运动中，卡德纳斯是最认真执行宪法第 27 条条款的政府领导人。尽管还有 190 万左右的农民仍然没有土地，尽管农村村社的土地质量不好和生产率低，但土改能达到这个水平，在墨西哥是难能可贵的。

国有化运动 国有化运动包括三个方面内容。第一，石油国有化。石油是墨西哥最重要的矿产资源，但一向为美、英垄断资本所操纵。在石油系统工人运动的推动下，1938 年 3 月 18 日，政府把 17 家美国、英国和荷兰石油公司收归国有。第二，铁路国有化。在铁路工会的要求下，1937 年 6 月 23 日政府公布了关于把外国公司的铁路收归国有的法令。1938 年 5 月 1 日，政府将没收美英公司的铁路移交铁路工会管理。第三，服务行业和若干企业的国有化。在工人运动的推动下，一些公共汽车公司、电车公司、面包房、印刷厂、锯木厂、纺丝厂、制糖厂、种植园等被收归国有而变成工人生产合作社或工农业合作社。

在国有化过程中，卡德纳斯政府支持工人组织的要求，使它们签订了有利于工会的各种集体合同。在许多工业部门中，工人因此争得了 40 小时工作周的胜利。政府成立了劳工银行，供给工人生产合作社的资金。卡德纳斯本人多次支持工人的反帝反封建和反剥削的罢工。特别是在石油国有化运动中，他依靠工人的支持，利用帝国主义国家之间的矛盾，排除了石油工业国有化道路上的障碍。石油工业国有化保卫了民族主权，保护了国家资源，促进了经济的发展。

教育改革 教育改革的起点是扫盲教育。为了在印第安人中普及小学教育，政府专门设立印第安人事务司。政府还设立了士兵学校网，在军队中进行扫盲教育。到 1938 年，文盲率比 1930

年降低了14%。

政府还兴办中小学和各种职业学校,为提高文化水平和适应各种事业发展培养人才。公立小学从1934年的8477所增加至1940年的13016所。1935年,全国仅有中学49所,到1940年增至116所。工业、技术和商业学校,1934年只有19所,1940年增至40所。农业学校由1934年的22所,增加到1940年的55所。

卡德纳斯在30年代所进行的改革,是墨西哥民族资产阶级领导的反帝反封建的改革。由于它全面而深入地实行了1917年宪法,因而理应被认为是墨西哥护宪运动的最辉煌的阶段。就其改革的深度和民主性而言,为同时代亚洲、非洲和拉丁美洲民族民主运动史上所仅有。

改革促进了经济的发展。1935年墨西哥有加工工业企业4200家,1940年增至1.351万家;而产值和投资都翻了一番。特别是纺织、建筑、食品、家具等轻工业,有了迅速的发展。

为了发展民族经济,在1930年代,卡德纳斯实行了诸如《关于垄断组织法》等保护民族资产阶级利益的法令。1937年成立了联邦电力委员会,对私人的(主要是外国人的)电力公司实行监督。1938年修改的《关税保护法》,禁止进口与本国产品相类似的商品(如纺织品、服装、食品等)。

卡德纳斯实行的土地改革,使墨西哥的土地关系发生了重大变化。在北部,大庄园的债役制残余被废止了,建立了一批资本主义性质的集体农村社。在中部,大庄园主及其地产减少了一半,小农增加了1.5倍,庄园经济虽仍存浓厚残余,但已失去优势。土地改革以后,出现了以资本主义经济形态为主的,小农经济与封建经济残余并存的农村经济结构。卡德纳斯作为反帝反封建比较坚决、经济实力相对强大的民族资产阶级激进派代表人物,通过把封建庄园改造为资本主义农场和把封建大地产转变为村社土地的方式,促进了农村社会的变革。

卡德纳斯的改革是1910~1917年墨西哥革命后的一系列护宪运动的最高峰。从整个革命的进程来看,历时30年的发展经历了夺取政权和护宪运动两个阶段。护宪运动包括民主化、恢复经济和解决所有制三大内容。卡德纳斯的贡献就是依靠政权力量,自上而下地解决了这些问题,完成了护宪运动的任务。

第二次世界大战爆发以来,墨西哥的民族经济迅速增长,工业化建设取得显著成就,资产阶级民主制度逐步发展,国内出现了相对稳定的政治局面。这些进步是与卡德纳斯执政时期所实行的改革分不开的。

第六节 1940~2000年革命制度党执政时期

一 1940~1970年稳定发展时期

1940年卡德纳斯总统离任之后,阿维拉·卡马乔继任墨西哥总统。他是1910年墨西哥革命以来第一个宣布"革命时代"结束,"经济发展时代"开始的总统,他的上台,标志着墨西哥历史发生了重要转变,从"革命和改革时期"转变到"稳定与发展时期"。从此墨西哥开始了自觉性进口替代工业化进程。

1940~1950年是进口替代工业化起飞阶段。由于长期以来关于农业主义与工业主义之争,终于以"工业主义意识形态"的胜利而告终,墨西哥人民在实行进口替代工业化战略的问题上,达到了思想上的高度统一,墨西哥人几乎毫无例外地都相信:"凡有利于工业的,就有利于国家;没有工业化,墨西哥就要永远受外国经济变化的摆布"。所以,从1940年卡马乔任总统开始，一场举国一致的工业化运动蓬勃兴起。这是一个主要发展非耐用消费品的"进口替代"工业化阶段，墨西哥的纺织、粮食加工、化学、啤酒、水泥、钢铁等工业都发展很快，人均收入从 1940 年的 325 比索增加到 1946 年的 838 比索。

阿莱曼总统 1946 年执政后，在拉美经委会发展主义理论和政策建议的影响下，进一步高举工业化旗帜，在墨西哥历史上第一次制定了经济发展计划，公开提出要实现"进口替代"的目标。政府的所有政策都以工业为优先，尽量支持和照顾工业家的要求，如实行低税、免税、优惠贷款等措施，以扶植新生的工业企业；由国家举办基础设施，为工业企业提供廉价的能源和服务；实行劳工低工资制，限制工会组织的活动范围；限制土地分配，保护农牧业不受损害，等等。为了对付外国的竞争，阿莱曼政府实行严格的贸易保护主义政策，甚至敢于在 1945 年的查普尔特佩克外长会议上顶住西方贸易自由化的压力，拒不拆除其贸易保护主义屏障。由于国家的保护和国家的直接投资，墨西哥的工业增长很快，制造业的年平均增长率达到了 8.2%。因此，这个"非耐用消费品进口替代阶段"，亦称"加速工业化阶段"或"进口替代工业化的轻松阶段"。

1954~1970 年是进口替代工业化稳定发展阶段。第二次世界大战和美国侵朝战争结束后，美国发生经济危机，过去从战争得到好处的墨西哥经济状况也因此陷入困境。为此，柯尔蒂内斯政府决定按照国际货币基金组织的要求，实行"稳定发展计划"，即放弃过去的"贬值—通胀增长模式"，实行固定汇率的"稳定增长模式"，但仍坚持自主发展的进口替代工业化战略不变，并把上一阶段的非耐用消费品进口替代推进到中间产品和部分资本货的进口替代阶段。在这个阶段，政府一方面通过财政补贴、减免税收以及公共基础设施（电力、铁路、石油）和公共服务低收费政策，大力促进私人经济部门的国内储蓄，并通过税

收政策奖励其利润的再投资；另一方面又加大国家的投资力度，将电力工业、硫黄工业和各石油公司都实行了国有化，而且还分别于1962年和1966年开始实施雄心勃勃的"汽车工业一体化计划"和"国家北部边境工业化计划"。与此同时，国家的工业保护措施也加强了。由于实行了上述工业化政策，墨西哥经济取得了十余年的稳定高速增长的突出成就，年均增长率达到7.1%，其中工业部门的年均增长率达到8.6%。被誉为"墨西哥奇迹"。

二　1968年学潮和埃切维里亚革新

但是，20世纪50~60年代的经济增长成果并没有惠及普通民众，社会两极分化更加严重，贫富差距不断扩大。政治上，墨西哥革命制度党在强化一党统治的同时，对反对党采取强硬态度和排斥做法。民众对政治制度民主的缺失和社会的不公正状况越来越不满，国内政局日趋紧张。与此同时，世界学生运动和民权运动的高涨，加之古巴革命胜利，带动了墨西哥国内学生运动和民主运动的发展。学生运动借由1968年奥运会这个导火索而爆发，并在两个月内扩大到教师、学生家属、工人、农民等其他社会群体，成为一场全民运动。

由于即将举行奥运会，面对汹涌而来的学潮，革命制度党政府认为这是一个"颠覆性阴谋"。在这种情况下，1968年10月2日，墨西哥军警对正在特拉特洛尔科区"三种文化广场"集会的人群进行了镇压，这就是墨西哥历史上有名的特拉特洛尔科惨案。特拉特洛尔科惨案对墨西哥政府造成了严重的政治负面影响。使得阶级矛盾空前尖锐，社会不稳定加剧。

1970年，奥尔达斯政府时期的内政部长埃切维里亚入主总统府。上台后，埃切维里亚为了摆脱特拉特洛尔科事件的后遗症而采取了一系列措施，同时，在内外政策方面进行了大胆的改革，在发展理念上更加注重社会的公正和公平。

第一，调整对知识界和政治反对派的政策，释放了被捕的学生和教师；将参众两院议员的最低年龄限制分别放宽到 30 岁和 21 岁，吸收一大批反对派青年参加政府工作。1968 年学运中的许多积极分子，后来成了作家、编辑、教授、议员、大使和部长，陆续地融入了主流社会。

第二，在经济方面，实施"分享发展"战略，目的是让更多的人分享经济发展的成果。埃切维里亚政府放弃了"先增长后分配"的发展理念，强调经济增长与社会公正的协调发展，在保持经济增长的同时努力实现比较公平的收入分配。为此，颁布新的《劳动法》（1970），《土改法》（1971），进行了继卡德纳斯土改后最大规模的土地分配，建立农村生产合作社，改善农民生活，并增加了对农业的投资。颁布新的《外资法》，对外资实行较严格的限制。

第三，在政治体制改革方面提出了"民主开放"的口号，向民众主义复归。1989 年，革命制度党同意成立官方的全国人权委员会，着手调查政治迫害和滥施暴力的问题。1993 年，也就是特拉特洛尔科事件 15 周年之际，革命制度党为了消除历史造成的裂痕，允许反对派在当年的惨案发生地"三种文化广场"矗立一块纪念这一事件的石碑，它表明了革命制度党愿意反思和检讨的态度，这一有勇气的举动也说明革命制度党处理政治历史问题游刃有余。

第四，在外交方面，倡导"第三世界主义"，开展多元外交，与墨西哥建交的国家由 67 个增加到 129 个。支持革命的古巴，对遭受拉美各国独裁统治者迫害的左翼流亡者提供慷慨的援助。墨西哥的国际地位空前提高，国内的社会矛盾也得到缓解。

埃切维里亚执政时期，墨西哥保持了可观的经济发展速度，使 1970～1975 年国内生产总值的年均增长率达到了 5.7%，但同时也使政府的财政赤字急剧上升，6 年间增长了近 8 倍。而此时期墨西哥的对外贸易不但不能创汇,反而带来日益严重的逆差,贸易赤字以每年27%的增长率逐年增长。为了弥补财政赤字,政府不得不大量吸收外资和举借外债,公共外债从1970年的32亿美元猛增至1976年的196亿美元,通货膨胀率从1972年的5.6%猛增至20%以上。在农村,由于改革失败,农业更加衰落,1975年以后,竟然每年要进口粮食750多万吨。到埃切维里亚执政末期,墨西哥经济已陷入严重的经济危机之中。

三 墨西哥债务危机

1976年波蒂略就任总统后,由于墨西哥发现了新的大规模石油资源,靠着石油出口的支持,墨西哥得以暂时走出危机,并提出了一个以石油工业为基础,促进整个工业发展,特别是要促进资本货和中间产品"进口替代"、全面实现国家工业化的计划。

在波蒂略高速增长战略的推动下,墨西哥国内生产总值的年均增长率达到了创历史纪录的7.4%,高等教育的学生人数几乎增加了1倍。享受医疗服务的人数由1977年占居民的60%上升到85%。但是,这种高速度增长在很大程度上是建筑在单一石油出口的经济基础上的。把一个国家的经济发展建筑在单一石油出口的基础上,实际上是又回到了单一初级产品出口模式,其结果是给墨西哥经济带来一系列宏观经济结构失调和国际收支失衡的问题。随着石油工业发展和经济高速增长以及与之相适应的大批重点项目,都需要越来越多的进口资本货和进口原材料。结果,1976~1981年,墨西哥几乎所有各类商品的进口率都提高了,甚至连消费品的进口率也从5.6%上升到了12.3%;墨西哥的工业化不但没能解决进口替代问题,反而越来越多地要依赖进口;墨西哥实行了30年之久的进口替代工业化模式到波蒂略时期已经走向了自己的反面,进口替代工业化进程已衰变成了逆进口替代工业化进程。这种变化的一个必然的后果，就是令人惊愕的贸易赤字和财政赤字。据统计，贸易赤字从 1978 年的 23 亿美元增至 1981 年的 56 亿美元；政府的财政赤字 1982 年达到 16610 亿比索，高出 1976 年财政赤字 25 倍还多。面对严重的贸易赤字和财政赤字，墨西哥政府的唯一选择就是举借外债。外国银行家因为着魔于墨西哥的石油财富，当时都乐于借款给墨西哥。结果，墨西哥的外债急剧上升，从 1978 年的 300 亿美元上升至 1982 年的 800 多亿美元。年通货膨胀率也从 70 年代中期的 20% 上升至 1982 年的 100%。80 年代以前因为有战略商品石油的丰厚收益作担保，尽管情况严重，墨西哥的高速增长仍勉强可以维持。

但是到了 1979 年，国际经济的形势发生了逆转。这一年美国突然改变金融政策，发生了所谓"沃尔克休克"事件，国际贷款利率急剧上升，几个月之内，年利率超过 11%，到 1980 年中，更上升到创纪录的 18%。为挽救局势，波蒂略政府曾发起筹备"南北首脑会议"，想通过南北对话，推动国际新经济秩序的建立，解决当时的经济困难。但是，墨西哥的要求被美国拒绝了。美国根本不是要什么"新经济秩序"，而是要"致力于以自由企业推动国际发展"。不仅如此，到 1981 年，世界石油市场也发生了剧烈的变化。这一年，国际市场原油价格一下子就跌了 12%，仅 1981 年一年，墨西哥就损失 60 亿～70 亿美元。第二年，墨西哥的石油收入又从 270 亿美元降至 140 亿美元。再加上当时国际银行利率的上涨，墨西哥的外汇储备已剧减到危险线以下，没有办法支付当年到期的债务本息 268 亿美元，不得不在 1982 年 8 月宣布暂停偿还外债，无限期关闭外汇市场，从而爆发了墨西哥历史上最大的一场债务危机。

这次危机显示出执政党的经济政策出现了重大的失误，也反映出执政党在重大政策制定过程中的"一言堂"，缺乏监督，民主执政的不足。余波未平,1985年墨西哥经历了历史上最严重的大地震,首都很多高楼大厦倾覆,生命和财产损失严重,人民处于危难之中。政府在这次抗震救灾活动中官僚主义严重,饱受诟病,其威信大大下降。

这时,革命制度党内要求改革的呼声也越来越强,党内出现了不同意见的团体。1986年8月,以前总统拉萨罗·卡德纳斯之子、米却肯州前州长夸特莫克·卡德纳斯和革命制度党前主席、前内政部长和墨西哥驻联合国代表穆尼奥斯·莱多为首的革命制度党内一批著名人士,由于对德拉马德里总统的新自由主义经济政策和党内的专制、腐败现象不满,公开宣布成立"民主革新运动",并把矛头直接指向总统和党的领导人。该运动要求革命制度党立即对国家的政治生活方式进行深刻的改革,提出党的总统候选人不应由现总统一人指定,应由党内民主选举产生等主张。但是,这时革命制度党内的既得利益集团由于害怕改革带来的利益重新分配会伤害到自己的利益,这些要求政治体制改革的主张没有得到党中央的积极反应,反而该运动的成员在1987年被开除出党,从而极大地阻碍了党内民主的发展。这反映在1988年7月的总统大选中,革命制度党总统候选人萨利纳斯以微弱多数当选,得票率仅为50.76%,是革命制度党成立以来得票率最低的。相反,被革命制度党开除的夸特莫克·卡德纳斯作为"全国民主阵线"(民主革命党的前身)的总统候选人,却得到了近31%的选票。另一个反对党国家行动党获得了17%的选票。选举过程中的舞弊现象引起了公众的强烈不满,革命制度党的执政地位受到挑战。

四 发展模式的危机与改革

19 88年当选墨西哥总统的萨利纳斯力图通过经济改革和对外开放来巩固自己的地位,提出了一个庞大的

"全国经济、政治现代化计划",同时提出了所谓"新民族主义"的口号以替代墨西哥政府长期奉行的传统民族主义的原则,以便使墨西哥完全融入全球化过程。并在现代化的旗帜下,按照"华盛顿共识"的要求,进行了新自由主义式的经济改革。

第一,大胆地推进国有企业私有化改革。这是萨利纳斯推行新自由主义经济的核心政策,而且主要是借助外国资本实现国有企业的私有化。墨西哥的国有企业私有化改革开始于1983年。在此之前,国有企业是历届政府干预经济生活和制衡跨国公司的主要工具。据统计,1984年,墨西哥政府"拥有"或"控制"了国民经济的80%。[1] 1988年萨利纳斯执政后,私有化步伐大大地加快和深化。国有企业的总数从1982年的1155家减少至1993年末的210家。私有化不仅是要提高私有部门在经济中的作用,而且也是萨利纳斯政府收入的主要来源。在1989～1992年5月间,私有化收入累计高达195亿美元,占GDP的6.3%。经济合作与发展组织的一个专题报告认为,墨西哥的国有企业私有化可以说是"世界上最大的私有化计划之一"[2]。然而,这些私有化措施加剧了社会不同阶级、不同阶层、不同利益集团之间收入分配的不平衡状况。

第二,实行金融开放政策。80年代以前,根据1972年《投资法》,政府有权自由决定国家必须对哪些企业保持51%的所有权。萨利纳斯执政后,政府颁布了一系列鼓励外国直接投资的法令,允许外资拥有100%的股权。此外,外资在汇出利润以及抽出资本方面也可以享受更多的优惠。1994年10月,政府进一步

---

[1] Lowell S. GustaFson Ed, *Economic Development under Democratic Regimes: Neoliberalism in Latin America*, Praeger, 1994, p. 148.
[2] OECD, *Economic Surveys: Mexico*, 1992, p. 137.

放宽对外资的限制，允许外国银行、经纪人公司和保险公司进入墨西哥，这意味着墨西哥政府实施的长达半个多世纪的不准外国银行进入墨西哥金融业的禁令被废除。由于没有及时建立正规的信贷监督机构，金融自由化在很大程度上加速了 1994 年墨西哥金融危机的爆发。

第三，实行贸易自由化改革。墨西哥贸易自由化进程的顶峰是美、加、墨三国《北美自由贸易协定》（NAFTA）的签订。1992 年 12 月，美、加、墨三国在两个协定的基础上，经过协商，正式签署了《北美自由贸易协定》。1993 年 8 月，三国又就环保、劳动就业等问题达成协定，作为《北美自由贸易协定》的补充。1994 年 1 月 1 日，《北美自由贸易协定》生效，北美自由贸易区正式诞生。《北美自由贸易协定》的总目标是经过 10 ~ 15 年的努力，到 2008 年在成员国间取消各种关税和非关税的壁垒，实行零关税，实现商品和生产要素的完全自由流动，并且具体规定了在成员国间逐步消除关税和投资限制等的步骤和时间表。

萨利纳斯所领导的这些经济改革，一方面，使墨西哥完成了从传统的民族主义到新自由主义的转变，另一方面，由于没有处理好经济发展与社会公正的关系，特别是没有照顾到社会绝大多数人的利益，社会贫困化现象和社会矛盾日益加剧。

1994 年元旦，也就是《北美自由贸易协定》开始生效的第一天，南方的恰帕斯州爆发了印第安农民武装起义。萨帕塔民族解放军的领袖们认为新自由主义改革遗弃了印第安民族，是针对印第安人的"死刑判决书"[①]，号召进行广泛的社会经济政治改革。萨帕塔民族解放军起义使墨西哥社会长期潜伏着的矛盾暴露

[①] 阿德里安·本杰斯：《墨西哥的新自由主义经济改革》，转引自《拉丁美洲研究》1994 年第 4 期。

了出来，震撼了墨西哥乃至整个世界。恰帕斯农民暴动也使已经出现动荡和不稳定局面的墨西哥政治形势更加扑朔迷离，加剧了革命制度党的执政危机。

1994年12月29日，墨西哥爆发了震惊世界的金融危机，几天之内，比索贬值60%，股票指数猛跌，美元抢购一空，资金大量外逃，金融市场一片混乱。经美国克林顿政府动员500亿美元的紧急援救，危机才得以控制。即使如此，这次危机给墨西哥造成的损失是十分巨大的，国内生产总值下降了7%，消费品进口减少一半，通货膨胀率骤然上升，超过了50%，利率也猛涨到60%以上，失业人口超过200万，"外债达到比波波卡特佩特火山还要高的高度"。又一场经济灾难降临到墨西哥人民头上。

为了重新树立革命制度党在民众中的形象，萨利纳斯及其继任者塞迪略推出了政治改革方案。萨利纳斯将众议院的席位增加到500席，其中300席由多数票产生，200席为"党的众议员"，由比例代表制产生。1993年的修宪，使得反对党成员也能够担任参议员。塞迪略执政时，加快了墨西哥政治改革的步伐。1994年，他上台后修改了选举法，废除了政府在选举中支持官方党的一贯做法，总统不再指定革命制度党的下届总统候选人；联邦区长官不再由总统任命，而是由该区选民直接选举产生；联邦选举委员会不再由内政部管辖，而是成为一个独立机构，等等。1996年7月，执政的革命制度党与主要在野党国家行动党、民主革命党以及劳工党就政治改革达成协议，签署《为促进决定性的选举改革修改宪法的建议》。国会两院据此通过相关宪法修正案，规定：任何政党在众议院的席位不能超过300席即60%，将有32名参议员按照比例代表制产生，联邦选举委员会完全独立，等等。这些改革措施压缩了革命制度党的政治空间，而为民主革命党等在野党开辟了更广阔的发展道路。

墨西哥

第七节　21世纪初的政权更迭

一　2000年大选与政治格局变化

2000年大选注定在墨西哥历史上留下浓重的一笔。经过激烈竞选,多数墨西哥人终于在7月2日作出了最后"裁决"——革命制度党候选人弗朗西斯科·拉瓦斯蒂得票数占总投票数的36.10%,以240万多票、6.42个百分点之差输给反对党国家行动党和绿色生态党组成的变革联盟的候选人维森特·福克斯,福克斯当选总统,他的得票数占总投票数的42.52%。由民主革命党、劳工党等5个党联合组成的墨西哥联盟的候选人夸特莫克·卡德纳斯得票占16.64%,居第三位。选举结果对墨西哥的政局产生了深远的影响,这是墨西哥历史上第一次反对党在总统大选中获胜,它标志着墨西哥政治体制的重大转折。

墨西哥的政治体制从长期一党专政向多党制转变,革命制度党、国家行动党和民主革命党形成鼎立之势。2000年总统大选使革命制度党在连续执政71年后失去政权,沦落为最大的在野党,但该党仍在参众两院占据多数席位。国家行动党由于福克斯当选总统而影响力大增,从革命制度党分离出来的民主革命党成为第三大党。

总统权力变弱,议会作用增强。革命制度党执政时期,总统拥有强大的权力,议会只不过是总统行政权力的一块橡皮图章。而在2000年后,这一状况发生了根本性变化。议会开始履行宪法赋予的职责:平衡行政权力。墨西哥政治现状常常是:总统提出议案,而议会来作决定。福克斯提出的重要改革提案遭到来自议会和各界的反对和制约,总统和议会出现争权斗争,在很大程度上制约了政府政策的推进。由于议会作用加强，议员的权力也随之增大，各政党都努力谋求加强本党在议会中的作用。

2000年福克斯总统执政以来，对内主张实施"新联邦主义"，积极倡导政治体制和政府机构改革，推动恰帕斯州和谈进程，加强整治社会治安；对外奉行独立自主的多元外交政策，全面参与国际和地区事务。在经济方面强化宏观调控，推进金融改革，加大扶持中小企业的发展，取得了一定成效。[①] 但由于执政的国家行动党未能占据议会多数席位，政府提交的税收、劳工、能源等重要改革法案无一获议会通过。

二 2006年大选与纷争

2006年是墨西哥大选年。此时，左翼力量在拉美地区不断崛起，纷纷执掌一些国家的政权。作为拉美最重要的大国之一，墨西哥大选的意义自不待言，其结果不仅关系着墨西哥国内政治经济的"左""右"路线之争，也直接影响到墨西哥未来外交政策的走向。

墨西哥联邦选举委员会7月6日公布了统计结果，5位总统候选人的得票率是：执政的国家行动党总统候选人费利佩·卡尔德龙得票率为35.89%，民主革命党总统候选人洛佩斯·奥夫拉多尔的得票率为35.31%，革命制度党总统候选人罗伯托·马德拉索为22.26%，社会民主和农民抉择党总统候选人帕特里西亚·梅尔卡为2.7%，新联盟党总统候选人罗伯托·坎帕为0.96%，并宣布卡尔德龙以0.58%的微弱优势获胜。

奥夫拉多尔对大选结果提出异议，认为联邦选举委员会的计票过程存在诸多"违规操作"。此外，由于无效选票共有904604

---

① 资料来源：中华人民共和国外交部网站。（http://www.fmprc.gov.cn/chn/wjb/zzjg/ldmzs/gjlb/2048/2048x0/default.htm）

张，占总票数的 2.16%，此数目是卡尔德龙胜出选票的近 4 倍。由此奥夫拉多尔向联邦选举法院提出上诉，要求在全国范围内对投票进行逐票重新计数。随后，奥夫拉多尔发动了"社会和平抗争"的街头抗议活动，并召集支持者封锁墨西哥城市中心广场和主干道。墨西哥城的交通和经济为此大受影响。联邦选举法院于 8 月 5 日作出决定，拒绝奥夫拉多尔提出的全面重新计票的要求，只对争议较大的一些州投票点的选票进行重新计票。9 月 5 日，联邦选举法院 7 名法官一致作出裁决，否定 7 月 2 日的选举出现有系统的舞弊行为，宣布卡尔德龙获胜。奥夫拉多尔拒绝接受裁决，并于 11 月 20 日在墨西哥城宪法广场向数万名支持者宣布正式就任"合法总统"，打算同卡尔德龙斗争到底。11 月 28 日，国家行动党议员和民主革命党议员在众议院为争夺就职仪式的演讲台曾长时间对峙，甚至发生了肢体冲突。

出于安全方面的考虑，11 月 30 日午夜，福克斯和卡尔德龙在总统府秘密举行了权力移交仪式，这在墨西哥历史上非常罕见。12 月 1 日，卡尔德龙在异常混乱的局面下，宣誓就职，就职仪式只持续了数分钟。

卡尔德龙执政后，经济政策以经济长期稳定增长为目标，推行稳健的经济政策，实施财税改革，积极扶持出口行业和中小企业。2007 年墨西哥经济保持稳定增长态势，但增速较上年有所下滑。2007 年墨西哥实际 GDP 较上年增长 3.3%。2008 年，受国际金融危机的冲击，墨西哥经济形势迅速恶化，实际 GDP 增长仅为 1.4%。

此外，卡尔德龙加大了打击贩毒团伙和有组织犯罪的力度。2007 年以来，鉴于警察和司法部门扫毒不力，墨西哥政府动用 3.6 万名军人，进行扫毒行动，严打有组织犯罪。在这一过程中，犯罪组织疯狂反扑，甚至直接与政府官员、警察当局勾结，使国内绑架暗杀等犯罪率上升，安全形势恶化。从 2006 年 12 月开始的反毒斗争已经导致万余人死亡。

受经济衰退,打击毒贩导致国内安全形势恶化等负面因素的影响,执政的国家行动党在2009年中期选举中失利,只获得27.98%的选票,在众议院的席位由206席下降至143席,由此失去众议院第一大党的优势。党主席赫尔曼·马丁内斯由此宣布辞去党主席职位。而革命制度党呈东山再起之势。在此次中期选举中,革命制度党不仅赢得了36.68%的选票,使其在众议院的席位由104席上升至237席,成为众议院第一大党,而且在6个州长的竞选中,赢得了5个州的胜利。此外,革命制度党在竞选中采取了与绿色生态党结盟的策略,而绿色生态党在选举中赢得6.5%的选票,在众议院的席位上升至21席,这意味着与小党的结盟使革命制度党在众议院占据了绝对多数席位,这是自2000年墨西哥进入三党鼎立格局后,第一次有一个政党在议会中占绝对多数,它对墨西哥政治生态的意义是不言而喻的。民主革命党颓势明显。2006年大选是民主革命党实力和影响力达到顶峰的时候,此后,由于党内派系斗争严重,政策主张过激,使其政治力量明显削弱。在这次中期选举中,前总统候选人奥夫拉多尔居然公开不投本党候选人的票,而投劳动党的票。民主革命党只赢得了12.22%的选票,在众议院的席位由123席下降至65席。如果不能弥合分歧,加强党内团结,调整政策措施,民主革命党的民众支持率将会进一步下降。

2009年的中期选举使墨西哥政治格局呈现新的发展态势,但无论革命制度党能否问鼎2012年总统宝座,墨西哥都不可能再回到一党执政的年代。

第三章

政　治

第一节　宪法

墨西哥先后颁布过 4 部宪法。

一　1814 年宪法

史称阿帕津甘宪法，是墨西哥历史上第一部宪法。由独立战争领导人莫雷洛斯主持起草，1814 年 10 月 22 日通过，其正式名称是《墨西哥美洲自由制宪法令》。该宪法以西班牙 1812 年《加的斯宪法》为参照，并借鉴了法国和美国的宪法。宪法共 242 条，确立了共和制度，实行三权分立原则；全国代表大会为最高权力机构，最高行政权由全国人民代表大会任命的三人执政委员会行使。另设最高法院和监督法院。该宪法还规定公民在法律面前一律平等，言论、出版自由。由于独立战争的失利，该宪法未能生效。

二　1824 年宪法

1821 年墨西哥宣布独立，1824 年颁布了《墨西哥联邦宪法》。该宪法共 7 章 11 条，宣布墨西哥完全独立，实行共和制和联邦制。国家最高立法权属于议会，议会由参、众两院组成。行政权属于总统，总统任期4年，不得连选连任。司法机构为最高法院。罗马天主教为国教，撤销宗教裁判所。这部宪法对独立后墨西哥共和体制的确立起了积极作用。

三 1857年宪法

18 57年宪法是在墨西哥改革运动中制定的宪法，于1857年3月11日颁布，同年9月16日生效。该宪法宣布墨西哥为代议制民主共和国，由享有内部事务主权自由的各州组成。禁止奴隶制，废除债役制。承认私有财产不得侵犯；公民享有言论、出版、请愿、集会、通信、办学、经商、就业自由；实行陪审制度；建立国民卫队；废除教士和军队的特权，禁止教会和世俗团体占有不动产。规定最高立法机关为两年选举一次的一院制议会，行政权属于任期4年的总统，司法权由最高法院行使；议员、最高法院法官和总统均由间接选举产生。该宪法将1855年以来的自由主义改革以宪法的形式固定下来，具有进步意义。

四 1917年宪法

19 17年宪法是墨西哥现行宪法，全称《墨西哥合众国宪法》，于1917年2月5日公布。1910～1917年，墨西哥人民掀起了反帝反封建的资产阶级革命浪潮。其间先推翻了国内反动的迪亚斯政权，后挫败了美国的干涉，并最终取得了资产阶级革命的胜利。在蓬勃发展的农民运动推动下，当时的总统卡兰萨于1916年12月在克雷塔罗城召开了由各阶层人士参加的制宪会议，并在1917年2月5日通过了新宪法。

1917年宪法的全文共9编10章136条，对共和国政府体制作了规定。设置总统一人，由直接民选产生，任期4年，不得连任。国会由参、众两院组成，每州选举两名参议员组成参议院，

参议员任期4年；众议员按人口比例直接选出，任期2年。宪法第1~29条重申《1857年宪法》规定的墨西哥公民享有言论、出版、教育的自由，以及集会、就业、旅行等权利。年满21岁有合法职业的墨西哥男子拥有选举权。

1917年宪法最著名的是第27条关于土地所有权问题的规定，第123条关于劳工问题的规定，以及第130条对教会的限制。

宪法第27条规定："国境线内所含土地与水源的所有权属于国家。国家有权将这些土地与水源的产权让与平民，构成私有财产。"宪法在承认产权私有性的同时，还明确规定了实行土地改革的原则、细则和步骤。指出了："为了公平分配公共财富，应采取必要措施，分割大地产，发展小土地所有制"。对原土地被剥夺，而不能提供证据或证据不足者，将根据居民需要分配给足够土地和水源。宪法还就各州分配土地应遵循的原则作了规定，要求每个州和地区都要定出个人或团体拥有的土地的最高数额，超过规定数额的部分分割成小块出售，或请求政府代售。分地的地价以年租的形式支付，在20年内还清本息，利息标准每年不超过5%。各州分配土地的方式有的是归还失地，有的是由政府授予新地。

宪法第27条宪法规定：墨西哥一切矿藏和资源的所有权属于国家，私人只能通过租让合同，取得对规定范围内矿藏和资源的开采权，国家有权首先把矿藏租让给本国公民。强调只有在墨西哥出生或加入墨西哥国籍的人及墨西哥公司才有权购置土地、水源，获得开发矿山和矿物燃料的租让权。宪法对外国人利用墨西哥国家资源的条件作了严格的限制，"在沿国境线以内100公里和沿海岸线以内50公里的地带，外国人在任何条件下都不能获得土地和水源的直接租让权。除此范围之外，外国人若要取得土地、水源的租让权，必须向墨西哥外交部申请，同意在涉及上述财产关系时把他们作为墨西哥人来看待，保证遵纪守法、不借助本国政府势力干涉墨西哥内政，才能得到许可。违者，将其获得的财产全部没收。"这就从法律上消除了外国资本对国家经济命脉的控制,对于扶持民族资本主义的发展起了积极作用。

宪法第123条就劳工权利等问题作了详尽的规定,其中主要内容包括:实行每周6天、每日8小时的工作制;夜班工作时间最长为7小时;12岁以上和16岁以下的青少年工作日最长时间不超过6小时。禁止使用未满12岁的童工,禁止妇儿、儿童从事危险和有害健康的工作。妇女分娩前3个月免除重体力劳动,产后休息一个月并领取全工资,幼儿哺乳期,母亲一天有两次、每次半小时的喂奶时间。工人们应得到维持正常生活所需要的最低工资。工人就业实行不分性别的同工同酬,工资应以法定的现行流通货币支付,不准以实物代替,工人延长工作时间应按加班时间支付双倍工资。废除只能在雇主商店购买物品的限制。在工矿业和其他行业的企业中,企业主应为工人及其家属提供住房、就学、医疗等服务设施。工人因公死亡或致残要给予赔偿。工人有权组织工会,承认工人有罢工权,企业主有歇业权。劳资纠纷由工人、企业主和政府三方代表组成的协调和仲裁委员会处理。雇主要严格执行劳工合同,不得无故解雇工人,否则雇主要受到处罚,补偿受害者3个月的工资。

宪法第130条和其他条款中对教会的活动作了严格的限制。教会不得领有、经营或承典不动产,教堂、修道院等教会建筑一律收归国有;教士必须在地方政府登记,宗教活动必须在教堂举行;教士必须由本国人担任。宪法还剥夺了教会对教育的控制权,实行教育自由;公立学校及初级、高级私立学校都不得带有宗教色彩。

1917年宪法是墨西哥人民长期斗争的结果,反映了墨西哥资产阶级民主革命的明确方向,充分体现资产阶级民主原则,是一部激进的资产阶级宪法。

1917年宪法执行至今,历经多次修改。1991年,议会通过对宪法第27条和第130条的修改,宣布停止土地改革,实行村

社土地私有化；承认教会享有公民团体的法人地位。1993 年，宪法第 27 条被再次部分修改，允许土地自由买卖。

第二节 国家机关

一 总统

总统既是国家元首，又是政府首脑。

墨西哥宪法第 81 条和第 82 条规定："总统依选举法规定的条件直接选举产生"；"具备下列条件才能有总统候选人资格：出生在墨西哥、具有公民资格的人，充分享有权利且其父母也是出生墨西哥的墨西哥公民；选举时年满 35 岁"；大选前 6 个月内不得担任政府部长、副部长、联邦区行政长官、共和国总检察长及任何一州州长等职。

宪法规定，总统任期 6 年，从总统选举当年的 12 月 1 日开始就职，任满后终身不得连任。

宪法赋予总统以很大的权力，它规定："联邦最高行政权属于总统一人。"在行政方面，总统有权任命或撤换政府各部部长、共和国总检察长、联邦区检察长、联邦区行政长官和其他联邦官员。总统是武装部队总司令并可征调各州国民警卫队（须经参议院认可）；有权任命武装部队上校以上高级军官（须经参议院认可）；有权对外国宣战（须经联邦议会立法）。

在立法方面，总统有权向国会提出法案；有权否决国会通过的任何法案，除非经两院 2/3 的多数票推翻他的否决。

在司法方面，总统有权任命联邦最高法院法官（须经参议院认可）和联邦区高等法院法官（须经众议院认可）；有权弹劾联邦最高法院法官、巡回法院法官、联邦区高等法院法官和普通法官，要求联邦议会予以撤换。总统对联邦法院判处的侵犯个人宪法权利的罪犯和联邦区法院判处的普通罪犯有赦免权。

在外交事务方面，总统有权任命驻外使节（须经参议院认可）；有权与外国谈判并缔结条约（须经联邦议会批准）。

墨西哥现任总统费利佩·德·赫苏斯·卡尔德龙·伊诺霍萨（Felipe De Jesús Calderón Hinojosa），于 2006 年 12 月 1 日就职，任期 6 年。

费利佩·卡尔德龙·伊诺霍萨，1962 年 8 月 18 日生于米却肯州州府莫雷利亚市。美国哈佛大学公共管理硕士、墨西哥自治理工学院经济学硕士。1988 年当选首都联邦区议会议员。1991、2000 年两次当选联邦众议员。2003 年 2 月至 9 月任全国公共工程和服务银行行长。2003 年 9 月至 2004 年 5 月任能源部长。年轻时即在父亲影响下加入国家行动党。20 世纪 90 年代初进入该党全国执委会，历任全国执委会青年书记、学习书记、驻联邦选举委员会党代表、总书记（1993 年）、党主席（1996~1999 年）等职。2006 年 7 月作为国家行动党候选人参加大选获胜，同年 12 月 1 日就职，任期至 2012 年 12 月 1 日。夫人玛加丽塔·萨瓦拉（Marcarita Zavala），曾任联邦众议员。有 2 子 1 女。[①]

二　内阁

即联邦政府，由总统、各主要行政部门的部长和总统指定的其他官员组成。根据宪法规定，"联邦最高行政权属于总统一人"，只有总统对国家行政事务具有决定权；其他内阁成员附属于总统，受总统委托管理国务，他们不对国会负责，只对总统本人负责。内阁实际上只是总统的一个集体顾问机

[①] 资料来源：中华人民共和国外交部网站。(http://www.fmprc.gov.cn/chn/wjb/zzjg/ldmzs/gjlb/2048/2048x0/default.htm)

构。但总统发布的政令和命令须有有关部长的附署才能生效。

本届政府于 2006 年 12 月 1 日成立，内阁成员有：

内政部长费尔南多·弗朗西斯科·戈麦斯·蒙特·乌鲁埃塔

外交部长帕特里西亚·埃斯皮诺萨·坎特利亚诺

财政和公共信贷部长阿古斯丁·卡斯腾斯·卡斯腾斯

国防部长吉列尔莫·加尔万·加尔万

海军部长马里亚诺·弗朗西斯科·塞内斯·门多萨

经济部长赫拉尔多·鲁伊斯·马特奥斯

社会发展部长埃内斯托·科尔德罗·阿罗约

公共安全部长赫纳罗·加西亚·卢纳

公共职能部长萨尔瓦多·维加·卡西利亚斯

通信与交通部长胡安·弗朗西斯科·莫利纳·奥卡西塔斯

劳动和社会预防部长哈维尔·洛萨诺·阿拉尔孔

环境和自然资源部长胡安·拉法埃尔·埃尔维拉·克萨达

能源部长乔治娜·克塞·马丁内斯

农业、畜牧、农村发展、渔业及食品部长阿贝托·卡德纳斯·希门内斯

公共教育部长阿隆索·卢汉比奥·伊拉萨瓦尔

卫生部长何塞·科尔多瓦·比亚洛波斯

旅游部长鲁道夫·埃利松多·托雷斯

农业改革部长阿韦拉多·埃斯科瓦尔·普列多

第三节 立法与司法

一 联邦议会

联邦议会是最高立法机构，行使立法权，由参议院和众议院组成，两院最高领导机构是大委员会，由主席

第三章 政　治

（即议长）、秘书（相当于副议长）和若干委员组成，一切重大的提案均须在大委员会得到通过。两院都设有各种常设委员会，负责某一方面的立法工作。

议会的常设机构为国会联席会议常务委员会，由29名委员组成，其中14名是参议员，15名是众议员，分别在联邦议会常务委员会闭会前夕由参、众两院任命。常务委员会主席由参、众两院议长中之一人担任。

议员的选举 联邦参议院议员由选民直接选举产生，获得相对多数票的候选人即当选。参议院有128名议员，其中32名按比例代表制产生，任期6年，与总统任期同，期满全部改选，不得连选连任。参议员享有与州长相同的政治地位。目前参议院中，国家行动党占52席，民主革命党占36席，革命制度党占38席，新联盟党、社会民主和农民抉择党各占1席。现任参议长为卡洛斯·纳瓦雷特·鲁伊斯，民主革命党人，2009年8月31日当选，任期1年。

联邦众议院议员，采用多数代表制和比例代表制相结合的方式选举。众议院共500个席位，其中300个席位采用多数代表制选举方式产生，即全境划分为300个单名制选区，各政党在一个选区内只能提出一名候选人，每个选区通过直接选举产生一名议员，获得相对多数票者即当选。另外200个席位采用比例代表制选举方式产生，即全国划分为5个多名制选区，各政党在每个选区可提出多名候选人，按得票比例分配相应数目的席位，所获选票不足总票额1.5%的政党，则没有资格取得席位。此外，法律还规定，凡在多数代表制选举中已获得60个以上席位的政党，不得再在比例代表制选举中取得席位。众议员任期3年，期满全部改选，不得连选连任。众议院的选举通常在总统任期后半期进行一次，在总统任期最后一年再进行一次。目前革命制度党占237席，国家行动党占143席，民主革命党占65席，绿色生态党占21席。现任众议长是国家行动党人弗朗西斯科·哈维尔·拉米雷斯·阿库尼亚，2009年8月31日当选，任期1年。

1977年通过的《联邦政治组织及选举程序法》规定，只有在联邦选举委员会取得登记资格的政治组织，才有权参加总统及联邦议会的竞选。取得登记资格有两种途径：一种是"正式登记"；另一种是"受选举结果制约的登记"（临时登记）。两种方式可任选一种。

申请正式登记的政党至少应在半数州中分别拥有3000名党员，或在半数单名制选区中分别拥有300名党员，并且全国党员总数不得少于6.5万人。经联邦选举委员会核实批准后，符合上述要求的政党即取得"全国性政党"的合法地位。进行临时登记的政党，需要在4项联邦选举中（总统选举、参议院选举、众议院多数代表制选举、众议院比例代表制选举）有一项获得总票数额1.5%的选票，方可取得正式登记资格，成为合法的"全国性政党"。否则，将降为"间接参政"的"政治团体"。

议会的权限 宪法规定，联邦议会的权限主要有：修改宪法；制定各种联邦法律、联邦区法律；接受新州加入、调整各州疆域；征收赋税；铸造货币；偿还国债；实行大赦。除上述权限外，参、众两院各自还拥有一些宪法规定的特殊权力。参议院的权力为：分析总统的对外政策；评议总统与外国缔结的条约；批准总统提名的最高法院法官、驻外使节、武装部队高级军官；处理各州内部立法、行政、司法机关之间的政治纠纷，等等。众议院的权限为：监督总审计机关的活动；任命总审计机关的官员和职员；审核和批准联邦及联邦区的预算；审核国家决算；批准或否决总统提名的联邦区高等法院法官，等等。

立法程序 宪法规定："总统、联邦议会的参议员和众议员以及各州立法机关有权提出法律草案。"议案可在两院任何一院中提出，但有关贷款、赋税或征兵的议案必须首先经众议院审

第三章 政　治

议。议案获得一院通过后，要送交另一院审议，如果通过，便送交总统，总统若无反对意见，即予公布。总统收到法案 10 天（不包括法定节假日）后尚未驳回，原提案便自行通过成为法律。如总统在收到议案 10 天期限届满前议会已经休会，则不受 10 天期限的限制，但必须在议会下次会议的第一天（不包括法定节假日）予以驳回。一项经总统部分或全部否决的议案若要成为法律，须再经两院 2/3 的议员通过。联邦议会常会每年举行一次，从 9 月 1 日开始，当天照例由总统向议会作政府工作报告。会议长短不限，但不能超过当年的 12 月 31 日。除常会外，国会联席会议常务委员会还可根据有关规定召开国会或单独一院的非常会议。

二　司法机构

墨西哥司法机构实行"双轨制"，即联邦和各州都有自己的法院系统，两者之间没有从属关系。联邦法院系统适用联邦宪法和联邦法律。各州法院系统除适用联邦宪法和联邦法律外，还适用州宪法和州法律。

根据宪法规定："联邦的司法权属于最高法院、巡回法院和地区法院。"联邦法院系统主要是受理涉及联邦性质的案件，如以联邦为当事人的诉讼，州与州之间的诉讼，同州立法、行政、司法机关之间的诉讼，关于大使、公使、领事的案件。

全国最高法院由 11 名大法官组成，任期 15 年。大法官由总统提名，参议院任命。非经总统弹劾，不得被免职、撤职。现任最高法院院长为吉列尔莫·奥尔蒂斯·马亚戈伊迪亚。全国最高法院下设刑事庭、民事庭、劳工庭、行政庭和辅助庭。

巡回法院是联邦上诉级法院，其法官由全国最高法院任命，任期 4 年。巡回法院分合议制和独任制两种。合议制巡回法院由 3 名法官组成，受理有关保护个人宪法权利的案件。独任制巡回法院由 1 名法官单独审判，受理上诉案。

地区法院系联邦初审法院，其法官亦由全国最高法院任命，任期 4 年。

联邦政府设有共和国总检察院和联邦区司法总检察院。总检察长由总统任命。现任联邦总检察长为爱德华多·梅迪纳·莫拉·伊卡萨。各州、市设公共部，是共和国总检察院的派出机关。此外，还没有联邦劳动保护检察院、联邦消费检察院、保护儿童和家庭检察院、高级土地法庭等。

第四节 政党、团体

一 政党

墨西哥实行多党制，但是从 1929 年至 2000 年，墨西哥的政党政治模式可以称为官方党一党长期执政的总统制。墨西哥的政党政治模式具有以下特点：官方党革命制度党的领袖一直兼任总统。墨西哥总统既是国家元首，又是政府首脑和武装部队总司令。此外，在 6 年的任期快满时，总统有权指定下届总统的官方（党）候选人。而成立于 1939 年的国家行动党一直是墨西哥第二大党，是主要的反对党。墨西哥这种政党政治模式的独特性，在拉美地区独一无二，也有人称之为"六年一度的、横向世袭的、独断专行的君主制"。

这一政党模式曾使墨西哥创造了两个奇迹：一个是政治奇迹，当拉美大多数国家政局动荡，政变频仍，出现军人独裁统治时，墨西哥一直保持政局稳定，每 6 年更换一次文人政府。另一个是经济奇迹，从 20 世纪 40 年代到 80 年代初，墨西哥经济一直保持高速增长。不少学者把墨西哥保持长期的政治稳定和经济的快速发展称之为"墨西哥奇迹"。

第三章 政　治

墨西哥政党政治模式出现危机的信号是 1968 年在墨西哥城爆发的学生抗议运动，示威学生要求开放民主，然而，却遭到了镇压。墨西哥政党政治制度不民主的性质和经济制度的欠公正暴露在人民的面前，在墨西哥现代史上第一次向一党制政党政治体制和经济发展模式提出了公开的挑战，从而促进了 20 世纪后期墨西哥政党政治制度和经济制度的改革。自 20 世纪 70 年代初起，执政的历届革命制度党政府迫于形势，逐步进行政治改革。

洛佩斯·波蒂略总统（1976~1982 年在任）于 1977 年 9 月向议会提出《政治组织和选举程序法》，同年 12 月经议会通过后生效。据此法规定，公民可以自由组织政党，并参加其活动，少数派政党只要在全国议会选举中获得 1.5% 的选票或其党员超过 6.5 万人，就可以进行登记，参加竞选。该法还规定，众议院实行部分议员比例代表制，将众议院的席位由原来的 300 个扩大为 400 个，增设的 100 个席位由执政党以外、经过登记的政党按比例分配。这次改革使包括共产党在内的一些左翼政党都取得了合法地位，使反对党国家行动党等在众议院中的席位显著增加。

萨利纳斯总统（1988~1994 年在任）执政期间，社会矛盾更加尖锐，革命制度党内部斗争也明朗化。1994 年大选前围绕总统候选人的提名，斗争十分激烈。1994 年 3 月 23 日该党总统候选人科洛西奥遇刺身亡。执政党内部矛盾的尖锐化促进了国内政治改革进程的加快。

塞迪略任内（1994~2000 年在任），政治改革的步伐加快。1996 年 7 月 26 日，在联邦议会中占有席位的 4 个主要政党经过长达 19 个月的磋商，终于达成协议并签署了《为促进决定性的选举改革修改宪法的建议》。随后，众、参两院通过了以上述建议为基础的宪法修正案。1996 年塞迪略的政治改革主要包括以下内容：（1）任何政党在众议院中的席位不能超过 300 席（共

500 席）即 60%，自 1997 年起，有 32 名参议员按比例代表制产生；（2）政府不能干预选举机构，内政部长不再主持联邦选举委员会，该委员会将成为一个独立的机构；（3）各政党的活动经费和竞选费用将主要靠公共机构提供，而不是靠私人机构提供，法律将规定适当比例并确定竞选费用的最高限额，对经费的使用进行控制和监督；（4）塞迪略表示，他同革命制度党保持"健康的距离"，宣布结束"任命制"，即总统不再指定官方党下届总统候选人。

这些改革措施扩大了反对党在国内政治生活中的活动空间，使国家行动党、民主革命党等主要反对党的影响不断扩大，对革命制度党的一党独大的统治构成严重威胁。在 1997 年 7 月墨西哥中期选举中，革命制度党虽然仍保持了第一大党的地位，但它在众议院中已不占绝对多数，在国内的势力和影响已明显下降，反对党国家行动党和民主革命党的力量大大增强。墨西哥国内政党政治格局已从一党独大逐渐过渡到革命制度党、国家行动党、民主革命党三党争雄、三足鼎立的局面。2000 年大选中革命制度党的失败，标志着墨西哥多党制政治格局的形成。目前，墨西哥的主要政党有：革命制度党、国家行动党、民主革命党、绿色生态党、劳动党等。

革命制度党（PRI） 墨西哥第一大党。党员 1200 万人，连续执政 71 年至 2000 年。系社会党国际成员。现任主席是全国执行委员会主席阿特丽斯·帕雷德斯·兰赫尔，总书记赫苏斯·穆里略·卡拉姆。

1929 年 3 月 4 日成立，当时称国民革命党（PRN）。墨西哥在 1910～1917 年革命之后、政局仍然动荡不安，国内政党林立。派系斗争激烈。为了改变动乱局面，稳定局势。当时的总统卡列斯倡议建立一个包括全国一切革命力量的统一政党。根据这个建议，200 多个全国性和地区性政党、团体的代表于 1929 年 3 月

第三章 政　治

在克雷塔罗州首府举行大会，成立国民革命党，卡列斯当选为首任主席。大会宣布以 1917 年宪法作为党的纲领，并提出实行"体制化和社会改革"的口号。从 1929 年到 1933 年，国民革命党始终是具有统一战线性质的松散的政党联盟，参加联盟的各州政党均享有一定自主权。1934 年卡德纳斯执政后，开始执行党对工农"开门"的政策。1938 年，他从政治上和组织上改组国民革命党，将党的名称改为墨西哥革命党（PRM）。改组以后的墨西哥革命党改变了过去以地方党派为基础的组织形式，设立军人、工人、农民、民众四个阵线，并把墨西哥劳工联合会、全国农民联合会等全国性群众团体纳入党内，形成了以职能集团为基础的阵线联合制组织机构。1940 年，卡马乔总统执政期间，将军人阵线并入民众阵线。后来又制定了军人不得干预政治的法律。1943 年，城乡中等阶层的庞大组织——全国人民组织联合会成立，并于同年加入墨西哥革命党，党内民众阵线的势力上升。1946 年 1 月，该党再次改组，改名为革命制度党。1972 年 10 月，召开党的第七次全国代表大会，会上通过党的章程和党的原则宣言。党章强调革命制度党是"多个阶级的政党"；党的原则宣言规定，党是国家和社会之间的桥梁组织，它将在以宪法为基础的法制范围内，通过和平的途径进行必要的改革，建立一个更加公正的新社会。1978 年 8 月召开的第九次全国代表大会又宣布，党的最低纲领是"提高人民大众的政治、经济和社会地位"，最高纲领是"建立社会民主的新社会，即一个独立、主权、平等、自由和繁荣的国家"。革命制度党对内提倡代议制民主，允许反对派存在。主张公民有信仰、言论、出版、集会和劳动的自由，工人有罢工的权利。在经济上则认为国家应绝对控制本国资源，国家在经济建设中起主导作用，发展民族经济，限制外国资本。该党反对大庄园制，主张重新分配土地。对外奉行独立、自主、开放和不干涉的民族主义政策，反对一切政治和经济

的霸权主义。①

革命制度党以团体党员制为主。凡属该党控制的社会团体的成员均为党员,吸收党员采取集体入党和个人申请两种形式。革命制度党的组织结构分为阵线和州—市两大系统:前者以职能集团为基础,后者以行政区域作为组织单位。中央下设工人、农民和民众三个阵线,各阵线的领导机构是由 10~30 人组成的阵线委员会。工人阵线通过墨西哥劳工联合会控制全国绝大部分工会组织。农民阵线通过全国农民联合会掌握全国大多数农会组织。民众阵线通过全国人民组织联合会,控制国家机关及国内自由职业者等基层组织。三个阵线中以民众阵线势力最为强大,历届总统及政府重要官员大多来自这个阵线。此外,该党还领导全国革命青年运动和全国革命妇女协会两大群众组织。革命制度党还按照行政区域建立各州及联邦区领导委员会,以协调地区内部、各阵线之间的工作,州(联邦区)领导委员会均有三个阵线的代表参加。州领导委员会下设市委员会。

党的最高权力机构是全国代表大会,每 6 年召开一次,但最近几届党代会相隔一般只有两三年。其职能是讨论全国执行委员会的总结报告,决定党的政治路线,修改党的原则宣言、行动纲领和章程,选举中央机构。在全国代表大会休会期间,由全国政治委员会行使其职权。全国政治委员会选举产生的全国执行委员会是党的执行机构,负责处理党的日常工作。革命制度党还有青年组织"全国革命青年运动"、妇女组织"全国妇女委员会"等。②

自 1929 年 3 月到 2000 年 12 月,革命制度党连续执政 71 年,成为拉美政坛执政时间最长的政党。然而,在 2000 年 7 月

---

① 吕龙根、陈芝芸编著《墨西哥》,上海辞书出版社,1986。
② 徐世澄著《墨西哥革命制度党的兴衰》,世界知识出版社,2009,第 49 页。

总统大选中，革命制度党黯然下台。在2006年的大选中，革命制度党总统候选人罗伯托·马德拉索竞选失败，得票率仅为22.26%，在5位总统候选人中排名第三。在参议院选举中，革命制度党的席位由60席下降至38席；在众议院选举中，革命制度党的席位由224席下降至121席。革命制度党从墨西哥第一大党下降成为第三大党。

在2009年7月举行的中期选举中，革命制度党呈东山再起之势。

国家行动党（PAN） 执政党，1939年9月成立，1946年获准登记。党员约78.3万人。早期党员多数是资本家和其他富裕阶层的人，后来扩大到中、下层人士，党的基层组织吸收了一些自由职业者、工人和农民。系基督教民主国际成员。总书记为吉列尔莫·安纳亚·利亚马斯。

国家行动党代表中上层工商金融界利益，主张保护私人企业，合理分配劳动成果，推行市场经济。该党在1939年成立大会通过的《理论原则》反对阶级斗争学说，认为"私有制是保障国民生产的最适当的手段"，"应最大限度地促进家庭财产的积累"。该党反对革命制度党垄断国家政权，主张通过民主途径实现国家的变革，建立全国和解的民主政府。1969年，该党提出要在政治、经济和社会结构方面实行"全面、和平的革命"，以建立一个完全民主的"多元社会"。

国家行动党是现代墨西哥政治上最早的反对党。从1952年起该党就提出自己的总统候选人。自20世纪70年代初起，国家行动党内分成两派，一派是传统派即"学说派"；另一派是"新派"，代表新兴企业家和中产阶级的利益。自80年代后期起，新派在党内逐渐占上风。在1988年大选失败后，国家行动党领导决定同革命制度党萨利纳斯政府合作，该党本身也从这一合作中得到一定的好处。20世纪90年代以来，国家行动党的地位和作用逐渐增强，到 90 年代后期，该党已控制了下加利福尼亚、奇瓦瓦、瓜那华托、哈利斯科等一些重要的州，以及蒙特雷、瓜达拉哈拉、梅里达、阿瓜斯卡连特斯、华莱斯、莫雷利亚等重要城市。2000 年首次赢得大选。

在 2006 年大选中，费利佩·卡尔德龙把"保持宏观经济稳定、创造更多的就业"作为竞选纲领的核心，坚定地主张实行自由贸易和市场经济，认为政府在经济中起的作用应该相对较小，承诺进一步深化经济改革，通过税改和规范劳动力市场使墨西哥更具竞争力，主张开放石油和电力市场，让这些原本国有的部门逐步走向私有化。这些主张得到了中产阶级、企业界和知识界的支持。最终卡尔德龙以微弱优势当选总统。2009 年中期选举，国家行动党失利，在众议院的席位由 206 席下降到 143 席。

民主革命党（PRD） 主要反对党，1987 年 7 月成立。党员 300 万人。前身是全国民主阵线，1989 年 5 月墨西哥社会党（原墨西哥共产党）加入后改为现名。系社会党国际成员。现任党主席为赫苏斯·奥尔特加。

1982 年墨西哥债务危机以后，墨西哥经济遭受了严峻的考验。革命制度党内在如何处理社会经济危机方面出现了严重的认识分歧和组织分化。1986 年，以前总统拉萨罗·卡德纳斯之子夸特莫克·卡德纳斯和革命制度党前主席穆尼奥斯·莱多为首的一些党内知名人士，建立了民主潮流派，公开批评政府的新自由主义经济政策，要求党内实行民主改革。1987 年，民主潮流派被开除出革命制度党。在 1988 年大选中，民主潮流派先是与真正革命党、卡德纳斯全国重建阵线党、社会主义人民党等 14 个政党和组织联合，组成全国民主阵线。1988 年 6 月，该阵线又与墨西哥社会党组成选举联盟，并推举卡德纳斯为总统候选人。卡德纳斯尽管在这次选举中失败，但是得票率高达 30.59%，仅次于革命制度党的候选人，引起墨西哥政坛"大地震"。

第三章 政　治

　　各左派政党的大联合在选举之后继续深化。1989 年 5 月,民主潮流派、墨西哥社会党、争取社会主义运动等 11 个政党和组织宣布联合组成民主革命党。1990 年 11 月 16~20 日,民主革命党召开第一次全国代表大会,确定党的基本路线是反对新自由主义经济结构调整,实现政治制度的民主化。具体而言,政治路线主要包括三个方面:推动社会和国家政治制度的民主化,促进平等、自由和团结;为实现民主政治达成全国协定;实行国家改革。经济政策则包括重开外债谈判、反对对银行业实行 100%的再私有化等。1993 年举行的第二次全国代表大会继续了这一政治路线。正如卡德纳斯在"二大"上所言,"我们的斗争是为了一个巨大的变革:政治民主和经济民主。对于民主革命党来说,只有通过选举获得行政职位才能确保实现党的目标。社会平等只有在民主政治的条件下才能实现,而这个目标只有通过选举别无他法"。1996 年,洛佩斯·奥夫拉多尔成为新的党主席,采取了一系列有力措施。在路线问题上,洛佩斯·奥夫拉多尔将党的基本政策主张明确化,并在全国各种辩论会和国会中阐述:就国家改革进行对话和协商;改革经济政策;实施紧急的社会福利计划;打击腐败;停止暴力;反对石油化工企业的私有化,等等。在与政府的关系上,就国家政治经济改革与政府开展对话。在党的建设方面,奥夫拉多尔大力加强党内团结,制订"太阳旅"这一动员群众的行之有效的方法,扩大了党在群众中的影响和声望。在对外交流方面,民主革命党加入了社会党国际,融入国际左派运动的洪流之中。特别是,洛佩斯·奥夫拉多尔本人在担任墨西哥城市长期间政绩斐然,深得人心,大大提高了民主革命党的影响。

　　民主革命党成立后致力于通过选举来扩大党组织,积极参与国家政治活动,力量逐步壮大,成为墨西哥政治多元化和民主化进程的主要推动力量之一。成立不久,民主革命党的规模就有了

迅速扩大。按照卡德纳斯 1990 年 11 月在"一大"上宣布的数字，当时的党员已多达 173 万人，其中 90 万人是 1989 年 11 月党成立后一年内加入的。在 1991 年的联邦选举中，民主革命党获得 200 万张选票，得票率为 8%。1994 年的联邦选举中，民主革命党获得 590 万张选票，得票率进一步上升到 16.18%。到了 1997 年的中期选举，民主革命党在众议院选举中得票 26.5%，席次从 69 席增加到 123 席，几乎翻了一番；在参议院选举中得票 26.6%，席次从 8 席增加到 16 席。

在 2000 年大选中，民主革命党同劳工党、社会联盟党、民族主义社会党和民主汇合党组成墨西哥联盟，推举卡德纳斯为总统候选人。但是卡德纳斯的得票率仅有 16.64%。民主革命党在众议院的议席由 1997 年的 123 席减少到 50 席，而在参议院的议席则从 16 席减少到 15 席。针对选举失利的形势，民主革命党召开了中央执行委员会全会，通过了《关于目前形势和 2000 年 7 月 2 日大选的报告和分析》的文件，指出大选失利的主要原因是党内矛盾和分歧、与各党组成选举联盟的策略不当，强调党应吸取教训，加强党内团结，成为建设性的反对党。2001 年民主革命党召开第六次全国代表大会，通过了党纲，明确规定党的基本目标是建立一个拥有社会平等、民族独立的民主社会和建立一个社会民主的、法治的国家。党主席阿玛丽亚指出民主革命党应该是一个"现代化的、负责的、能统治墨西哥的左派党"。

对 2006 年大选，民主革命党极为重视，与民主汇合党和劳工党组成"为了所有人的利益"选举联盟，提名奥夫拉多尔为候选人。奥夫拉多尔主张改变新自由主义经济模式，提出了"为了所有人的利益"和"首先为了穷人"的口号。具体主张包括：承认印第安人权利，建立老年人食品养老金，确保公共教育免费制，向穷人免费提供医疗和药品，确保最低工资的增长与通货膨胀率同步，改善社会保障和福利制度，大幅削减政府官员工资,改善印第安人、老年人、失业者和其他弱势群体的福利待遇,保持能源产业的国有性质等主张。另一方面,奥夫拉多尔也承诺不会改变市场经济,将执行负责的经济政策,保障本国和外国投资者的利益,不会通过大量借债来发展经济。据墨西哥联邦选举委员会 7 月 6 日公布的选举结果,奥夫拉多尔仅以 0.58%的微弱差距败北。9 月 6 日,墨西哥联邦选举法院确认这一结果,宣布卡尔德龙当选总统。2006 年的选举充分展示了民主革命党的力量。在国会选举中,民主革命党在两院得票都居第二位。在地方选举中,民主革命党人赢得首都墨西哥城的选举,并在 16 个联邦区中的 14 个取胜。通过这次选举,革命制度党则沦为第三大党,而民主革命党已经从第三大党上升为第二大党,在墨西哥国内政治中的作用显著上升。[1]

但是大选后,民主革命党内分裂加剧。2008 年 3 月党内两大派系:党内温和派赫苏斯·奥尔特加与激进派亚历杭德罗·恩西纳斯对党主席选举结果有争议,导致结果无效,最终为了 2009 年中期选举的需要,奥尔特加成为党主席,但党内矛盾重重和内耗使得民主革命党的政治力量明显减弱,在民众中的威信不断下降。此外,党首奥夫拉多尔的主张过于激进,使民众对他的支持大不如前。2009 年中期选举,民主革命党在众议院的席位由 123 席下降到 65 席,重新回落到第三大党的地位。

墨西哥绿色生态党(PVEM) 其前身是成立于 1980 年的非政府组织——国家生态联盟(Alianza Ecologista Nacional)。1986 年,国家生态联盟和其他一些非政府组织成员一起组建了国家绿党(Partido Verde Nacional)。1988 年,国家绿党支持"全国民主阵线"总统候选人夸特莫克·卡德纳斯(Cuauhtémoc

---

[1] 方旭飞:《墨西哥民主革命党的发展与 2006 年大选》,载《拉丁美洲和加勒比发展报告 (2006~2007)》,社会科学文献出版社,2007。

Cárdenas）参加大选。1991年2月9日，国家绿党更名为墨西哥绿色生态党，并申请注册登记，但由于在大选中没有获得1.5%的支持率而失去注册登记资格。1993年5月14日，墨西哥绿色生态党再一次获得注册登记资格并参加了1994年的全国大选。

　　基于爱、正义和自由的原则，墨西哥绿色生态党主张不同的经济、社会、政治和文化能形成一个与自然和谐一致的生态社会。（1）经济政策。反对只受利益驱动而肆无忌惮地破坏资源、破坏生态平衡，毫无限制地提高生产率的消费性经济。主张人类要人道地对待自然和环境，因为破坏环境就是毁坏人类自身的生活。要在经济发展和环境保护之间寻求平衡，因为破坏环境带来的经济发展最终会危害并且导致经济和社会的损失。国家的经济发展一定要与环境保护相兼容。生产力的发展要和自然相一致。从发明到技术实践都应顺应自然的生态系统，而不是以毁坏自然环境为代价。强调保护生态系统的平衡高于一般经济增长的需要，国家经济政策的制定应充分考虑到自然和社会之间的关系，应当实施确实对资源和公民都有益处，并能为国家创造最大价值财富的经济方案。主张淘汰危害生态、消耗能源的行业。（2）政治政策。主张生态政治，即优先考虑对自然和环境的关心和保护，这种政策主张是绿色生态党和其他政党最大的区别所在。以此为基点，绿色生态党积极参与国家政策的制定，主张在全社会、政党和政府间恢复参与式民主。容忍、尊重国际国内政治环境的变化。主张使用和平的手段和现有的民主渠道进行公开的及秘密的活动。（3）社会政策。主张自给自足、散居、与自然和谐共处。主张社会自足与尊重自治权、其他物种的存在，资源完整以及环境清洁的有机统一。人类社会有责任保证所有物种平等相处，居有其所，避免造成破坏性的瘟疫。倡导保护人权，并为所有墨西哥人在健康、居所、教育、工作、文化和休闲争取权利和平等的机会。维护土著人权利、语言和文化。

在 1997 年中期选举中，墨西哥绿色生态党打出的竞选口号是"不要投票给政客，而要投给生态学家"，并获得 3.81% 的选票，第一次在众议院赢得 8 个席位，在参议院赢得 1 个席位，一举成为继革命制度党、国家行动党和民主革命党之后的墨西哥第四大党，并成为世界上最有影响的绿党之一。

2000 年，墨西哥绿色生态党和国家行动党组成"变革联盟"（Alianza por el cambio）参加大选，国家行动党总统候选人维森特·福克斯（Vicente Fox Quesada）获胜成为总统，结束了革命制度党连续 71 年执政的历史。在这次大选中，绿色生态党赢得了参议院 5 个席位。

福克斯执政一年后，绿色生态党和国家行动党的联盟破裂。在 2003 年中期选举中，绿色生态党与革命制度党组成竞选联盟，并获得 17 个众议院席位。

与此同时，由于卷入受贿指控、裙带关系以及"变革联盟"竞选资金违法案等丑闻，绿色生态党的支持率下降。2004 年 3 月，绿色生态党主席豪尔赫·埃米利奥·冈萨雷斯向一家投资商索取 200 万美元，以此作为在坎昆修建度假区施工许可的交换条件，索贿录像被电视台曝光后在社会上引起轩然大波。这一事件使该党的声誉再次受到影响。

2006 年，绿色生态党和革命制度党组成"墨西哥联盟"（Alianza por México），提名革命制度党主席罗伯托·马德拉索（Roberto adrazo Pintado）为总统候选人参加大选，在参众两院选举中，绿色生态党继续拥有 17 个众议院席位和 5 个参议院席位。2009 年中期选举，绿色生态党和革命制度党继续结盟，在众议院赢得了 21 个席位。墨西哥绿色生态党现任主席为豪尔赫·埃米利奥·冈萨雷斯（Jorge Emilio González Martínez）。

墨西哥劳动党（PT） 左翼政党，成立于 1990 年 12 月 8

日。总部设在墨西哥城。劳动党的成员由工人、农民、青年、妇女、学生、专业人员、知识分子、艺术家以及中小企业家等构成。最高领导机构为全国代表大会，下设全国政治委员会、全国执行委员会、全国协调委员会、全国检查委员会等机构。劳动党的最高宗旨是"一切为了人民"，"时刻为人民服务"；要为建立一个民主、自治、公平、社会主义、生态可持续的社会而斗争。反对新自由主义，反对帝国主义，反对美国化的全球化。主张国家主权独立和主权在民。主张民主集中制和自治权。

1991年，劳动党第一次参加全国大选，但因没有获得法律规定的1.5%以上的支持率而告失败。此后，该党开始争取选票并寻求群众团体的支持。1994年8月21日，劳动党的登记注册申请获得联邦选举委员会的核实批准，成为合法的全国性政党。在这一年的大选中，该党总统候选人塞西莉亚·索托·冈萨雷斯（Cecilia Soto González）获得2.75%的选票，劳动党赢得了10个众议院席位，从而成为墨西哥较有影响的政党之一。

1998年，在墨西哥萨卡特卡斯州的选举中，劳动党首次与民主革命党结盟。2000年，劳动党与民主革命党、社会联盟党、民族主义社会党和民主汇合党组成"墨西哥联盟"（Alianza por México），支持民主革命党总统候选人夸特莫克·卡德纳斯参加全国大选。劳动党在众议院500个席位中赢得7个席位，在参议院128个席位中赢得1个席位。

在2003年中期选举中，劳动党与民主革命党分裂，单独参加众议院选举，得到2.4%的支持率，获得众议院6个席位。

2006年，劳动党再次和民主革命党、民主汇合党组成"为了所有人利益"联盟（Coalición Por el Bien de Todos），支持民主革命党总统候选人洛佩斯·奥夫拉多尔参加大选。在这次大选中，劳动党获得12个众议院席位，3个参议院席位。在2009年中期选举中，劳动党赢得众议院15个席位。墨西哥劳动党创建人,现任总书记兼协调员是阿尔贝托·安纳亚·古铁雷斯(Alberto Anaya Gutiérrez)。

二 社会团体

劳工大会(Congreso del Trabajo) 1966年2月19日由政府推动成立。是由32个全国性工会联合会组成的协商性劳工组织。最高领导机构为全国代表大会,每4年举行一次。常设机构为全国理事会,理事会主席由各联合会主席轮流担任,任期半年。理事会下设13个专门委员会,负责处理日常事务。主要团体会员有:墨西哥劳工联合会、工农革命联合会、国家工作人员工会联合会、墨西哥区域工人联合会、革命工人联合会、共和国铁路工人工会、全国矿业和冶金工人工会、联邦区劳工联合会、墨西哥电工工会、共和国石油工人工会等。劳工大会宣布"工人运动尊重法律,永远不反对法制","要在法律范围内为争取工人阶级最好的待遇而斗争,最终目的是实现社会主义"。

墨西哥劳工联合会(CTM) 1936年2月成立。早期曾由墨西哥共产党参加领导。1938年加入革命制度党,成为该党的团体党员并组成该党的工人阵线。它是墨西哥最大的工会组织,主要会员组织有:共和国石油工人工会、共和国铁路工人工会、电力工人统一工会、全国矿业和冶金工人工会等30个行业工会。基层工会有9000多个,按地域建立了32个州(联邦区)劳工联合会。最高领导机构为全国执行委员会。

全国农民联合会(CNC) 1938年8月成立,同年加入革命制度党,成为该党的团体党员并组成该党的农民阵线。它是墨西哥最大的农会组织。会员主要是全国各地的村社社员和无地农民。团体会员有全国烟草生产者和农业工人联合会、全国甘蔗生产者联盟、全国土著人民理事会、全国小麦生产者联合会、共和国棉花生产者联盟、全国村社运输联合会、全国村社畜牧联合会等。此外，该联合会又按区域建立32个州（联邦区）的农社和农会联盟。最高领导机构为全国执行委员会。

全国民众组织联合会（CNOP） 1943年成立，同年加入革命制度党，成为该党的团体党员并组成该党的民众阵线。会员主要是国家机关公务员、教员、小私有农、中小工商业者和各种自由职业者。联合会会员组织包括50多个全国性专业民众团体，主要会员组织有：国家工作人员工会联合会、全国小私有农联合会、共和国革命经济师联盟、墨西哥国际关系专家协会、墨西哥广播电视记者协会、墨西哥律师联合会等。全国民众组织联合会还按区域建立32个州（联邦区）的民众组织联合会。最高领导机构为全国执行委员会。

全国革命青年运动（MNIR） 是革命制度党的青年组织，其成员为该党工人、农民和民众三个阵线中18~25岁的青年党员。该组织在革命制度党全国执行委员会中有一名代表。

全国革命妇女协会（ANFER） 1948年成立。是革命制度党的妇女组织。该组织在革命制度党全国执行委员会中有一名代表。

第四章

经　济

第一节　概述

一　经济简史

墨西哥是经济比较发达的发展中国家之一,经济发展水平在拉丁美洲地区居领先地位。1821年独立后,墨西哥经济经历了外向型初级产品出口发展模式、出口飞地模式、民族工业的发展、进口替代工业化时期、新自由主义改革下的出口导向模式等几个阶段的发展。

（一）外向型初级产品出口发展模式

在独立后的前50年里,墨西哥实行外向型初级产品出口发展模式。这种模式有两大支柱,一个是矿业,一个是大庄园制农业。而墨西哥的经济也主要以出口矿产品和农产品为主。矿产品主要有金、银等贵金属和工业化国家所需要的铜、锌、石墨、铅和锑等。农产品以咖啡、蔗糖、棉花、水果、龙舌兰纤维、木材和畜牧等为主。

（二）出口飞地模式

1876年迪亚斯就发动军事政变攫取政权,开始了长达30多年的独裁统治（1876~1911年）,这一时期在墨西哥历史上被称

为"波菲里奥时期"。迪亚斯政府将传统的外向型初级产品出口模式发展成为"出口飞地模式"。在此期间,靠刺激和吸引外资,出口工业原材料,墨西哥经济有了长足的发展。到 1910 年,墨西哥已成为拉丁美洲最工业化的国家,拥有 1.1 万公里铁路、63 家发电厂,146 家近代纺织厂。30 多年间,墨西哥出口总值增长了 6 倍。但同时也付出了高昂的代价:外资控制了国家经济的命脉。包括采矿、石油、电力、铁路和出口农业等主要经济部门都由外资掌控。这样就在一个传统的、落后的、庄园—村社自给自足经济占统治地位的墨西哥国土上,出现了一块块外国人所有、由外国人经营、面向出口、同国内经济部门相割裂的"矿业飞地"、"铁路飞地"和"农业飞地"。在这些飞地内部,经济是同世界经济接轨的,是现代化的,但对整个墨西哥经济并没有发生多少影响。墨西哥的广大农村,经济却是极度恶化,由于土地兼并,占全国人口 1% 的地主拥有全国 2/3 的可耕土地,与此同时,大约有 500 万农民被剥夺了土地,沦为债役农和奴隶;90% 的印第安人村庄完全无地可耕。

外资的大举入侵使得墨西哥的资本主义生产关系畸形发展。一方面,外资的大量进入加速了前资本主义经济的解体,促进了城乡商品经济的发展,加快了工业化的步伐;另一方面,国家的经济命脉掌握在外国资本手中,事实上遏制了民族资本主义的发展,保护了农村的封建土地所有制,堵塞了墨西哥向"自由资本主义"发展的道路。①

(三) 民族工业的发展

1910~1917 年的墨西哥革命打击了殖民主义和国内的封建势力,为墨西哥现代资本主义的发展奠定了基础。但是由于受战

---

① 吴国平主编《二十一世纪拉丁美洲经济发展大趋势》,世界知识出版社,2002,第 232 页。

第四章 经 济

争的影响，经济发展速度暂时下降。1910~1925年，国内生产总值年均增长率只有2.5%，以国内市场为主的制造业的年均增长率仅为1.7%，农业仅为0.1%。

1925年以后，国内政局趋于稳定，经济开始有了新的发展。1928年卡列斯执政时期，墨西哥加快了土地改革的进程，推动了农村经济的发展。同时，政府还限制外资，保护和鼓励民族工业发展，使以民族资本为主的制造业有了较大的发展，其产值由1902年的1.4亿比索增加到1929年的9亿比索。

1934~1940年，具有民族主义倾向的卡德纳斯政府进行了比较深入的社会经济改革，在农村，大规模地进行了土地改革，并通过大量发放公共贷款、兴修水利，促进农业的发展。1938年，卡德纳斯政府征收17家外国石油公司的资产，实行了石油国有化。同时，通过增加公共投资、建立国营企业来促进民族工业的发展。这些改革措施导致外国直接投资锐减，加速了民族经济发展的进程。1934~1940年，GDP的年均增长率达到4.5%，其中最高年份，1936年达到10.6%。以中小民族资本为主的制造业蓬勃发展。如纺织、食品、制鞋等轻工业部门的企业数量迅速增加。在政府的大力支持下，钢铁、机器制造等重工业部门开始建立。卡德纳斯的改革和20世纪30年代民族经济的壮大为"二战"后墨西哥经济的快速发展创造了良好的条件，为墨西哥实行进口替代工业化内向发展模式奠定了基础。

（四）进口替代工业化时期

从20世纪40年代起到80年代中期，墨西哥进入了一个新的经济发展阶段。在这一时期，历届政府都大力推行进口替代工业化发展战略。国家对宏观经济实行强有力的干预，国有经济在整个国民经济中占有主导地位。国家通过对石油、铁路、电力等外国企业实行国有化，将国家经济命脉掌握在手中。在进口替代工业化发展战略中，墨西哥经历了由一般消费品进口替代向中间产品和资本货进口替代转变,由全面的进口替代向有选择的进口替代转变的过程。

第一阶段(20世纪40年代至70年代中期)是以发展制造业为主的进口替代工业化时期。20世纪30年代的世界经济危机和第二次世界大战的爆发使墨西哥出口锐减,国内经济发展所需的工业制成品进口来源受阻,导致墨西哥经济形势恶化。政府通过发展本国制造业,代替工业制成品的进口,逐步实现国家工业化和经济现代化。在此期间,20世纪五六十年代墨西哥政府实行了"稳定发展"战略,70年代前半期实行了"分享发展"战略。1940~1955年是墨西哥非耐用消费品进口替代时期,这一时期墨西哥制造业年均增长8.2%,同一时期电力和石油生产年均增长9.8%,建筑业增长8.1%。1956~1975年是耐用消费品和资本货进口替代时期,整个制造业的增长速度保持在8%左右。在制造业内部,化学制品、金属产品、机械制造和运输设备的增长速度大大超过食品、服装、皮革、制鞋等日用品生产的增长。到20世纪60年代末和70年代初,墨西哥的工业化已经初具规模,全国建立起了比较齐全的工业部门,重工业部门也具有了一定的基础。

第二阶段(20世纪70年代中期至1982年债务危机)是以大力发展石油和石油化工为主的、有选择的进口替代工业化时期。1976年墨西哥开始大规模地勘探和开采石油,国民经济进入了石油经济时期。政府开始制定新的经济发展计划,包括《1979~1990年工业发展计划》《1980~1982年农业发展计划》和《1980~1982年全面发展计划》。这些计划明确指出,20世纪80年代墨西哥经济发展战略为:以石油为基础,推动经济全面发展,争取到1990年把墨西哥建设成为经济实力雄厚的现代化工业强国。"石油繁荣"发展战略强调,墨西哥将在80年代初成为世界石油化工产品的重要生产国和出口国,石油的发展将

第四章 经 济

有力地支持工业的发展，保证国家的经济独立达到前所未有的水平。为保护本国不可再生的石油资源，墨西哥政府实行有节制地开采石油的政策。同时还要求综合利用石油资源，大力发展炼油和石油化学工业，满足国内工业发展日益增长的需求，增加石油制品的出口，减少原油出口。实现这一转变的关键是有效利用石油收入建立起现代化的、具有国际竞争力的工业基础。该战略还指出，利用石油提供的资金，重点发展钢铁、电力、石油化工和机器制造等工业部门。通过能源部门和原材料部门的发展，实现其他制造业的进口替代，建立完整的工业体系，全面实现国家工业现代化。政府为了充分利用丰富的石油资源推动经济的快速发展，对石油工业加大了投资，对石油部门的投资占公共投资和全国总投资的比重，分别从1973年的15.5%和6.1%上升到1980年的30.3%和12.7%，1974～1980年石油部门的固定投资年均增长20.9%。墨西哥以石油工业作为国民经济发展主要动力的战略目标1981年基本实现，1977～1981年连续5年经济增长率均超过了8%。由于对经济结构进行了调整，工业在国内生产总值中的比重从1940年的25.1%增加到1979年的38.5%。使墨西哥从以生产农业和初级产品为主的农业国变成一个拥有较完整工业生产体系的新兴工业国。

但这一阶段的经济发展过分依赖石油的现象非常严重，尤其是进口替代过程中的其他工业部门的发展资金，主要来源于石油的出口收入。政府的工业发展计划和农业发展计划以及社会发展目标，也都把资金的来源寄托在石油上。

1977年以后，墨西哥为了开发石油和实现庞大的工业发展计划，大量进口机器设备和原材料，商品进口额从1977年的58亿美元猛增至1981年的240亿美元。尽管石油出口使出口额增加很快，但仍赶不上进口的增长，外贸赤字大幅度上升，1977～1981年外贸赤字累计达164亿美元。庞大的外贸赤字只能依靠外债来弥补，而利息高昂的中短期外债比重的明显上升，使还本付息成为沉重的负担。巨额外债使得1982年还本付息高达158亿美元，墨西哥出现了外汇枯竭、清偿拮据的严峻形势。1982年4月，墨西哥爆发了债务危机。在这种情况下，墨西哥政府不得不请求国际金融机构准许延期偿还到期贷款，并要求国际货币基金组织提供紧急援助。由于通货膨胀加剧，比索严重高估，特别是墨西哥与主要贸易伙伴美国之间的通货膨胀率差距的扩大，使墨西哥商品在国际市场上缺乏竞争能力。为了改变这种不利状况，墨西哥政府在1982年内实行了比索3次大贬值，并采取了双重汇率。美元与比索的比值由2月的1:22.5降到12月的1:150，1年之内贬值500%。货币兑换率的不稳定更加剧了银行存款美元化和资本外逃。据非官方估计，1981~1982年2年内外逃资本将近200亿美元。在国内资金奇缺的情况下，大量资本外逃进一步加深了金融危机。

1982年墨西哥经济增长率骤然降到-0.2%，经济严重衰退。除石油、天然气、电力和服务业略有增长外，其他所有经济部门的产值都大幅度下降，其中资本密集型产品和耐用消费品的生产下降11.8%、建筑业下降4.2%、公共和私人投资分别下降12.7%和20%。与此同时，庞大的公共开支和货币供应量的增加，使通货膨胀达到了历史的最高峰，1982年竟高达98.8%。"石油繁荣"时期工人增加的大部分工资被通货膨胀抵消，工人实际工资出现下降趋势。这表明，进口替代工业化的发展模式已不能适应变化了的形势。

（五）新自由主义改革下的出口导向模式

1982年，德拉马德里政府上台后，拉开了墨西哥经济改革的序幕，这届政府推行了一系列的经济改革措施，放弃了从前的进口替代工业化内向型的发展模式，转向以市场经济为导向的外向型的发展模式：如缩减政府开支、大大减少进口、增加税收、

第四章 经　济

实行比索贬值、增加出口、削减对基本食品供应的补贴、削减保健和教育服务等。1988年萨利纳斯总统执政，墨西哥政府在扩大国民经济的外向性和减少政府对经济生活的干预方面加大了改革的力度。为了扩大经济开放，萨利纳斯政府采取了以下4个方面的重要措施。第一，大幅度降低贸易壁垒，实施贸易自由化。第二，通过修改外资法，进一步放松对外国资本的限制。除石油和少数基础设施部门以外，外资可拥有100%的股权。此外，外资在汇出利润以及抽出资本方面也享有更多的优惠。第三，与美国和加拿大签署了《北美自由贸易协定》（NAFTA）。为了减少国家干预，萨利纳斯政府对国有企业实施了声势浩大的私有化。墨西哥私有化的特点是：（1）步伐快。仅在1989～1992年期间，私有化的收入就超过195亿美元，占国内生产总值的6.3%。与经合组织成员国相比，这一比重仅次于新西兰和英国。（2）范围大。除了制造业、矿业、农业、银行业、交通运输业和和旅游业等部门中的国有企业被私有化以外，基础设施领域中的国有企业也进行私有化。经济改革取得了一定的成效，1981～1990年，墨西哥经济年均增长率为1.9%，1991～1994年提高到3.5%。在此期间，财政赤字占GDP的比重由9.6%下降到0.3%，通货膨胀率由三位数回落到6.9%。

但是，经济改革也存在政策上的失误，因而付出了巨大的代价。例如，过度依靠用短期资金来弥补贸易逆差和财政赤字，导致宏观经济的稳定和国民经济的恢复建立在不稳固的基础之上。结果，1994年年底墨西哥金融危机爆发。之后的一年多时间里，政府采取了紧急调整措施，在美国政府和国际货币基金组织的大力援助下，墨西哥才走出危机。

在处理危机的过程中，墨西哥政府自1995年起开始了第二次经济改革进程。在指导思想上，墨西哥政府强调国家适度放弃调控，采取循序渐进的改革措施，加大解决社会问题的力度。第二次改革重新界定了国家在经济生活中的作用，更加关注社会发展问题，使国家的调控作用日趋"合理和适度"；实行新的私有化改革，结构改革涉及铁路、港口、机场、电信、石化和电力等非国际贸易部门；建立和完善社会保障制度以解决社会问题，等等。在金融领域，建立了以中央银行为核心的现代金融管理体制，央行成为独立自主的货币政策的决策和管理的机构，使金融体制及其管理体系的关系日趋适应自由市场经济和对外开放的需要。总的来看，墨西哥经济改革的成果是非常显著的，经过近20年的经济结构改革，墨西哥基本上实现了经济发展模式和发展战略的转换，从进口替代工业化内向型经济发展模式转变为以市场经济为导向的外向型发展模式，经济快速增长，1996~2000年墨西哥经济年均增长率达到5%，是近20年来墨西哥经济发展最快的时期。此外，经济改革理顺了一系列经济关系，经济结构的调整及外向型经济发展战略和发展模式的完善，更加适应生产力发展的需要，进一步推动了墨西哥经济与世界经济的接轨。与此同时，防范和抵御经济危机的能力增强了。

2000年以后，国家行动党执政。福克斯和卡尔德龙政府都实行新自由主义的经济模式，保持经济持续增长和对外开放政策的连续性作为经济政策的主要目标，只是在一些具体经济政策上存在差别，而进行劳工改革，对关键部门开放私人投资，照顾中小企业的利益，进行全面的财税改革以及社会保障制度改革是两届政府努力的重点。

二　发展水平和经济结构

墨西哥是拉美地区经济发展水平较高的国家之一。根据联合国统计署的数据，2008年墨西哥国内生产总值为10881.3亿美元，全球排名第15位，在拉美地区排名第2位，仅低于巴西（全球排名第10位）。2008年墨西哥人均国内生产总值为 9900 美元，在拉美地区低于巴哈马、特立尼达和多巴哥、安提瓜和巴布达、圣基茨和尼维斯和智利等国。

目前，墨西哥还是经济合作与发展组织（OECD）成员，被认为是具有发展前途的新兴工业国家之一。

2008 年三大产业在墨西哥国内生产总值中所占的比重是农业占 3.8%、工业占 35.2%、服务业占 61%。

表 4-1　国内生产总值（2004~2008 年）

年　　份	2004	2005	2006	2007	2008
GDP（亿美元）	6835	7677	8400	8934	10881.3
人均 GDP（美元）	6510	7230	7818	8239	9900
实际 GDP 增长率（%）	4.2	2.8	4.8	3.3	1.4

资料来源：英国经济学家情报社。

第二节　农牧业

一　概况

墨西哥农业历史悠久。早在公元前 5000 多年，古代印第安人就已经开始种植玉米，因此，墨西哥被称为"玉米的故乡"。农业在国民经济中曾占据十分重要的地位。直到 20 世纪 40 年代初，墨西哥仍是一个以农牧业和矿业生产为主、经济比较落后的国家，农牧业占国内生产总值的 24.3%，农村人口占全国总人口的 63.3%。

20 世纪 40~60 年代，由于政府高度重视，农业取得了高速发展。政府通过大规模公共投资，开发北部和西北部荒漠，修建大型水利灌溉工程和其他现代基础设施，为私人资本开办现代化大农场创造了良好条件。北部和西北部地区现代化农业基地的建立使粮食产量大幅度上升,农产品出口迅速增长。中部和南部传统农业区的广大小农也得益于政府的大量公共贷款和农产品价格补贴,生产有了较大发展。1945~1965年,农牧业的年平均增长率达到5.5%。农业的高速发展不仅为社会提供了充足的食品和原料,而且为国家工业化积累了必要的资金和外汇,因而成为推动整个国民经济高速增长的重要因素。当时,墨西哥曾被誉为第三世界农业发展的典范。

但自20世纪60年代后期起,随着工业化进程的发展,农业部门逐渐被忽视,国家对农业的投资减少。80年代,因受债务危机影响,经济出现严重衰退。政府为度过危机,实行了紧缩财政、大幅度压缩公共开支的政策,农业因而受到沉重打击。由于国家过分强调工业化,忽视农业发展,1983~1988年,农业部门的公共投资减少了1/3。农产品价格过低,农业增长速度明显减慢,年平均增长率仅为1%左右,有的年份为负增长。墨西哥粮食进口逐年增加,又变成粮食净进口国。1989年以来,政府对农业政策做了一定的调整,但成效不大。和其他部门相比,农业产值占GDP的比重呈下降趋势,从20世纪80年代的7%下降到近几年的不到4%。2008年农业产值在GDP中仅占3.8%。

加入北美自由贸易协定后,墨西哥毗邻美国的地理条件和其自身的气候多样性等地缘优势并未发挥出来。与此同时,墨本国农业生产反而受到美国农业高额补贴的较大冲击,墨西哥高附加值农业(墨西哥称为"农工业")发展缓慢,一些有优势的传统农业作物也受到冲击,粮食供应长期不能自给,国内食品消费的对外依赖程度越来越重,目前已达28.9%。

卡尔德龙政府实施了包括恶劣气候紧急预案和农业增值扶持计划在内的全国农业保护计划,以加大对农业生产的扶持力度。

2008年，农业产值3193亿比索，增长率为3.2%，成为三大产业中增长率最高的产业。

二 种植业

全国有可耕地3560万公顷，其中已耕地在2006年为2140万公顷。种植业在农业中占有重要地位，约占农业产值的60%，主要包括粮食作物和经济作物。粮食作物主要有玉米、小麦、菜豆、水稻、大豆、高粱等；经济作物有棉花、咖啡、烟草、甘蔗、剑麻。其中剑麻产量居世界前列。经济作物约占全国播种面积的11%。

玉米 墨西哥是世界主要的玉米生产国和消费国之一。玉米是墨西哥人最主要的食品，其消费量约占粮食消费量的3/4。农村居民主要食用玉米。玉米的种植面积在墨西哥目前是850万公顷，占到农业用地的57%。几乎在全国各地区都种植玉米，主要产地集中在中央高原及太平洋沿岸。瓜那华托、墨西哥、普埃布拉、伊达尔戈4个州的产量约占全国总产量的一半。从业人口达到1250万人，占农业人口的55%。每年的产量在2000万吨左右，还不能满足国内需求。2008年玉米产量为2500万吨，同比增长5.95%。[①]

小麦 主要供应城市居民的需要。种植面积为99万公顷，2008年小麦产量为400万吨，同比增长11.33%。北太平洋沿岸的灌溉区集中了全国2/3产值的小麦种植面积。索诺拉州是全国著名的粮仓，那里的小麦产量约占全国产量的一半。

棉花 墨西哥是最早种植棉花的国家之一，已有几百年种植棉花的历史。目前仍是世界主要产棉国之一。种植面积为20万公顷，主要产棉区有拉古纳地区、亚基河谷、墨西卡利和拉巴

---

① http://www.usda.gov

斯。2008年棉花产量57.5万包，同比下降7.26%。每年需要从美国进口棉花160万包左右。

咖啡 种植面积为69万公顷，主要集中在恰帕斯、瓦哈卡、韦拉克鲁斯、普埃布拉、格雷罗、伊达尔戈、圣路易斯波托西州。2008年咖啡产量约为450万袋（每袋60公斤），同比增长7.14%。

蔗糖 甘蔗种植面积75万公顷，从业人口有200万。2008年生产蔗糖585.2万吨，同比增长3.89%。

三　畜牧业

畜牧业发达，在国内消费和出口创汇中占有重要地位。全国牧场占地面积7900万公顷，另有季节性牧场1300万公顷，畜牧业的发展潜力很大。主要畜产品为牛肉、猪肉、羊肉、禽肉、牛奶、鸡蛋和蜂蜜，畜产品部分出口。墨西哥是世界主要蜂蜜生产国，年产量达6000万公斤，90%用于出口，每年此项外汇收入约达7000万美元。

四　林业

据联合国粮农组织《2005年全球森林资源评估报告》统计，2005年墨西哥的森林面积为6423.8万公顷，林业用地面积1990.8万公顷，森林覆盖率为33.7%。大部分森林植被属疏林、灌木林地和丛林地，以松树为主的针叶林占森林总面积的91%。公有林占森林总面积的58.8%，其中包括由土著居民团体管理的公有林地和社区林地。

墨西哥的植物种类丰富多样，在热带雨林中，每公顷有60种乔木，100余种非乔木植物。墨现有树种1160种，其中，松科类树种42个，连同变种共62个。主要松树种类有卵果松、劳森松、光叶松、拟北美洲乔松、卷叶松、墨西哥果松、山松、米却肯松、道格拉斯松、灰叶山松、墨西哥白松、杜兰戈松、黑材松、野松和展叶松。此外，墨西哥针叶树种还有冷杉属、柏木属和落羽杉属等。阔叶林占 5%，主要树种为麻栎、浆果莓和赤杨等，商业上的重要阔叶树种为美洲椿属、桃花心木属、阔掌叶属、红厚壳属等。

墨西哥林木蓄积量较多的州排序为杜兰戈州、恰帕斯州、瓦哈卡州、奇瓦瓦州、哈利斯科州、米却肯州，木材生产中心在米却肯州、杜兰戈州、奇瓦瓦州和哈利斯科州。据联合国粮农组织资料，2005 年墨西哥木材采伐量为 835.1 万立方米，其中工业用圆木 766.7 万立方米，薪炭材 68.4 万立方米。

目前，墨西哥有 1.3 亿～1.7 亿公顷土地存在不同形式的水土流失现象，盐碱化土地有 47 万公顷。近年来由于乱砍滥伐，南部热带雨林遭到严重破坏。最近 50 年里，墨西哥森林消失面积约为 4000 万公顷。

五　渔业

墨西哥全国海岸线长 1.1 万多公里，专属经济区海域 300 多万平方公里。渔业资源丰富，鱼种较多，目前已鉴别的鱼种有 305 个，具有经济利用价值的约占 60%。主要渔业产区集中在太平洋和加利福尼亚湾，具有发展海洋捕鱼的优越条件。海产品主要有鲍鱼、金枪鱼、蚝、沙丁鱼、大龙虾、对虾、章鱼等，其中对虾和鲍鱼是传统出口产品。海产品 85% 出口美国，其次是西班牙、日本、韩国和意大利等国。

另外，墨西哥在水产养殖业方面拥有一定的经验，目前水产养殖的主要品种有 9 种：小金枪鱼、虾、蚝、鲤鱼、鳟鱼、鲈鱼、乔氏卡颏银汉鱼和小龙虾。水产养殖业主要集中在太平洋海区的米却肯和锡那罗等州以及墨西哥湾的韦拉克鲁斯和塔巴斯科州。

第三节 工业

墨西哥工业门类比较齐全，但发展不平衡。制造业在工业中占首要地位。

一 制造业

墨西哥是较早全面实施进口替代工业政策的发展中国家，建立了规模庞大、体系完整、较为发达的制造业部门，包括钢铁、化工、电子、金属加工、机器制造、食品、纺织、服装、造纸等部门。制造业为经济和社会的发展作出了巨大贡献。20 世纪 80 年代，墨西哥放弃了进口替代工业化的发展模式，转而采取新自由主义的发展模式。在这一发展模式下，墨西哥制造业部门进行了长期的、艰巨的结构调整。结构调整呈现出外向化、客户工业化、与美国经济一体化和生产高度集中化等特点；它带来了工业制成品的出口繁荣及部分产业的快速发展，但同时也产生了一些新的结构性问题，对经济和社会发展产生了不利影响。2008 年制造业产值 4659 亿比索。

钢铁业 墨西哥是拉美仅次于巴西的第二大钢铁生产国，也是世界 20 个钢铁大国之一。钢铁业是墨西哥重要工业部门之一，主要是从第二次世界大战以后发展起来的。从 1900 年建立第一家钢铁公司到第二次世界大战，墨西哥钢的产量十分有限，1939 年钢产量仅 14 万吨。第二次世界大战期间，国家为推行"进口替代"工业化政策，努力发展本国的重工业，对钢铁工业进行了巨额投资，兴建了大型钢铁企业"墨西哥高炉公司"，为钢铁工业的发展打下了基础。战后 30 多年来，墨西哥的钢铁生产突飞猛进，钢产量由 1950 年的 39 万吨猛增到 1970 年的 338 万吨，20 年间增长了将近 8 倍。20 世纪 90 年代以来，钢铁工业一直保持着稳定发展的势头。主要是因为政府采取积极的措施促进钢铁工业的现代化发展。2007 年钢产量 1760 万吨，2008 年上升到 1780 万吨。2008 年铁产量从 2007 年的 1030 万吨增加到 1070 万吨。

汽车业 墨西哥汽车工业始建于 20 世纪 20 年代，但真正创立是在 20 世纪 60 年代中期。从 20 世纪 80 年代中期开始，墨西哥汽车工业发生了实质性变化。随着经济的开放和改革，政府逐步放宽外资对汽车工业包括对零配件生产的参与。从外资企业方面来看，为了利用墨西哥廉价的劳动力，降低生产成本，也纷纷将生产企业迁往墨西哥。到 80 年代末，99% 的整车生产、97.6% 的发动机生产和 71.3% 的汽车零配件生产均属于跨国公司。国外市场，特别是美国和加拿大市场对墨西哥汽车工业具有越来越重要的作用，1985 年墨西哥汽车的出口额达 16 亿美元。

墨西哥政府于 1989 年颁布了新的《汽车工业法》，该法令自 1990 年 1 月 15 日生效。新的法令将汽车产业划分为两个部分：一个是汽车装配业，以外国资本为主；一个是汽车零配件业，以本国资本为主。法令把汽车装配厂商界定为"从事汽车生产或从事汽车最后装配活动的企业"；把汽车零配件生产商界定为"向最后装配企业销售的零配件占其总收入 60% 以上的企业"。

墨西哥政府于 1993 年 12 月颁布了新的"外资法"，美国的通用公司、福特汽车公司、克莱斯勒公司和德国的大众以及日产和本田公司相继在墨美边境和内地建立了汽车生产厂，汽车工业逐渐成了墨西哥经济的支柱产业。1994 年墨西哥加入北美自由贸易区，大大促进了汽车工业的发展，汽车工业成为制造业部门发展的主要动力，在墨西哥制造业中所占比重达 18%，产值占墨国内生产总值的 5% 以上，每年提供 100 多万个就业机会。

根据国际机动车辆制造商组织（OICA）的统计，2008 年墨

墨西哥

西哥是全球第 10 大汽车生产国。前些年是利用廉价劳动力生产廉价汽车,开放之后墨西哥引入先进的生产线,成为中高档汽车生产国之一,诸如凯迪拉克、林肯和宝来等车型均在墨西哥生产。2006 年,墨西哥汽车销量超过 130 万辆,在拉丁美洲仅次于巴西。2006 年汽车的出口额为 174.1 亿美元,增长 28.9%。2007 年汽车总产量约为 202 万辆,比 2006 年增长了 2.5%;出口量达 161 万辆,同比增长 5%。2008 年汽车总产量为 219.12 万辆,同比增长 8.5%。

客户工业 客户工业即出口加工业,在墨西哥制造业中占有重要地位。

墨西哥客户加工工业起始于 20 世纪 60 年代中期。1965 年 5 月 20 日,墨西哥开始实行《边境工业化计划》,其目的是兴办加工厂,增加就业机会,利用当地劳力,组装和加工美国产品。墨财政和公共信贷部与当时的工商部达成协议,批准临时进口机械、设备、零部件和元件,并免纳关税,以鼓励制造业生产新的加工品销往美国市场。1965～1968 年间,在邻近美国边境地区出现了一些小型客户加工企业。1968 年,美国全国广播公(RCA)决定在墨西哥边境城市华雷斯建彩电变压器厂,占地面积 1.2 万平方米,大量投资并自己设计建筑厂房,雇用墨方工人 1200 人。此举在美国一些大企业中引起了连锁反应。美国通用电气、通用仪器等接踵而至,使墨加工工业出现了新的局面。目前客户工业主要包括如下行业:电子、电脑、机械设备和电器的组装;电器元器件的加工;服装加工;汽车零部件加工和装配;木材制品、家具;鞋类及运动用品;工具、食品及其他制品;服务。

最初,客户加工业仅限于在北部边境地区,1972 年 10 月 31 日,墨西哥政府颁布一项规定,允许内地(除首都联邦区外)所有地区兴办出口加工厂。截至 2008 年 5 月,墨西哥客户工业共有 2817 家工厂，就业人数达到 119 万人。2008 年客户工业出口额占墨西哥出口总额的 44.5%，进口额占进口总额的 34%。

墨西哥政府为促进客户工业的发展，向客户工业企业提供了一系列优惠条件，主要有：企业所需设备、原料及零配件可享受免税临时进口；加工后再出口时，仅对产品的增值部分征税；出口零配件或组装产品无须支付增值税与出口税；产品增值税较低；允许产品上税后在墨西哥国内市场销售；出口加工企业与墨西哥本国企业在法律上享受同等的权利与义务；加工企业使用 10 名墨方人员允许进 1 名外籍技术人员。

二 建筑业

建筑业是"二战"后发展较快的经济部门之一。墨西哥的建筑工程包括工业建筑（厂房、管道、工业设施）、交通运输建筑（公路、铁路、桥梁、机场）、城市公共建筑（自来水管道、排水设施、地铁、道路等）、公用房屋建筑（医院、学校、旅馆、办公楼等），居民住宅，水利工程建筑等。

全国共有建筑承包公司约 1 万家，大部分企业都加入全国建筑工业协会。在这些企业中，1% 的企业集中了约 1/3 的资本。墨西哥的建筑公司除承包国内的工程以外，还对外承包工程，在拉丁美洲和其他国家进行工程建设。

2008 年，墨西哥建筑业产值占国内生产总值的 5.8%，就业人数占全国总就业人数的 17%。2008 年，受国际金融危机的影响，墨西哥国内许多大型基础设施建设被迫停工，由此引发建筑行业整体不景气。2008 年建筑业产值 503 亿美元，同比减少 5.1%，其中下降较大的部门是商品房、写字楼、公共设施以及教育用房的建造和施工。

三 能源业

墨西哥的主要能源有石油、天然气、煤、铀、水力和地热,尤其是石油和天然气的资源丰富。墨西哥能源来源是:石油占69.7%,天然气占19.2%,生物能源为3.7%,水力发电为3.6%,煤为2.2%,核能为1.0%,地热占0.6%。石油和天然气是墨西哥最重要的动力资源,储量十分丰富。

石油和天然气 墨西哥为世界主要产油国之一,2005年墨西哥石油日产量曾达到峰值338万桶,近年来呈逐渐下滑趋势。2008年墨西哥日产石油降至279.9万桶,与2007年的308.3万桶相比,降幅达9.2%。2007年石油产量较2006年下降5.5%,为1.73亿吨,占世界总产量的4.4%,位居世界第6位;天然气产量为462亿立方米,较2006年增长7.9%。主要生产企业为墨西哥国家石油公司(Pemex),其在世界最大50家石油公司排名中位居第11位。2007年共有生产油田352个,生产井6280口,海域生产平台215个。墨西哥82.1%的石油产自海域,最大的油田为Cantarell油田,产量约占墨西哥石油产量的48%。2007年墨西哥国家石油公司的石油产量为1.73亿吨,其中原油产量为1.53亿吨,在原油产量中重油占67.5%,轻油占27.7%,超轻油占4.8%;凝析油产量为0.20亿吨。天然气产量为626.14亿立方米,其中气层气产量占43.1%,伴生气产量占56.9%。

墨西哥为世界第七大石油出口国,是目前世界上非欧佩克成员的三大石油出口国之一,石油出口收入约占其国民收入的1/3,2007年石油出口量为9810万吨,其中原油出口9100万吨,油品出口710万吨,77.6%的石油出口到美国,其次为西班牙(8%)和荷兰(6%)。

墨西哥建立了较为完备的管道运输体系。据墨进出口银行2006年统计数据,墨拥有天然气运输管道22705公里,液化石油气管道 1875 公里，石油管道 8688 公里，油—气—水三相管道 228 公里，成品油运输管道 6520 公里。

煤炭 2007 年墨西哥煤炭产量较 2006 年增长 9.2%，达 1188.7 万吨。主要的生产企业为 Minera Carbonifera Rio Escondido（简称 MICARE），MICARE 生产的动力煤主要产自科阿韦拉州的纳瓦（Nava）地区的 2 个露天矿和 3 个地下矿。

电力 墨西哥的电力部门主要由国家拥有，1992 年墨西哥修订了电力法后，目前只有发电领域对民营企业开放。国家电力公司（CFE）在墨西哥电力工业中仍处主导地位，拥有 92% 的发电容量和全部的输配电系统，还拥有所有地热发电和核电容量。国有中央照明电力公司（LFC）仅拥有 2% 左右的发电容量，主要用户在墨西哥城。尽管墨西哥在向私有化努力，但其非政府公司仅占不到 3% 的发电容量。墨西哥联合电网分四部分：北部电网、北下加利福尼亚电网、南下加利福尼亚电网和南部电网。

墨西哥现有两座核电站，每座核电站的装机容量均为 680 兆瓦（MW）。

据英国 BP *Statistical Review of World Energy* 2007 年报道，墨西哥能源消费居世界第 15 位，2007 年墨西哥一次能源消费量达 1.555 亿吨油当量，较 2006 年增长 2.7%。在其一次能源消费构成中石油和天然气居首位，分别占 57.4% 和 31.3%，其次为煤占 5.9%、核能占 1.5% 和水能占 3.9%。2007 年，墨西哥石油消费量 8920 万吨，较 2006 年增长 2.8%；天然气消费量 541 亿立方米，较 2006 年增长 5.3%；墨西哥煤炭消费量 1531 万吨，较 2006 年增长 1.1%。

四 矿业

矿业是墨西哥最古老的工业部门，早在殖民统治时期（16~19 世纪初），墨西哥的采银业就享誉世界。墨

墨西哥不仅拥有丰富的矿产资源,还是世界重要的矿业生产国,多种矿产品产量居世界前列,其中银、铋产量居世界第二位,天青石产量居世界第三位,产量居世界前列的矿产还有:镉、铜、锰、钼、盐、硫和锌矿等。2007年墨西哥矿业从业人员为29.2万人。

1. 矿业政策

墨西哥现行的矿业法是1992年颁布的。20世纪90年代以来,墨西哥政府对与矿业有关的法律法规进行了一系列调整,1990年通过了对1975年颁布的矿业法的修改;1992年通过了新的旨在吸引外国投资的矿业法,新颁布的矿业法取消了对选矿厂的优惠,规定的勘查特许权期限由1975年的3年延长到6年,采矿特许权从以前的25年延长到50年,取消了原先在国家矿产保留区进行硫、磷、钾、铁和煤矿勘探的限制,继续减少国家矿产保留区。1996年和2005年4月又进行了两次修订,目前墨西哥矿业对国内投资者和外国公司完全开放,勘查特许权期限由以前的6年延长到50年,并由以前的不能延续修改为可以延续,并包括可拥有加工和选矿的优先权;采矿和勘探租借期最短可为6个月,并可自由转让;该矿业法包括勘探、矿业开发和选矿等方面,允许私人拥有勘探、矿业开发100%的所有权,甚至包括以前由政府所有的如硫、磷、钾、铁和煤等矿产品的生产,但油气和放射性原料不适用该法。此外还解除了以前在海岸线、大陆架、边界线和岛屿勘探的限制。这一系列改革对墨西哥的矿业影响重大,矿业投资环境得到改善,使墨西哥的矿业部门极具发展潜力。[①]

2. 矿产品贸易

2007年墨西哥非能源矿产品出口94.69亿美元,占墨西哥

---

① 刘增洁:《墨西哥矿产资源概况》,载于《资源与人居环境》2010年第3期。

出口总值的3.5%，其中金属矿产品出口86亿美元，非金属矿产出口8.69亿美元；出口的主要矿产品为铁矿石、银、铜、锌等金属矿产品，其中铁（包括所有类型）出口居首位，占矿产品出口值的29.0%；其次为银，占矿产品出口值的20.4%；铜出口占矿产品出口值的14.3%；锌出口占矿产品出口值的6.5%。

2007年墨西哥非能源矿产品进口值为76.27亿美元，占墨西哥进口总值的2.9%。其中金属矿产进口额61.19亿美元，非金属矿产进口额15.08亿美元；其中铁（包括所有类型）进口额居首位，为15.43亿美元，铝进口额18.57亿美元，铜进口额9.47亿美元。

墨西哥70%的非能源矿产品主要出口到美国，其次为智利、加拿大、委内瑞拉；46%的非能源矿产品从美国进口。

3. 主要矿产品产量

铜 2007年墨西哥的铜产量为35.55万吨。墨西哥矿业集团为墨西哥最大的铜生产企业，控制全国79%的铜产量，最大的两个生产矿山为位于北部索诺拉州的卡纳内阿和拉卡里达，卡纳内阿精炼铜产量为9.1万吨。

金 2007年墨西哥金产量大幅增长，为47.71吨，增长32.9%。增长主要来自加拿大黄金公司的埃尔绍萨尔（El Sauzal）矿，金产量9.5吨，比2006年增长2.4%，该矿产量占墨西哥金产量的20%。

银 墨西哥为世界第二大产银国，仅次于秘鲁。2007年银产量为3135.43吨，比2006年增长3.5%。位于萨卡特卡斯州的普罗亚尼奥矿为墨西哥最丰富的银矿，为世界第二大银矿，2007年产量为1043吨，占墨西哥银产量的33.3%。

铅和锌 墨西哥是世界主要的铅锌生产国之一。2007年墨西哥铅产量较2006年增长1.6%，为13.71万吨。2007年墨西哥锌产量较2006年下降3.6%，为45.20万吨。墨西哥矿业集团拥有的位于圣路易斯波托西州的查尔卡斯矿为墨西哥最大铅矿山，铅产量为6.4万吨，居全国第一，占墨西哥铅产量的14.2%。

钼 2007年墨西哥钼产量达6491吨，较2006年增长157.7%。钼主要为铜矿的副产品，主要生产矿山位于索诺拉州的拉卡里达铜斑岩铜矿，产量约占墨西哥钼产量的98%。

4. 主要非金属矿产

墨西哥为世界重要的非金属矿产生产国，2007年非金属矿产产值增长8.4%，占墨西哥矿产总产值的7.2%。2007年硅藻土产量增长31.2%，主要生产矿山为位于哈利斯科州萨科阿尔科德托雷斯矿。产量增长的矿产还有：磷增长88%，石膏增长13.9%，高岭土增长0.9%。

重晶石 2007年墨西哥的重晶石产量下降，产量达18.59万吨，较2006年下降6.9%。主要的生产矿山位于新莱昂州的加莱阿纳矿，重晶石年生产能力达40万吨。

萤石 墨西哥为世界第二大萤石生产国，2007年萤石产量为93.3万吨，较2007年下降0.3%。迈纳拉的拉斯库埃瓦斯矿为墨西哥最大萤石矿，年生产能力为43万吨。

石墨 墨西哥为世界第五大石墨生产国，2007年石墨产量为0.99万吨，较2006年下降16.1%。75%的石墨产自索诺拉州的埃莫西略市。

第四节 商业和服务业

一　商业

商业（包括餐馆、旅馆业）在墨西哥GDP中占有较大的比例，约为30%。

在墨西哥商业中，外国资本占有较大势力。墨西哥最大的商业集团为墨西哥沃尔玛集团，为拉丁美洲最大零售连锁商，在墨西哥有 1052 家店（2008 年 5 月止）。沃尔玛集团于 1991 年进入墨西哥市场，最初与墨西哥 CIFRA 公司合作，至 1997 年已取得 CIFRA 公司绝大多数股权。墨西哥沃尔玛集团 2007 年营业额高达 207 亿美元，已成为沃尔玛集团在美国境外规模第二大的事业体，仅次于英国沃尔玛公司。墨西哥其他大的连锁超市有：SORIANA 超市，在全国有 462 家店；COMERCIAL MEXICANA 有 187 家店。

百货公司方面，利物浦（Liverpool）集团市场占有率达 63%，在墨西哥主要城市中拥有 68 家利物浦百货公司及 27 家以 Fabrica de Francia 为名的百货公司，散布于墨国主要城市外围或其他次要城市。Grupo Sanborns 公司是墨西哥数量最多的连锁百货零售业，创始人是墨西哥首富卡洛斯·斯利姆·赫鲁。目前 Grupo Sanborns 公司旗下已拥有墨西哥 Sears 百货公司。GIGANTE 是墨西哥国内第三大连锁商场集团，中文译名宏大集团，成立于 1927 年，主要经营电器、食品、数码电子、汽车音响、家具、洁具等产品。DORIAN 公司，创建于 1959 年，现拥有 57 家连锁店，主营时装和化妆品，是墨西哥第四大的连锁百货公司。

便利商店在墨西哥亦如雨后春笋般出现，包含 Oxxo（隶属 Grupo FEMSA 集团）、Extra（隶属 Grupo Modelo 集团）、7-ELEVEN 等，形成土洋品牌激烈争战市场的局面。以店铺数量区分，Oxxo 共计约达 3000 家，稳坐市场宝座，Extra 约达 750 家居次，7-ELEVEN 约 500 多家。

二 服务业

服务业不仅是墨西哥产值最高的部门，也是创造就业机会最多的产业，2007 年提供全国 63% 的工作岗位。从事于服务业的公司约有 13.2 万家，占墨公司总数的 20%。墨西哥服务业部门主要包括商业、金融业、电信产业、不动产、旅游、保险、广告、传媒等。商业（包括餐馆、旅馆业）在墨西哥GDP中占有较大的比例，约为30%。金融服务，保险和房地产所占比例约为15%。增长速度相对比较平稳，年均增长率保持在3.6%以上。加入《北美自由贸易协定》后的头几年，商业的年均增速超过了10%。

近年来服务业增速高于GDP增速，2007年服务业增速约为4.9%，高于GDP 3.8%的增速，更高于工业1.8%的增速。2000年墨西哥主要服务部门接受外资为49亿美元，2001年达到新高为208亿美元，之后逐年下降，2005年降为54亿美元，此后略有回升，2007年为72亿美元。墨具有相对竞争优势的服务行业有运输、旅游、电信及金融服务等。

墨西哥是拉美最大的服务贸易出口国，同时是美国服务贸易第五大进口来源国。美国为墨西哥最大的服务贸易伙伴，墨西哥91%的服务贸易出口目的地为美国。

墨西哥政府近年不断加大对服务贸易的关注，将其作为提高墨竞争力的战略。尽管如此，墨西哥仍为服务净进口国，服务贸易长期逆差。2006年墨西哥服务贸易逆差64.4亿美元，其中出口163.9亿美元，占全国出口额的7.1%，其中旅游出口占74%，其次为运输、保险、金融及电信服务等；同年墨西哥服务贸易进口额228.3亿美元，占全国进口总额的9.7%。

第五节　交通与通信

墨西哥的交通运输业比较发达，具有比较完备的交通运输网络，国际国内航线四通八达，在连接各个经济部门和地区，促进经济发展等方面发挥重要的作用。墨西哥地处南北美洲的交界处，纵贯南北的泛美公路是沟通南、北美洲的大动脉。墨西哥城是联系拉丁美洲和欧洲、北美的交通枢纽。因此，墨西哥在世界交通中占有重要地位。

近年来，墨西哥加大了对基础设施投资的力度、推进国内铁路与港口的私有化，以及对收费公路实行特许经营，从而吸引了大量国内外资金，促进了交通设施的现代化建设。

一 公路

墨西哥的公路运输从 20 世纪 20 年代开始建立。1925 年，国家设立了全国公路委员会，由国家投资修建公路。"二战"后，公路建设速度加快，汽车的货运和客运运输量急剧增加。到 20 世纪 60 年代，公路运输量逐渐超过铁路运输量，成为最主要的运输手段。

墨西哥拥有拉美地区覆盖最广的公路网络，境内几乎所有地区之间都有公路相连。墨境内主要公路干线包括 14 条线路（大多数都是收费公路），可以连接各州的首府、边境城市以及各个海港。墨境内公路分为泛美公路系统和国内公路系统，根据墨西哥国家统计、地理及信息局公布的数据，2006 年墨公路网总里程为 34.9 万公里，柏油或水泥路面的等级公路为 11.7 万公里（包括 6979 公里的高速公路），现代收费公路里程数 7575 公里。

公路运输在墨西哥占据着极为重要的地位，承载了国内 59% 的货物运输量、13% 的国际货物运输量、99% 的国内旅客运输和 92% 的国际旅客运输。2005 年，墨西哥公路承运国内货物 3690 万吨，承运总价值 857.71 亿美元的国际货物，并且完成 2.12 亿人次的出入境旅客承载量。

二 铁路

墨西哥铁路系统大部分建于 19 世纪下半叶，主要由美国，英国和法国资本修筑。1873～1910 年，铁路总

长度由 65 公里增加到 19280 公里，平均每 100 平方公里领土有 1 公里铁路，每 1 万人有铁路 13 公里。外国公司修建铁路的目的主要是将矿石运往美国或欧洲，所以铁路线大部分是南北走向，连接中央高原和墨、美边境。1937 年卡德纳斯政府实行铁路国有化，增加了对铁路部门的投资，开始修建新的铁路线。"二战"后，铁路运输量不断增加，新修的线路不多。近年来，政府对铁路部门的方针是实行更新和改造，拆除一些旧轨，进行设备更新，提高服务质量。

2005 年，墨西哥铁路总长度 1.8 万公里，基本上都采用了 1.435 米的国际标准轨距。铁路网以墨西哥城为中心，向北有三条干线通往墨、美边境。东北干线由墨西哥城经由圣路易斯波托西、蒙特雷、新拉雷多等城市，与美国边境的拉雷多城的铁路相接。圣路易斯波托西有支线与墨西哥湾沿海重要港口坦皮科相接。中北干线由墨西哥城途经莱昂、阿瓜斯卡连特斯、托雷翁、奇瓦瓦市，穿过华雷斯城，与美国埃尔帕索城相接。向南有一条西北东南向的干线，通往中南美洲。

铁路运输是墨西哥进出口货物的主要运输方式之一，2005 年承运货物总值 3339.33 亿美元，占该国国际货物运输总值的 52%。铁路运输还承担了墨西哥国内货物运输总量的 10%，主要运送货物构成情况为：矿产约占 39%，工业产品 30%，农业 20%，油 7%，林产 0.7%，牛只约 0.2%。

三　水运

水上运输，特别是海运方式承担了墨西哥部分国际货物、国内货物和出入境旅客运输的任务。墨西哥全国共有港口 106 个，其中海运港口 95 个，内河港口 18 个，其中 66 个具有远洋（国际）运货能力。按运送的主要对象划分，37 个为贸易港口，43 个为渔业港口，22 个为旅游港口，11 个为石油

第四章 经　济

港口。同欧美、中南美、加勒比地区、亚洲许多国家设有客货运班轮。墨西哥较大的港口主要分布在太平洋海岸，包括曼萨尼约港、拉萨罗—卡德纳斯港、萨利纳克鲁斯港、瓜伊马斯港和马萨特兰港。墨西哥湾海岸的主要港口有韦腊克鲁斯港、坦皮科港和夸察夸尔科斯港。墨西哥城的海运依托韦腊克鲁斯港。经过20世纪90年代的私有化改革后，墨西哥港口完成了现代化改造，国内码头设施较为先进。

墨西哥境内拥有2900公里的通航河流和沿海运河，内河港口码头多集中在帕努斯河、格里哈尔瓦河、乌苏马辛河及其支流帕西翁河、夸察夸尔科斯河、科罗拉多河等河流。由于河流短小湍急，且一般只能通行小轮船，内陆水运在墨交通系统中所发挥的作用微乎其微。

墨西哥海运货物量约占其对外贸易总量的70%。2006年国际货物海运量为2.13亿吨，其中68%为出口货物。墨西哥湾的4个港口（Puertos Dos Bocas、Pajaritos、Veracruz和Cayo Arcas）的货物吞吐量占墨对外贸易的77%，主要为石油及其产品出口。剔除石油输运，Manzanillo、Lazaro Cardenas、Veracruz、Altamira和Tampico则为墨主要贸易港口，货物吞吐量占全国的75%。截至2007年中期，墨具有远洋（国际）运货能力的66个港口分属22个港口综合管理公司管理。上述公司中的16个由中央政府管理，5个由当地州政府管理，1个被私人资本控制。墨全部港口所有权属于国家，港口管理公司业务不少由私人公司通过特许经营许可来实施。

2001~2006年，公共及私人投资港口基础设施建设每年约5.68亿美元，其中70%为私人投资。同期港口吞吐量年均增长3.7%，2006年达到2.87亿吨，73%为远洋货运。世界经济论坛2006年的一份报告指出，墨港口基础设施在125个国家中排名仅为第64位，墨政府在《2007~2012年国家基础设施发展计划》中预测，港口基础设施的改造每年需投入资金为100亿比索。

截至2006年年底，5家墨西哥航运公司及75家外国航运公司从事从墨离境的远洋（国际）海运服务。2006年，墨西哥仅有239艘注册吨位超过1000吨级的商船，规模较小。外国航运公司承担了31%的墨本国沿岸货运以及几乎所有的远洋（国际）货运。

墨西哥已签署了国际海事组织的《国际船舶与港口设施保安规则》，该规则在墨所有具有远洋（国际）运货能力的港口都有效。

四 航空运输

墨西哥的航空运输业比较发达，主要是在第二次世界大战以后发展起来的。从20世纪70年代以来，由于旅游业的兴旺，航空业迅速发展。

航空在墨西哥国际货物运输和旅客运输中作用较为突出。根据墨西哥进出口银行的统计数据，2006年墨西哥共有各类机场1839座（含1座专供直升机使用的机场），其中已经铺设跑道的机场228座，小型而跑道未经铺设的简易机场1611座。各类机场中，国际机场57个，主要分布于阿卡普尔科、坎昆、瓜达拉哈拉、梅里达、墨西哥城、蒙特雷和利昂等城市。国内机场26个。

墨西哥航空运输较为发达。墨目前有18家航空公司拥有定期航班，其中14家可经营国内航线，7家可经营国际航线，11家有货运业务。国内外航线四通八达，国内以首都墨西哥城为中心，航线通往全国各地；国际上，同欧美、日本及中南美洲许多国家通航。2005年，墨西哥航空系统拥有民航飞机7172架，其中商用飞机1406架，普通飞机5766架。2006年，运送国内外乘客4540万人次，比2002年增长37%；运输货物54.4万吨，比2002年增长40%。2002~2006年间，每年用于空运服务基础设施建设的资金约为 2.96 亿美元。

1998 年，墨政府颁发给经营全国 35 个主要机场的 4 个地区机场集团（中北部区 13 个机场、太平洋区 12 个机场、东南部区 9 个机场及墨西哥城 1 个机场）特许经营许可，改制成立股份公司。如今，墨西哥城国际机场为墨政府控股，其他 3 家则分别由本国或外国私人资本控制。

1995~2005 年间，墨航空市场一直被最大的两家航空公司 AEROMEXICO 和 MEXICANA 垄断，墨政府通过 GRUPO CINTRA 集团实现对这两家公司的控股，2000 年这两家公司及其子公司共占有墨航空客运市场 77% 的份额。

2005 年，墨联邦竞争委员会通过关于降低集中度的决议案，GRUPO CINTRA 集团因此出售 MEXICANA 公司及其子公司 CLICK，上述公司目前已私有化。AEROMEXICO 则依然由墨政府通过 GRUPO CINTRA 公司控股。近年市场竞争格局大为改观，2006 年年底 AEROMEXICO 占有市场份额为 27.4%，MEXICANA 市场占有率 20.6%，排名第三的 AVIACSA 市场占有率亦达到 14%。

墨在民航方面共签署了 41 个双边协议，其中与亚洲国家 9 个，与加勒比及中南美洲国家 16 个，与欧洲国家 14 个，与北美 2 个。

五 电信

2006 年，墨电信服务业总收入（未包括普通免费电视服务）达到 254.79 亿美元，电信业实际增长 18.3%，对 GDP 贡献率从 2001 年的 3.1% 上升到 2006 年的 5.5%。但与此同时，与 2001 年 57.50 亿美元的峰值相比，2006 年墨电信业投资下降 32%，2005 年人均投资位于经合组织成员国倒数第二。2003~2006 年间，电信业投资有所回升，增加 44.7%。投资减少反映了该行业竞争水平有限。

电话及互联网 2001~2006 年间，墨固定电话用户年均增长6.6%，截至2008年6月，全国拥有固定电话线路2006万条，每100位居民拥有线路为18.81条。移动电话增长更为迅猛，同期年均增长21%，2006年年底普及率为54%，截至2008年6月，墨移动电话用户总数达到7285万，每100位居民拥有移动电话68.26部。2006年，每100位居民互联网用户为19.5人，宽带用户2.9人，宽带普及率位于经合组织成员国倒数第二。

2001~2006年间，居民本地固定电话费率下调20%，移动电话费率下调60%。截至2006年年底，墨固定电话、移动电话及互联网服务费率依然位于所有经合组织成员国前列，其中宽带服务费用更是高居第一。

1990年墨西哥电话公司（TELMEX）实行私有化，得到特许经营许可，有效期至2026年。凭借该许可，TELMEX在1996年前可独家专营部分电信业务，其余领域则允许其他运营商进入。墨政府通过颁发23家本地固定电话特许，46家长途特许，25家本地移动电话特许及22家卫星服务特许，电信市场得以逐渐放开。尽管如此，本行业目前竞争水平依然低下，TELMEX实际控制着92%的本地固定电话业务，80%的长途电话业务，并通过旗下的AMERICA MOVIL控制77%的移动电话业务和60%的互联网业务。

电视 普通无线免费电视市场被TELEVISA集团和TV AZTECA集团垄断，前者还控制着两家重要的有线付费和卫星电视公司。

第五节 财政与金融

一 财政

墨西哥的财政年度与日历年度一致。财政体制与行政体制相适应，分为联邦政府、州政府和市政府三级。财政预算由议会批准。全国公共财政体系包括三部分：即联邦政府收支、受预算控制的联邦直属机构和国有企业的财政收支、其他公共部门的财政收支。联邦政府的财政收入归墨西哥财政与公共信贷部主管；联邦政府财政支出归计划与预算部主管；国有企业和其他公共部门财政收支归商业和工业发展部等有关部门主管。各州和市一级的财政由各州的财政部和市政府相应机构管理。联邦、州、市三级政府的财政相对独立，但相互之间又有联系，地方财政收入主要依靠地方税收和属于地方的国有企业收入，少部分靠联邦政府补贴。

财政收入分联邦政府收入和国有企业及其他公共部门收入两大类。联邦政府收入分经常项目收入和资本收入两部分。经常项目收入包括税收和非税收收入。税收包括企业和个人所得税、生产和劳务税、增值税、进出口税等；非税收收入包括信贷业务收入、不动产转让收入等。财政支出包括经常项目支出和资本项目；前者包括公职人员工资，行政开支，教育、卫生、科研费用，国防开支，支付债务利息等主要项目；后者包括购置用于发展的商品，公共设施建设费用，给国有企业的拨款及其他投资。

墨西哥实行联邦、州和市三级税收体系。在过去的15年里，墨西哥税收制度已得到很大的简化。

所得税 公司所得税税率2005年为30%，2006年为29%，2007年及之后为28%。个人所得税税率自3%至最高29%（2006年）不等，最高税率在2007年及之后调降为28%。

公司单一税（IETU） 墨西哥政府于2008年1月1日起实施IETU，取代原有的资产税，以解决逃漏税问题。凡居住在墨西哥领土的个人或公司，除了个人的薪资外，均须缴纳IETU。此外，对于在墨西哥有永久设点但居住海外的墨西哥籍个人及公司，对于该永久设点所产生之所得亦应缴IETU。IETU税率分别为2008年16.5%、2009年17%、2010年起17.5%。将以现金所得为课税基础，采取月缴方式，年终时分别计算 IETU 与所得税实际应缴税额，取高者课征，并缴纳税额（扣除每月已缴税额）。

现金存款税　墨西哥政府为防止未向财政部登记的摊贩商家逃漏税，自 2008 年 7 月 1 日起，凡是同一公司或个人到金融机构现金存款每个月超过 2.5 万比索，将课征 2% 的存款税。公司或个人在同家银行有数个账号，若账户名称相同，该等账户之现金存款还是要一并累计。

增值税（IVA）　内地税率为 15%，边境地区为 10%。对商品交易、独立劳务的报酬、使用物品暂时权利之授予以及商品及劳务之进口等予以课税。商品或劳务的输出及特定项目之交易则享免增值税，该等特定项目包括基本民生食物（肉类、牛奶、玉米、小麦）、药品、与基本民生食物之生产相关之农业劳务。

表 4-2　墨西哥主要税收一览表

单位：%

公司所得税	29	特许权使用费	25~30
公司单一税	16.5	个人所得税	50（最高）
资本收益税	30	增值税	15
利息税	10~30		

近年来墨西哥政府实行紧缩性财政政策，降低公共开支，增加税收，财政收支基本处于维持平衡的状态。2008 年墨西哥财政收入 28571.5 亿比索，支出 28653 亿比索，赤字 81.5 亿比索。2009 年墨西哥财政预算为 3.045 万亿比索，财政赤字将占国内生产总值的 1.8%。该预算预计墨西哥 2009 年原油出口平均价格为 70 美元/桶。

政府财政收入的 37.7% 来源于墨西哥国家石油公司（Pemex），

但墨西哥国家石油公司在发展上问题重重，此外，其石油产量自 2004 年起逐年减少。根据美国能源信息中心公布的报告显示，至 2020 年墨西哥的石油日均产量将不能满足国内需求，将成为石油净进口国。加上国际石油价格波动等因素的存在，墨西哥财政收入面临一定的不确定性，财政状况存在隐患，需要进行必要的财政改革。

二　金融

1. 概况

墨西哥的金融体系基本上沿袭了发达国家金融制度的二级模式，它由两大部分组成。第一部分是银行和金融机构，主要包括中央银行、商业银行、开发银行和非银行金融机构（如储蓄和贷款机构、养老基金、投资公司、保险公司、证券交易所、信托基金、共同基金、经纪公司等）；第二部分是金融市场，主要包括债券市场、股票市场、衍生品市场以及外汇市场。

截至 2008 年 5 月，墨共有商业银行 41 家，养老基金投资公司 21 家，共同基金 478 家，政府开发银行 6 家，养老基金管理公司 21 家，债券公司 14 家，经纪公司 32 家，租赁机构 14 家，储蓄和贷款机构 6 家，货币兑换公司 24 家。

墨西哥证券交易所是墨唯一的证交所，也是拉美第二大证交所，但其规模与主要发达国家相比仍有较大差距。

2. 银行业

墨西哥银行系统主要由商业银行、开发银行及有特定经营宗旨的金融公司组成。截至 2007 年 3 月，所有商业银行的总资产占全国金融系统总资产的 45.5%。墨金融系统外资控制比例逾 80%，为拉美国家最高。墨银行业是全球最为开放的银行业之一，前五大银行中只有北方银行（BANORTE）为墨政府控股，其余均为外资控股，4家外资银行分别为西班牙银行控股的BBVA Bancomer，美国银行控股的Banamex-Citigroup，西班牙银行控股的桑坦德银行（Banco Santander）和英国资本控股的汇丰银行。截至2007年6月，这4家外资银行就控制了银行业总资产的69.4%。上述五大银行的贷款占78%的市场份额，存款则占80%的份额。

2002～2006年间，墨商业银行信贷主要分布行业如下：农林渔业2%，矿业0.2%，制造业12.4%，建筑业3.1%，服务业及其他19.8%，住房0.1%，消费17.5%，金融4.5%，政府与公共管理8.4%等。截至2007年6月，墨银行贷款额仅占GDP的15.6%，该比例在智利为60%，在美国也超过40%。墨银行系统金融指数最近数年有所好转，逾期还款率已从2002年的4.6%下降至2007年的2.3%。

开发银行在墨金融系统中同样占有重要地位，目前全国有6家主要的开发银行，其中最重要的是全国金融银行（NAFIN），拥有本行业40%的资产。

墨允许与其签有自由贸易协定（含金融服务内容）国家的金融机构按照《信贷机构法》及《关于外国金融机构建立分支机构的规则》的要求，在取得墨财政与公共信贷部的批准后，通过在墨开设分支机构的形式进入墨银行服务系统。此外，任何外国投资者可100%拥有某银行的股本，但如持股比例超过5%，需取得财政与公共信贷部的批准，并征询全国银行和证券业委员会的同意。

3. 保险业

墨西哥保险系统由保险机构及保险互助公司组成。2007年年初，虽然保费收入占GDP比重仅为1.9%，但墨依然是拉美地区第二大的保险市场，保费收入占拉美地区的25%。

2002～2006年年间，墨直接保费收入为1372.38亿比索，其中 38.9% 为人寿保险收入，4.0% 为养老保险收入，13.2% 为意外事故和疾病险收入，43.9% 为损伤险收入。同期，续保收入为 29.33 亿比索。

截至 2006 年年底，墨共有 91 家保险公司，其中 1 家为保险互助公司，1 家为国家所有公司，其余 89 家都为私营保险公司。3 家外资公司及 2 家墨资公司控制了全墨保险市场 60% 的份额。

保险业相关法律为 1935 年的《保险机构及保险互助公司总法》，该法此后曾做修改。财政与公共信贷部负责颁发保险公司营业许可，全国保险与担保业委员会负责行业监管。

保险公司取得营业许可，需符合《保险机构及保险互助公司总法》要求。外资可多数控股或全资控股保险公司，该情况被视为外国保险公司在墨子公司。外资控股保险公司，外方公司须来自于与墨签有自由贸易协定的国家，并在该协定中有明确的金融服务内容，且须在墨设有分支机构，符合《关于外国金融机构建立分支机构的规则》要求。

三 货币制度与货币政策

1. 墨西哥中央银行

墨西哥银行（Banco de México）是墨西哥的中央银行，国会授权其自主运营，自我管理，任何政府机构均无权向其发布融资指令。墨西哥银行的基本目标是发行货币，保持货币购买力稳定，以及推动金融系统健康发展和支付体系有效运行。

墨西哥银行履行以下职能：（1）管理货币的发行和流通、外汇、金融服务，以及支付体系；（2）作为信贷机构的储备银行和最后借款人；（3）向联邦政府提供国库服务，作为联邦政府的财务代理机构；（4）向联邦政府就经济，尤其是金融事务提出建议；(5) 参与国际货币基金组织、其他国际金融合作机构，以及那些包括中央银行职能（those embodying central bank）的国际金融合作机构；(6) 和上条中的机构、中央银行以及其他履行金融当局职能的境外法人实体（legal entities）合作。

墨西哥中央银行理事会（the board of governors）负责对货币事务，对其他实质性行动，以及重要的管理决策作出决定。理事会由 5 名成员组成，成员由总统任命，但须经议会或常设委员会（permanent commission）批准。

《墨西哥银行法》第 46 款规定了理事会的关键职责，其中最为重要的是：批准纸币的发行及硬币铸造；向联邦政府授信；决定政策和标准，中央银行据此进行运营，颁布规章，批准内部议事程序（by-laws）、预算、总体工作条件、合约规则。

墨西哥中央银行理事会下设理事会秘书处、理事会顾问办公室、总稽核（Comptroller）。内设部门有：中央银行运营、经济研究、金融系统分析、行政管理、信息技术、法律事务、计划及预算、货币发行、外部事务。

2. 墨西哥的货币制度

墨西哥的货币由中央银行发行。纸币共有 6 种，分别是：20 比索、50 比索、100 比索、200 比索、500 比索、1000 比索。硬币共有 9 种，分别是：5 分、10 分、20 分、50 分、1 比索、2 比索、5 比索、10 比索、100 比索。

3. 墨西哥的货币政策

货币政策目标 自 2001 年以来，墨西哥实行的是通货膨胀目标制（inflation targeting framework）。中央银行通过公布通胀目标、保持货币政策透明、与公众进行广泛沟通，以及对一系列反映通货膨胀未来发展路径的指标进行系统评估等措施，实施通胀目标制。中央银行对物价及其通胀前景的持续评估，是货币政策实施的关键要素。

墨西哥采用核心 CPI（消费者物价指数）作为通货膨胀指标。此外，中央银行也监控决定通胀的主要经济变量，诸如国际金融环境和汇率、收益、工资、就业和单位劳动成本、总供给和总需求、管制价格、公共财政，以及货币和信贷总量。

4. 货币政策操作目标和工具

从 2008 年 1 月 21 日起，墨西哥银行货币政策操作目标正式转向利率目标。墨西哥银行不再使用商业银行在中央银行的每日经常账户余额作为操作目标，而代之以银行间隔夜利率。墨西哥中央银行通过公开市场操作提供或回收流动性货币公开市场操作中最常用的操作工具是贷款拍卖、存款和回购协议。

四 汇率制度和外汇制度

1. 汇率制度

墨西哥实行独立浮动的汇率制度。墨西哥比索的汇率由外汇市场自由决定。

2. 汇率管理

墨西哥外汇委员会建立起了以规则为基础的机制，以降低国际储备的增长率。2004 年 3 月 12 日，墨西哥银行宣布，在该体制下，墨西哥银行按照如下程序每天在外汇市场直接出售美元，墨西哥银行每季度宣布将在随后 4 个季度（以前仅宣布下个季度）中每天在外汇市场出售的美元数量。即将销售的美元数量相当于前一季度国际储备净积累的 50%，每个季度拍卖 1/4（之前没有类似的分配），同一时期通过拍卖机构累积销售的美元数量不包括在内。基于美元总量，墨西哥银行遵循预先确定的程序每天拍卖固定数量的美元（每天销售的美元数系根据当季度工作天数确定）。

3. 外汇制度

墨西哥对于进口、出口所涉及的外汇收支没有管制，对于无形交易和经常转移（current transfers）所涉及的外汇收支也不管制，而墨西哥对资本交易有管制。

五　国际储备

截至2008年年底，墨西哥国际储备呈持续增长态势。国际储备达到953亿美元，大约能够满足3~4个月的进口付汇需求。2009年7月底墨西哥国际储备为732.69亿美元，比上年同期的782.06亿美元下降了49.37亿美元，连续7个月呈下降趋势。这一储备额也创下了2007年10月以来墨西哥国际储备的最低水平。主要原因一是为维持外汇市场和本国货币汇率稳定，墨西哥央行2009年以来向外汇市场投放了大量美元；二是墨西哥政府动用了25.47亿美元的国际储备用来清偿债务和减少财政赤字。

六　外债

在历史上，外债是影响墨西哥经济的一个重要因素，数次经济危机都源于外债危机。自1994年金融危机以来，墨西哥政府加大了对公共债务的管理力度。福克斯政府执政时期（2000~2006年），墨西哥外债状况得到了明显改善。

2006年以来，墨西哥外债总额逐年上升，2006年外债总额为1607亿美元，2007年为1796.9亿美元，2008年为1854.8亿美元。导致外债上升的主要原因是私人部门的融资增加和投资项目吸收外债大幅上升，如2007年长期生产基础设施项目新增外债132.25亿美元，该项目主要满足墨西哥石油公司和墨西哥联邦电力公司的融资需要。

2008年墨西哥外债具有以下特点：一是政府外债稳中有升。2008年政府外债余额为417.33亿美元，比2007年的412.81亿美元稍高，其中主要为债券，余额为333.25亿美元，贷款余额为 84.08 亿美元。二是私人部门债务呈上升趋势，2008 年私人部门为 645.11 亿美元，其中短期外债 197.3 亿美元，长期外债 447.81 亿美元。三是中长期外债占外债总额的 96.7%，短期外债占 3.3%。四是负债率稳中有降。2007 年外债总额占 GDP 的比重为 17.5%，2008 年为 17%。五是已付偿债率逐年下降，由 2006 年的 18.8% 降至 2008 年的 14.5%，处于相对安全的水平。

墨西哥政府通过以下方式偿还外债。一是利用财政收入来改善到期公共债务的结构并偿还债务。2008 年 1～9 月，财政部偿还了 26.47 亿美元的外债。2009 年 2 月，墨西哥又清偿 5 亿美元外债。二是动用外汇储备偿还债务。2008 年下半年，财政部发行债券，购买央行 80 亿美元的外汇储备，以维持财政预算，确保对外偿付能力。国际金融危机爆发后，2008 年 10 月，墨西哥政府宣布回购 400 亿比索的中长期债券计划。三是发行新债取代旧债，并以货币调节债券的名义在国内发行债券，将外债转移为内债，从而改善墨西哥的内外债务结构，降低墨西哥的债务成本。

2009 年 8 月，穆迪公司确认墨西哥的外币与当地货币政府公债信评为 BaA1，债信展望为稳定，因为经济政策架构仍然支撑财政纪律，具备资本市场筹资的能力。

第六节 对外经济关系

一 对外贸易

对外贸易在墨西哥经济中具有重要作用。自 20 世纪 80 年代初起墨西哥开始实施对外贸易开放政策。1986 年正式加入"关贸总协定"，墨西哥是世界上签订自由贸易协定较多的国家之一，也是发展中国家中唯一与世界上两个最大贸易集团——北美自由贸易区和欧盟——签订自由贸易协定的国家。墨西哥共与 200 多个国家和地区建立了贸易关系，并与 44 个国家签订了自由贸易协定。

加入北美自由贸易区以来，墨西哥对外贸易保持快速增长，但多年来一直处于略有逆差的状态。2008 年墨西哥对外贸易继续保持增长，但贸易逆差急剧增加。其中进出口贸易总额达 5999.4 亿美元，比上年增长 8.32%，其中，出口额 2913.4 亿美元，增长 7.15%；进口额 3086.0 亿美元，增长 9.45%；贸易逆差 172.6 亿美元，增加了 71.4%。造成贸易逆差剧增的主要原因是国际经济形势恶化加剧以及非石油产品出口的锐减。

2009 年上半年，墨西哥对外贸易严重萎缩。墨西哥国家统计局的数据显示，2009 年上半年对外贸易总额为 2098.32 亿美元，其中进口 1055.19 亿美元，出口 1043.13 亿美元，同比分别下降了 31% 和 30.2%，均创 1980 年以来同期最大降幅。其中，石油产品出口总额仅为 126.19 亿美元，降幅高达 56%，比上年同期减少 157.86 亿美元。制造业出口总额为 864.37 亿美元，同比下降 25.2%。进口方面，2009 年上半年进口消费品、中间产品和资本产品总额分别下降了 39%、30% 和 21%。

1. 对外贸易政策

墨西哥卡尔德龙政府于 2007 年年初开始执政，颁布了《2007~2012 年全国六年发展规划》，其中经济方面的最主要的宗旨是保持经济稳定的加速发展和创造更多的就业机会。当前，墨西哥优先考虑的问题是如何在新的金融危机下，顶住冲击，推动签订自由贸易协定并实施其中的条款，以促进对外贸易的市场多样化和可持续性增长。

在贸易方面具体举措包括：利用国际市场发展墨西哥经济，充分利用自由贸易协定的优势，加快融入世界经济的步伐；扶助中小型企业，增加中小企业基金，帮助中小企业进行产品定位并走向市场，提高中小企业产量和效率；加强农业发展，增加土地利用率，减少农业人口流失和贫困人口数量，大量推广先进农业技术和设备，在满足国内市场需求的前提下，向国际市场出口有更多附加值的农产品，农业增产的同时保护自然生态环境；优先发展旅游业，使墨西哥成为世界旅游行业的首选目的地，提高该产业的竞争力和服务质量，发展新的旅游内容，加强安全保护工作。

2. 贸易结构

机电产品、矿产品和运输设备是墨西哥出口的前三大类商品，2008年出口额分别为1092.4亿美元、528.3亿美元和450.5亿美元，分别占墨西哥出口总额的37.3%、18.1%和15.4%，同比分别增长4.9%、18.3%和2.6%。除纺织品和原料以及动物产品的出口出现小幅下滑外，其余类别的商品出口均有不同程度的增长。墨西哥进口排名前三位的商品是机电产品、矿产品和运输设备，2008年进口额分别为1104.1亿美元、310.9亿美元和277.3亿美元，分别占墨西哥进口总额的35.8%、10.1%和9.0%，其中前两类商品同比分别增长7.9%和48.0%，运输设备同比下降3.1%。

3. 主要贸易伙伴

2008年，美国依旧是墨西哥最大贸易伙伴，但对美贸易占墨西哥贸易总额的比重呈下降趋势。2008年，对美国出口占墨西哥出口总额的80.1%，而2007年的比重是82.1%；从美国进口占墨西哥进口总额的49.0%，略低于2007年的49.5%。墨西哥在逐步加强同其他国家和地区的贸易联系，与欧盟和亚洲的贸易比重稳步增加，尤其在进口方面，2008年墨西哥从欧盟和中国的进口占其总进口的比重已增至12.7%和11.3%。墨西哥贸易逆差主要来源于东亚的中国、日本和韩国，贸易顺差主要来源于美国。

二 外国资本

1. 投资政策

20 世纪 80 年代以来,墨西哥政府先后修改和颁布了《外国投资法》《技术转让法》《海关法》《客户工业发展和经营法》等有关引进和管理外国直接投资的基本法规,并相应制定了一系列鼓励措施,使《企业经营法》《商标登记法》《企业税收法》等法律中涉及外资企业方面的条款同外资基本法规保持一致。此外,外商投资不同领域须受不同行业领域的具体法律的约束,如《联邦电信法》《天然气条例》《铁路系统法》《港口法》等。

1993 年 12 月生效的《外国投资法》是墨西哥在外资管理方面的主要法律。该法律规定,外资几乎可进入所有经济部门,并拥有 100% 的股权。但下述经济活动或部门属于"战略性领域",只能由国家投资经营,外资不得以任何形式参与:石油和其他碳氢化合物、基础石化工业、电力核能发电、放射性矿物、电报、无线电报、邮政服务、货币发行、铸币、港口、机场、直升机场管制及监督。根据该法律,本国公民和具有外国人特例条款的公司可以进入下述部门: (1) 国内旅游、货物及旅客的运送;(2) 汽油和液化天然气的零售;(3) 电台和电视台(不包括有线电视);(4) 存款互助会、开发银行及其他有关法律规定的技术和职业服务。

此外,该法律还在股权比重上为外资确定了以下一些具体的限定:(1)最高可参与 10% 股份的行业为生产合作社;(2)最高可参与 25% 股份的行业有:国内航空运输,驻机场出租车公司,特种航空运输等;(3)金融集团的控股公司、经纪人服务和股票交易所最高可参与 30% 股份;(4)下述部门最高参与股份为 49%——保险公司、仓储公司、金融担保公司、外汇交易所、金融代理公司、信用卡公司、投资公司、爆炸品烟火弹药的制造和销售、国内发行报纸的出版和印刷、有线电视、普通电话服务、除养殖场以外的渔业、港口管理、国内航行的导航服务、除游船疏浚河道及港口建设以外的商业性水运、铁路运输服务、船只和飞机所需燃料及润滑油的经销。

此外，外资参股超过49%须经外资司核准的产业有：内陆航行船只、拖船、渡船停靠港和下锚地的港口服务公司，外海船只作业的船务公司，私立幼儿园、小学、中学、高中、高等教育和综合学校，法律服务公司，信用咨询公司，安全鉴定机构，保险公司，移动电话公司，油管埋设，石油及天然气井钻探公司，铁路及公路建设公司等。

为克服对外国投资人的上述限制，墨西哥投资法允许外国人从事一种"中性投资/股票买卖"（Neutral Investment）。按规定，经济部授权当地银行、证券经纪人、财政控股公司等发行中性投资文件（如参与证明书），赋予投资人某些经济上的利益。但此类中性投资的投资人在股东会上不具投票权。

按外资法规定，一般外资公司可在距边界100公里以内的管制区购买土地，但必须先向外交部登记，且土地不可供居住使用。外国人拟于管制区内购买供居住土地使用时，要以信托方式进行。受信托人须为信用机构，受益人可为公司或个人。依信托方式取得的土地，只有使用权而无产权，使用年限最长为50年，期满可申请延期。

根据2007～2012年全国六年发展规划，墨西哥政府在投资方面推出了一些新举措：（1）增加固定资产投资，向赢利性高的产业倾斜，降低投资风险和所需成本，为投资者提供更公正的法律环境和安全，保持宏观经济的稳定，加大公共资金的投入，简化企业注册手续，简化并稳定企业赋税制度，培训更多有效率的员工，加强对基础建设的投资，扩大外贸规模，简化企业出口所需办理的手续,使贸易赢利多样化;(2)缓解地区发展不平衡的矛盾,对欠发展的个别州给予更多的投资以及人力和政策上的支持,帮助这些州发展具有特色的地方经济;(3)加大对基础设施的投资,在现在的投入国内生产总值2%的基础上再增加1%到1.25%,提高基础设施的覆盖率和质量,提前规划并充分有效地完成每项新的相关工程。

表4-3 墨西哥各州针对外资的各项优惠条件

州名	外资享受的优惠条件			
阿瓜斯卡连特斯	免征2%薪金税;优惠出售工业园区的土地;减免各种市政税费			
南下加利福尼亚	企业类型优惠种类	重组改造中的外资企业	正常运行的外资企业	生产资本货的外资企业
	薪金税	2年免除	3年免除	3年免除
	财产税	减免50%	减免50%	减免50%
	产权交易税	减免30%	减免50%	减免70%
	公司登记费	免除	免除	免除
	外资企业经营许可证费	免除	免除	免除
	建筑工程许可证费	减免30%	减免50%	减免70%
	饮用水和污水处理管道成本	减免30%	减免50%	减免70%
	从州或市政府购买或租赁不动产	—	免费获得,价格(租金)优惠	免费获得,价格(租金)优惠
坎佩切	薪金税和产权商业登记费用减免2%;新的生产性投资财产税和不动产交易税实行优惠税率			
恰帕斯	职业培训;工业区厂房;劳工市场支持;工业区基础设施;研发支持			
奇瓦瓦	优惠薪金税;产权登记费减免;优惠地方税费;州就业服务部门提供工人职业培训			
科阿韦拉	外资服务办公室提供专门服务;工人特殊培训计划;免除州薪金税;针对不同外资企业提供相应的优惠条件			

续表 4－3

州名	外资享受的优惠条件
科利马	降低或暂时免除地方税；企业购买或租赁不动产价格优惠；特定条件下免费提供厂房等不动产；人员培训计划；改善基础设施条件；实施出口促进计划；免除州薪金税
联邦区	旅游服务计划；工业园区计划；税收激励计划
杜兰戈	免除四年薪金税；减免产权登记费用 60%；州就业服务部门提供人员培训计划
瓜纳华托	员工招聘和培训计划；暂时免除地方税；免除产权转让交易税；免除薪金税
格雷罗	新成立或扩建的企业减免所得税（55%～80%），减免幅度根据创造就业数而定；企业登记费减免 50%
伊达尔戈	州政府设立伊达尔戈国际公司（COINHI）为外国投资者制定和执行投资计划；减免州薪金税以及办理执照和许可证的各项费用；通过经济发展秘书处对员工培训给以补贴
哈利斯科	州财政预算给予员工培训补贴（培训材料、设施、经费）；改善基础设施（供电、供水）；环保设备（污水、废气处理）；厂房土地优惠
米却肯	减免州和市政税；产权登记费优惠；工业园区的不动产价格优惠；企业员工培训指导；简化手续
莫雷洛斯	免征薪金税；减免产权登记费；减免产权转让交易税
纳亚里特	州经济发展促进计划；减免薪金税；减免动产和不动产交易市政税；减免财产税；减免执照费；根据投资规模和创造就业数量提供基础设施建设支持
新莱昂	减免薪金税和其他地方税；产权登记费优惠；员工培训；公司设立程序指导；简化手续；金融服务指南
瓦哈卡	免征两年地方税费，第三年减免地方税费 50%，第四年减免 25%；员工培训；简化手续；免征薪金税
普埃布拉	州政府为每个投资项目提供不同的优惠；1% 的薪金税优惠；员工培训；简化手续；有利的工业基础设施和教育设施
克雷塔罗	减免 2%～3% 的薪金税；产权转让交易税（总价值 2%），不同市政府提供不同幅度的减免；免交产权登记费；州政府支付失业人员培训期间最低工资和培训费（最长 3 个月），企业必须雇佣 70% 受训后的工人；政府支付员工培训师 200 个小时培训费中 50%（最高 250 比索/小时）

183

续表 4-3

州名	外资享受的优惠条件
金塔纳罗奥	减免10%的增值税和32%的企业所得税；风险投资支持；开发银行提供风险投资项目融资；技术创新和商标保护支持
圣路易斯波托西	在经济发展秘书处设置专门人员全程协调外资项目进程，办理联邦、州和市镇各级许可证、手续等，具体包括工业用地、建筑服务、法律咨询、厂房、学校等；员工培训奖励计划，州劳工和社会保障秘书处提供补贴（每人每天1～1.25倍最低工资，培训时间最长90天，2006年实际最低工资45.8比索/天）；经营第一年免征州薪金税；经济发展秘书处免费为外国投资者寻找区域性供应商（原材料和半成品供应）；外资项目的基础设施升级（水、电、气、污水处理等）；建筑许可证优惠和土地购买价格优惠等
锡那罗	州政府通过经济促进计划提供7年期的税收激励计划；通过PROBECAT计划提供员工培训服务；为高层管理者州外培训提供差旅费补贴；为不动产购买（租赁）提供各种优惠条件；提供财务咨询服务
索诺拉	劳动力市场分析；工人培训支持；根据企业创造的就业岗位数实行不同幅度的税收优惠；协助招聘工人
塔巴斯科	政府直接提供支持；土地、不动产购买、租赁优惠；通过州就业服务计划提供员工培训；供水、污水处理等服务
塔毛利帕斯	税收减免；员工培训；免费办理登记、执照和许可证等
特拉斯卡拉	财产税减免50%～100%；办理建筑许可证费用减免50%～100%；产权登记费减免25%～70%；薪金税减免50%
韦拉克鲁斯	薪金税减免50%；为外资安全提供法律保障；《经济促进法》为工业园区的企业设立和重组提供各种支持
尤卡坦	州政府提供员工培训成本（1～3个月）；为中小企业员工培训提供支持（50%培训支出，每小时培训费最高150比索）；基础设施改造支持；以最低成本提供供水和供电服务
萨卡特卡斯	工业园区土地价格优惠；工业园区的基础设施服务；提供2个月的员工培训；提供饮用水

资料来源：墨西哥投资贸易促进局。

2. 投资程序

外国公司在墨西哥设立公司有两种方式：

其一，已在国外合法设立之外国公司可在墨西哥成立分公司或代表处：其设立程序须经墨西哥经济部核准，以便办理公开商业登记，代表处仅向经济部申请核准即可。

其二，设立拥有100%股权之公司：墨西哥商业法规承认6种形式的公司，外国投资者可以选择其一并获得核准办理，并须分别向外交部及经济部登记。

成立股份有限公司的基本条件如下：

（1）最低资本额为5万比索，约5000美元（按1美元兑换10比索计算）。至少需要两位股东，每位股东至少持有1%股份。每股面值的20%须为现金。

（2）必须向外交部申领执照，执照上标明公司名称、经营项目、地址、投资期限、资本额及国籍。

（3）依公司章程及相关法规举行股东会并选任董事及派任经理人。

（4）公司章程、附属规章及第一次股东大会记录须由与会的公证人签名，外国股东可通过委托书参与公司的股东大会。

（5）申请注册，必须连同公司文件呈送商业登记处办理。

（6）在统计局及联邦和地方税务机关办理登记手续。

（7）外资占大部分的公司须向外资注册处登记。

（8）必须备有相关合作投资的附则，并能提供保护少数股东权益的规定。

成立有限责任公司的条件如下：

（1）股东至少2人，最多不得超过50人。

（2）最低资本额为3000比索（约300美元），其中50%须在公司成立时支付。

（3）合伙公司，是由一位或多位合伙人签订合约成立公司，提供产品或服务、管理经营,进而取得营业所得分配的权利。

(4) 合作社也是墨国境内合法的公司,较多被用在成立非营利事业机构。

(5) 外国人投资法规定,除了特别行业或特殊法律规定外,外国投资人可与一般墨西哥公司一样持有相同比例的股本。

欲赴墨西哥投资的外国人须先向外资委员会申请核准公司投资计划案。股东同意章程规则并经公证,将公司地址向商务公共登记处登记,还须向国家外资登记处登记。公司营运前并须到纳税人登记处取得纳税人号码,其他须依公司性质向中央或地方政府登记。

3. 外国直接投资

外国资本作为国内资金的重要补充,在墨西哥经济发展中具有重要作用。1982年债务危机后,为促进经济的恢复和发展,墨西哥政府努力放宽对外资的限制,积极引进外国私人资本直接投资。《北美自由贸易协定》生效后,墨西哥吸收的外国直接投资迅速增加,年均吸收外国直接投资从1980~1993年的年均26亿美元增加到1994~2004年的年均142亿美元。1994~2004年吸收外国直接投资占GDP的平均比重为2.6%,高于巴西(2.3%),但低于中国(4.0%)和智利(5.3%)。由于外资法限制外资进入能源等关键领域,并且墨西哥结构性改革受阻对引资造成一定影响,墨西哥吸收的外国直接投资的数量低于其内在潜力。

2005~2007年,墨西哥吸收外国直接投资年均达231.4亿美元。受国际经济环境恶化和金融市场持续动荡等因素的影响,2008年墨吸收外国直接投资总额为185.9亿美元,比2007年的270.4亿美元减少了31.25%。在各主要行业中,加工制造业吸收外资额占总额比例为33.1%,采掘业为22.9%,金融业为21.4%,商业为9.3%,服务业为4.3%,通信和交通业为

4.2%。从外资来源地看，美国依然是墨西哥最大的投资国，其投资占墨西哥吸收外资总额的 45.37%，其次是加拿大、西班牙、英国和荷兰。

由于金融危机影响仍未消退，投资者对墨西哥市场缺乏信心和安全感，英国经济学家情报社预计 2009 年墨西哥吸收外国直接投资总额将减少 35%，只有 120 亿美元。

第七节 旅游业

一 旅游业概况

墨西哥是世界旅游大国之一，国际旅客数量全球排名第八。旅游业对墨西哥经济作出了突出的贡献，是墨西哥第三大支柱产业，占 GDP 的 9.5%，提供 170 多万个就业机会。

墨西哥政府管理旅游业的主要机构是旅游部，它负责制定旅游业的发展规划，登记旅游企业，确定旅游服务价格，协调旅游企业之间关系，培训工作人员，开展广告宣传，提供技术服务等。1974 年成立了全国促进旅游基金会，附属于全国金融公司。该基金会主要为建造、扩建、维修旅馆提供长期贷款。此外，泛美开发银行、世界银行等国际金融机构也为墨西哥旅游业的发展提供大量贷款。

墨西哥政府一向重视旅游业的发展。开辟旅游线路和增设旅游项目是墨西哥发展旅游业的重要步骤。墨西哥的旅游项目丰富多彩，既有休假旅游、探险旅游、生态旅游，又有购物旅游和会议旅游，但最具特色的还是文化探古旅游。墨西哥的玛雅文化、托尔特克文化和阿兹特克文化的古迹吸引了众多外国游客，尤其是南部的玛雅文化古迹更是深受旅游者青睐的参观景点，这些景

点的外汇收入占全国旅游总收入的 1/4。

海滨旅游业的兴旺,是墨西哥旅游业的一大特色。墨西哥地处太平洋和大西洋之间,拥有 1 万多公里海岸线。为数众多的海滨旅游胜地风景秀丽,气候温暖宜人,有"加勒比海明珠"之称的坎昆闻名遐迩。阿卡普尔科、科利马州的曼萨尼约、南下加利福尼亚州的洛斯卡沃斯、哈利斯科州的巴亚尔塔,等等,也都有迷人的海滨风光。因此,许多海滨城市都充分利用这一有利条件,建设了大量现代化的宾馆、酒店等旅游设施,吸引游客前来旅游。许多旅行社都竞相推出海滨度假游,形式多样灵活。一些航空公司也推出一揽子机票,即包括往返机票、机场接送及旅馆住宿等的套票。

据墨西哥央行统计,2007 年,墨西哥共接待国内外游客 2140 万人次,与 2006 年基本持平,旅游收入 129 亿美元,同比增长 6%。其中,外国游客 1300 万人次。北美、欧洲和拉美游客分别占总数的 75%、11% 和 4.5%。2007 年墨旅游业吸引私人投资 35 亿美元。据墨政府计划,到 2012 年,墨旅游业将共吸引私人投资 200 亿美元。2008 年旅游收入达 132 亿美元,比 2007 年增加了 3.5%。

墨政府不断加大了对旅游业的投入力度。为拯救受甲型 H1N1 流感疫情重创的旅游业,政府投资 9000 万美元启动了一项名为"墨西哥万岁"的旅游业振兴计划。

二 主要旅游胜地

悠久的历史文化、独特的高原风情和人文景观以及漫长的海岸线为墨西哥发展旅游提供了得天独厚的条件,风景名胜遍布全国各地,文物古迹数不胜数。

1. 墨西哥城

墨西哥城是国际旅游名城。自 1325 年阿兹特克人建立其前身特诺奇拉兰城以来，墨西哥城先后经历了阿兹特克帝国时期、西班牙殖民时期、独立战争时期、专制时期和民主时期等，为城市留下了风格多样的遗迹，阿兹特克的庙宇、宫殿和西班牙式的教堂、宫殿、修道院等建筑，使墨西哥城成为"宫殿都城"，而20世纪初承袭千年印第安传统的现代壁画运动，为墨西哥城赢得了"壁画之都"的美誉，以国立自治大学墙上的巨幅壁画为代表的各种风格强烈的壁画遍布墨西哥城。墨西哥城历史遗迹和人文景点众多，有瓜达卢佩圣母大教堂、三种文化广场和现代艺术博物馆、墨西哥城博物馆、国家历史博物馆、革命博物馆等众多博物馆和展馆，无不演示着墨西哥城建城六百多年来几经变换的沧桑史。

阿兹特克大神庙遗址 大庙又称特奥卡里大神庙。位于宪法广场附近，是供奉雨神特拉洛克和战神威济洛波奇特利的金字塔形神庙。原庙已被西班牙殖民者拆毁，现仅存金字塔塔基和部分石阶。大庙遗迹是阿兹特克文化最有价值的文物宝库。

大神庙遗址于1978年2月被发现，经过四年半的挖掘，先后发掘并修复了近5000件珍贵的文物。在经过挖掘后的现场上，可以清清楚楚地看到庙上有庙，重叠着七层。每层庙宇都有战、水两神的祭坛，这七层先后建于1330～1535年。底层是一座孤零零的小庙。第二层的建筑比较完整。在庙宇祭坛供桌上，供奉一座威武的战神雕像。第三层的台阶又陡又窄。在战神一边靠台阶整整齐齐地躺着8座掌旗官石雕。这些石雕的高度和真人一般。阿兹特克人修建第四层庙宇时，在石雕和台阶间的空隙处，填满石泥，以防被上面的建筑物压碎。第五层隐约可见。第六层的规模最大，正面墙上饰有三幅巨大的蛇头浮雕，形象逼真。据说这里就是阿兹特克先遣队发现伫立在仙人掌上叼着蛇的那只鹰的所在地。大庙的最高一层第七层，也就是西班牙入侵者攻陷特诺奇蒂特兰城后看到的大庙，几乎全被毁坏了。

墨西哥

三种文化广场 位于市中心。广场上有三组不同时代的建筑物：古代的阿兹特克金字塔大祭坛遗址，16~17世纪西班牙殖民者修建的教堂以及20世纪50年代建造的墨西哥外交部大楼。金字塔大祭坛庄严、古朴、神秘；大教堂属于巴罗克建筑风格：豪华、浮夸、雕琢；外交部大厦是现代建筑：高大、挺拔、明亮。这三种建筑代表了三种文化，即古老的阿兹特克文明、西班牙殖民文化与墨西哥现代文明，象征墨西哥丰富多彩的历史文化与兼容并蓄的民族特征。它们共存于一个广场上，因此广场得名为"三种文化广场"。

三种文化广场是墨西哥历史的浓缩。广场上有一座纪念碑，上面的碑文意味深长："1521年8月13日，夸特莫克曾英勇保卫过的特拉特洛尔科陷入埃尔南·科尔特斯手中。这不是失败，也不是胜利，而是一个梅斯蒂索民族痛苦的诞生，这就是今天的墨西哥。"

宪法广场 位于墨西哥城中心，又名中央广场或索卡洛（Zocalo）广场。宪法广场中央树有巨大的墨西哥国旗，四周则是包括国民宫、最高法院和主教座堂在内的重要建筑。众多身着印第安民族服饰的传统服装摊贩和装扮得绚丽多彩的印第安民俗艺人，是广场上的独特风景。每逢重大节日，宪法广场都会举行盛大集会。

墨西哥主教座堂 位于宪法广场北面，是天主教墨西哥总教区的主教座堂，也是拉丁美洲最大的天主教堂。主教座堂建于1573~1823年，漫长的修建时间使大教堂包含了古典巴罗克、新古典等多种建筑风格。大主教堂主体由两侧高耸的钟楼和中间宽广的主殿构成，其中钟楼高达67米，主殿宽为110米、长为110米，两座钟楼各高67米。教堂内16座礼拜堂中有14座对公众开放。除了保存在16个礼拜堂中古老的雕像和家具以外，教堂中最引人注目的就是顶上那辉煌艳丽的圣经故事壁画。

第四章 经 济

国民宫 位于宪法广场东侧，最初为莫特苏马二世所建，西班牙人到来后，将总督府设在了这座曾经的帝国宫殿中，并将其改建为中庭宽大的宫殿。墨西哥独立后，这里成为总统府所在地。国民宫共有 14 个庭院，除总统办公处外，这里还设有 1 家博物馆。但国民宫最为吸引游客的是由墨西哥壁画家狄亚哥·里维拉（Diego Rivera）在 1929~1935 年间创作的巨幅历史壁画，壁画满布国民宫中央庭院的四壁，色彩绚丽张扬，描述了墨西哥的整个历史发展轨迹，其中对羽蛇神、西班牙人柯泰斯和独立战争的描述尤为出色。国民宫也是 1810 年墨西哥独立钟声响起之地，当年墨西哥独立之父伊达尔戈神甫敲响的独立钟，至今仍保存在国民宫中门的阳台上。

查普尔特佩克森林公园和城堡 位于市中心，早在 16 世纪，这里就种植了许多树木，成为阿兹特克国王莫克特苏马游乐和打猎的场所。1944 年，墨西哥政府将此地辟为公园，占地 223 公顷，有 3 个人工湖，并包括植物园、动物园以及闻名拉美的人类学博物馆、自然博物馆、现代艺术博物馆、革命展览馆和科技博物馆等文化设施。园内高大的尖叶落羽杉林绿荫蓊郁，大小湖泊波光粼粼，环境秀丽幽静，有墨城"绿色心脏"之称。是首都人民喜爱的休息地和文化中心。

查普尔特佩克城堡，坐落在查普尔特佩克森林公园东南角。初建于 1786 年，曾为马克西米利亚诺的皇宫，现在是国立历史博物馆。城堡一侧有 6 座少年英雄纪念碑，为纪念 1847 年抗美战争中在此为国捐躯的 6 位军校学员。

国家人类学博物馆，位于查普尔特佩克公园东北部，是拉美最大的博物馆。占地 12 万平方米，展厅面积 3.3 万平方米。该馆原址是墨西哥大学建立的古特委员会，1964 年，经墨西哥著名建筑家佩德罗·拉米雷斯·巴斯克斯重新设计建成新馆。博物馆的基本结构东西长，南北短。该博物馆集古印第安文物之大

成,展室共分上下两层。第一层有12个陈列室,系统地介绍了8种印第安文化和墨西哥古代文化的起源及发展。第二层的陈列室展出了印第安人的服饰、房屋式样、生活用具、宗教器皿、乐器、武器等多种文物。

美术宫 坐落在墨西哥城胡亚雷斯街和卡德纳斯街的街口,处于旧城和新市区的分界线上。美术宫的前身是19世纪中叶修建的国家剧院。老剧院1901年被拆除。现剧院是一座由洁白的卡拉拉大理石砌成的欧洲式的巨大建筑,由意大利著名建筑师波阿里主持设计,于1934年9月建成。

美术宫由12根大理石圆柱支撑的半圆形门廊,巍峨壮观,气势磅礴。门廊两侧,对称地安放着两组雕刻细腻的妇女塑像。正门中央上端是一组浮雕,代表"和谐"的维纳斯女神正中站立,神态安详;女神左侧是寓意"仇恨"的男子半卧在地,露出痛苦绝望的神态;女神右侧,一对炽恋的情人拥抱在一起,象征"爱情"。宽大的弓形窗框上面,有一群天真无邪的小天使,在欢庆维纳斯女神的诞生。正门顶上,两群象征"音乐"和"灵感"的寓言神像,展翅飞翔,表示文化艺术的不断发展。

美术宫门窗的造型优美典雅,巧夺天工。由意大利和墨西哥艺术家铸造的铁栅栏上的朵朵花冠,既有异国情调,又有民族风格。百合花盛开在葡萄藤的叶子中,栅栏的根根尖头好似一条条在门上爬的"小蛇"。大楼四角,4匹巨大的柏伽索飞马铜雕腾空奔驰,象征诗歌和戏剧的无限创作境界。大楼圆顶由彩色玻璃拼成,顶端展翅的雄鹰青铜雕像高达20米。雄鹰周围,4位呈喜怒哀乐神态的妇女分别代表喜剧、悲剧、话剧和抒情剧。整个雕塑形神俱备,生动自然。

演出大厅是美术宫的主要建筑之一。入口处的铁门上饰有印第安人传统的花纹图案或面具浮雕,使人感受到浓厚的印第安人文化气氛。厅内可容纳2000多名观众,整个演出厅设计成漏斗圆锥形，天棚镶板渐渐向舞台拱顶倾斜。天棚镶板中央，用彩色玻璃拼成奥林匹斯山上的阿波罗神形象，在他周围，9位掌管文艺、音乐的缪斯女神丰盈多姿，组成一幅美丽的图案。

舞台的大帷幕更是别具一格。弧形大幕上，深绿的松树和仙人掌及鲜艳的花丛图案，是用100万粒直径为2厘米的玻璃小球缀成的，它显示出墨西哥谷地的秀丽景色。墨西哥艺术家花了一年半的时间，才镶嵌成这幅大幕，它是美术宫中极为珍贵的艺术品。

陈列在各层走廊和大厅里的壁画，是美术宫珍藏的墨西哥民族艺术瑰宝，以精美著称，荟萃了墨西哥现代主要壁画家的杰作。其中最著名的壁画有：里维拉的《人和机器》，奥罗斯科的《卡塔尔西斯》，西凯罗斯的《新民主》以及其他一些价值很高的壁画作品。

瓜达卢佩圣母堂 位于墨西哥城东北部的瓜达卢佩镇，是墨西哥天主教圣地，被罗马教皇认定为天主教三大奇迹教堂之一。瓜达卢佩圣母大教堂是墨西哥人民仅用一年多时间于1976年竣工的一幢现代化宗教建筑，与瓜达卢佩旧教堂相毗邻。新教堂比旧教堂大10倍，建筑面积为2万平方米，可容纳2万人。教堂采用了现代化体育馆所用的圆形建筑结构，远远望去像是一把撑开的蓝色巨伞。"伞面"用漂亮的方形巨柱支撑，底下的外围是能停放1000多辆汽车的停车场。教堂大厅内没有一根柱子，从各个角度都能清楚地看到大理石砌成的大祭台。祭台外观像一个现代化会议厅的主席台。大厅中央悬挂着160盏六角形大吊灯。瓜达卢佩圣母原位就供奉在这里，每天都有大批朝圣者和游客来此朝觐、参观。每年12月12日瓜达卢佩圣母节来临时，信徒要在教堂里举行宗教仪式，还要载歌载舞热烈欢庆。圣母节前后几天，来圣母堂参拜的朝圣者多达数十万人。

奎库尔科金字塔神庙 在墨西哥城城南，1922年从厚8米的火山熔岩下发掘出来，据测定年代为距今 2500 多年，是美洲最古老的金字塔。该塔造型奇特，塔身由 4 个大小不同的截面圆锥体重叠而成，底层直径为 135 米，上层直径为 70 米，总高度为 20 米。塔顶上的神庙仅存片段残迹。

索奇米尔科水上公园　位于墨西哥城的东南郊。这里在古代原是一片沼泽地，后来印第安人在此开挖运河，取泥造田，遂形成浮田区。公园内浮田纵横，河网密布，沿岸草木葱茏，繁花怒放，一派水乡泽国风光。具有"水乡泽国"之称的索奇米尔科于 1987 年被联合国教科文组织列入世界遗产城市名录，这里保存了大量古老建筑，密集的河道和岛屿展现了阿兹特克人当年的生活风貌。

公园占地面积 189 公顷，海拔 2300 米，四季温暖湿润，气候宜人，环境优美。索奇米尔科在古印第安语中意为"播种鲜花的土地"。园内种植了 271 种花草树木，栖息着多种珍稀禽类及其他生物。公园分为四大区域：禽类保护区、古城花园、古墨城风貌复原区、植物园区。整个生态公园由墨城建筑、历史、文化等领域的数十位专家共同设计，风景秀丽，是旅游、休闲胜地。

2. 其他旅游胜地

特奥蒂瓦坎古城遗址　位于墨西哥城东北 40 公里处。系古特奥蒂瓦坎人的都城遗址，以雄伟壮观的太阳金字塔和月亮金字塔驰名世界。1987 年联合国教科文组织将特奥蒂瓦坎古城作为文化遗产，列入《世界遗产名录》。

全城以贯穿南北的黄泉大道为中轴，依四方网格设计，向外延伸。黄泉大道北端为月亮广场和月亮金字塔，南端是城堡。东侧太阳金字塔巍然屹立。祭司和贵族的宏丽府第分别建立在黄泉大道两旁。

黄泉大道系古代祭献俘虏的必经之路，大路因此而得名。位

第四章 经　　济

于黄泉大道东侧的太阳金字塔，约建于公元 2 世纪，是世界第三大金字塔，也是特奥蒂瓦坎最大的建筑。塔分 5 层，层层叠起，底边每边长 225 米，最高处距地面 65 米，体积约 1 万立方米。塔的正面有数百级石阶直通塔顶。古代塔顶上有太阳神庙，是祭司用活人祭祀太阳神的地方，现已不存。每天正午，太阳光芒将金字塔通身照亮，不生阴影；傍晚，太阳正好在它的对面沉没。

黄泉大道北端的月亮金字塔。塔分 4 层，高 45.79 米，体积为 37.9 万立方米，是祭扫月亮神的圣殿。月亮金字塔虽规模较小，但建造精细，塔的外壁同样饰有华丽的图画，其 200 多级台阶每级倾斜角度皆不相同。月亮金字塔南面的蝶鸟宫是全城最华丽的建筑，原系大祭司宅邸。宫内方柱上有蝶翅鸟身浮雕，形象十分生动。城堡呈正方形，每边长 440 米，内有 4 座金字塔形神庙，其中以羽蛇神——雨神神庙最为著名，庙基侧壁雕有许多栩栩如生的羽蛇神及雨神头像。每天夜晚，古城遗址内有声光表演，用灯光、音乐、解说、对话，再现古特奥蒂瓦坎人民的生活和有关神话传说。

瓜纳华托　　位于瓜纳华托州的西南部。这座始建于 1559 年的美丽山城，是墨西哥重要的旅游胜地和文化艺术中心。联合国教科文组织在 1988 年将瓜纳华托城列为世界文化遗产。

瓜纳华托是一座华丽的西班牙式城市，现在的建筑依然保有中世纪时代的西班牙古风，西式乡村民居和中美洲色彩鲜艳的建筑相互交织在城中各处。市内没有现代化建筑，建筑物与街道保持殖民时期古色古香的风貌。城区街道狭窄，小巷幽深，精巧的街心广场星罗棋布，西班牙式和摩尔式的古建筑连绵不断，富有浓郁的安达卢西亚城市韵味。全城有两条东西走向的主要街道，一条是胡亚雷斯街，另一条是波西托斯街。该城的主要景点大部分都在这两条街上。建于 1798 年的"小石榴"粮行，是独立战争重要历史遗址。1811 年，起义军领袖伊达尔戈、阿连德、阿

墨西哥

尔达玛和希门尼斯不幸被俘，殖民当局将他们枭首示众，英雄们的头颅当时就分挂在粮行的四角。这座建筑现为历史博物馆。城内重要古迹还有瓜纳华托圣母大堂、瓜纳华托大学、圣卡耶塔诺教堂、华雷斯剧院、万神庙（现为干尸陈列馆）、吻巷、巴伦西亚古银矿矿址等。

旧日流经市区的瓜纳华托河道已改建成蜿蜒曲折的地下公路，乘车漫游其中，妙趣横生。另一项富有特色的传统活动是瓜纳华托大学的学生乐队，乐队继承了西班牙中古传统。每日夜幕降临，乐队队员肩披斗篷，手执曼陀林和吉他，走街串巷演唱小夜曲，可使游客增添情趣。

1972年起，瓜纳华托城定期举办国际塞万提斯戏剧节，邀请世界各国艺术团体前来表演和观摩。戏剧节期间，城内的剧院、教堂、广场多被用作舞台，盛况空前，从国内外赶来的演员和观众为数甚多。

瓜达拉哈拉市 位于哈利斯科州中部，哈里斯科州首府。始建于1531年。是一座呈鲜明西班牙建筑情调的古老城市，也是著名的旅游城市。

城内街道整齐，雕像林立，庭园密布，花木繁茂，精巧的喷泉与宏丽的楼阁交相辉映。风格与布局洋溢出鲜明的西班牙情调，是墨西哥最美丽的城市之一。瓜达拉哈拉市内分四个区：东北部利伯塔德区是工人住宅区；西北部伊达尔戈区为高级住宅区；西南部华雷斯区是工业区；东南部雷福尔马区，除干道两侧为新工业区外，多为贫民窟。

城内殖民时期众多的建筑大部保存完好，仅古教堂就多达50余座。该城的瓜达拉哈拉大教堂，建于1561～1618年，集哥特式、文艺复兴式、摩尔式、穆旦迦式、陶土干式、科林斯式、拜占庭式7种建筑风格于一体，配合和谐巧妙。堂内的圣器收藏室陈列着西班牙文艺复兴时期大画家穆里略的名画《圣灵怀服》。市政府大厦，建于1643年，是丘里格拉式建筑，门厅墙面装饰多幅壁画，出自"壁画三杰"之一奥罗斯科的手笔。建于1788年的德戈利亚斯剧院，造型与米兰斯卡拉歌剧院相仿，院内金碧辉煌，是瓜达拉哈拉最大的文化中心。圣莫尼卡教堂，已有250多年历史，大片素净的石墙配以两座精雕细镂的巴罗克式门楼，粗犷与秀丽共济，格调高雅。阿兰萨苏小教堂，建于1749～1752年，建筑外貌古朴典雅，内部祭坛则灿烂华丽，为大主教装饰艺术的精品。

普埃布拉市 位于普埃布拉州中部，普埃布拉州首府，是墨西哥中部著名古城。它以殖民时期众多的古迹闻名于世。

普埃布拉城面积不大，但建筑宏伟的教堂却有60座之多。许多教堂拥有彩釉瓷砖的圆屋顶，在阳光下熠熠生辉，风采迷人。这些教堂有机地融合了巴罗克式的建筑风格和印第安的艺术特色，看上去美观大方，别具一格。建筑华美的大教堂，矗立在市中心的广场上。双塔式钟楼并立的天主堂，建于16世纪，教堂内部以大理石铺地，四周围墙饰以木雕，并以金叶镶嵌，门框上下饰以石雕和图案。从顶楼上可俯瞰全城景色以及东北方带有雪冠的火山。关于这座大教堂，在墨西哥还流传着一个动人的传说。据说在建造大教堂之初，不知什么原因，刚砌好的墙壁第二天早上就会倒塌，这样反复多次，致使工程无法继续进行。后来，两位天使闻讯降临，每天晚上守卫着教堂，使工人砌好的墙壁再未倒塌，宏伟的大教堂终于落成。人们为了感谢两位天使，便把普埃布拉称为"天使之城"。普埃布拉的其他教堂也都有自己的特色。圣玛丽亚·德·托南特辛特拉教堂以出自印第安人之手的栩栩如生的雕塑、线条明朗的人物与神像闻名。而弗朗西斯科·德·阿卡特佩克教堂则以印第安人高超的彩绘著称。拉孔帕尼亚教堂更是一座引人注目的耶稣会教堂，教堂内埋葬着一位中国公主，在圣器收藏室里悬挂的一块匾上记载了她曲折的经历。

墨西哥

这位少女不幸被海盗劫持到墨西哥，她在这块陌生的土地上生活下来，渐渐和当地人民建立起亲密的友谊。公主心灵手巧，她亲手做的色彩协调、红绿相衬的衣服，深受墨西哥人民的喜爱，从此这种服装便流行开来，成为那里的地方服装。这位少女与墨西哥人民的情谊，成为中墨友好关系史上的一段佳话。现在在普埃布拉城的一条公路上还矗立着这位中国公主的巨型雕像。

普埃布拉城内有座占地宽阔的5月5日广场，广场上矗立着用整块巨石雕成的贝尼托·胡亚雷斯像。广场四周有瓜达卢佩堡和洛雷托堡。1862年5月5日，在这两个古堡坐落的地方，华雷斯率领的2000名战士一举击溃了傀儡皇帝马克西米利亚诺的6000名殖民军。为了纪念这次战役，人们将广场命名为5月5日广场，并在广场上竖立了华雷斯的塑像。

城内还有许多博物馆。圣塔罗萨博物馆收藏有16世纪珍贵的艺术瓷砖，砖上有五彩图案和人像，被称为塔拉韦拉瓷砖。城东部有建于1790年的美洲最古老的剧院和建于1537年的普埃布拉大学。城南15公里处有一座动物园。

城郊的乔卢拉镇，自古就是墨西哥重要宗教中心，号称"365座教堂之城"，现仍完整保存37座风格多样、造型各异的天主教堂。乔卢拉镇旁的特帕纳帕金字塔是世界上最大的金字塔建筑之一。塔分5次建造，逐次重叠扩建，分属奥尔梅克文化、托尔特克文化、奇奇梅克文化、特奥蒂瓦坎文化和乔卢拉文化。第一次建造时，塔分5层，高18米，底边为113×107米。第五次建造时，已扩大到9层，高64米，底边各长350米，总体积比号称世界第一的埃及胡夫金字塔大5.9%。塔顶有西班牙人建造的雪梅迪奥斯圣母堂。金字塔内部已开辟8公里长的隧道，供游客观赏不同时期的金字塔结构。

阿卡普尔科 墨西哥南部太平洋沿岸港口，格雷罗州最大城市，位于格雷罗州太平洋岸阿卡普尔科湾畔，与墨西哥城有430

第四章 经 济

公里长的高速公路相连,有"旅游天堂"之称。

阿卡普尔科湾呈半圆形,长6公里,宽3公里,三面群山环抱。城市沿湾而筑,依山傍水,景色迷人。市内建筑以旅馆、饭店为主,现代化高层建筑连绵不断。沿岸有24片海滩。有的滩缓潮平,宜于进行海水浴和日光浴,开展驶帆、滑水撬、驾摩托艇等水上运动;有的波涛汹涌,可供游客观赏渔民搏浪表演。阿卡普尔科演出－会议－展览中心,设备齐全,规模宏大,内设露天剧场、流浪乐队酒吧、迪斯科舞厅、夜总会、剧院、电影厅、饭店、自助餐厅、咖啡馆、商店、会议厅、展览馆,从傍晚至凌晨对旅游者开放。断裂崖伸入海湾,高数十米,每天有"悬崖跳水"表演。断裂崖近旁有著名的"中国船"纪念碑。阿卡普尔科在殖民时期是墨西哥最大港口,菲律宾和中国的商船给当地人民带来了亚洲特产,如中国的丝绸、棉布、食品和陶瓷,并由此港转运到墨西哥其他城市,促进了港口的繁荣。

阿卡普尔科海滩,细沙呈金黄色,风景优美,冬春气候宜人,为国际旅游胜地,每年来此避暑消夏的游客达200多万人次。

坎昆 坐落在金塔纳罗奥州尤卡坦半岛东北角,加勒比海畔,墨西哥新兴旅游城市。这里原是荆棘丛生的渔村,1972年起辟为度假旅游区。该岛长21公里,最宽处仅400米,面积60平方公里,形状如一条带子。从高空俯瞰,它宛如万顷碧波中游动着的一条水蛇。岛上覆盖着由珊瑚礁风化而成的皑皑白沙,葱郁的树木点缀其间。岛的两端各有大桥与尤卡坦半岛陆地相连。岛与陆地之间形成24平方公里的尼楚德湖,湖中又有若干小岛和半岛,岛外有岛,湖外有湖,湖套湖,湖连湖,隔而不断,是开展滑水、垂钓、驾艇、潜水等水上运动的理想场所。坎昆岛的外侧有20公里长的白沙滩,滩外是碧波万顷的加勒比海,景色十分迷人。

墨西哥

坎昆市区街道清洁整齐，有新建的街心公园、广场、教堂和纪念碑。市区的各行各业都为旅游业服务，风格多样、豪华舒适的旅馆、饭店掩映在繁花绿荫之中，环境恬静优雅。岛的东北角建有现代化的会议中心，许多国际会议在此举行。这里地处热带，全年气温在27℃左右，但早晚海风习习，凉爽宜人。它以绚丽多姿的热带风光吸引众多游客前来度假、休息。

蒙特阿尔班古城遗址 位于墨西哥南部瓦哈卡州瓦哈卡市西南郊。从公元前650年至公元1400年，这里曾是好几个印第安民族的宗教中心，残存的建筑和文物分属奥尔梅克文化、萨波特克文化和米斯特克文化。古城建在2000米高的平坦山脊上，长1公里，宽约半公里。古城中心为300米长、200米宽的大广场。城内建有神庙、城堡、宫殿、胶球赛场等建筑物，风格粗犷。舞蹈者神庙是奥尔梅克文化遗迹，历史最为悠久。神庙底座立着一排刻有舞蹈者形象的浮雕石碑，建筑因此而得名。古城博物馆内陈列着当地古坟中出土的大量文物，有金器、银器、玉器、骨器以及壁画残片，都是古印第安艺术珍宝。

塔欣古城遗址 位于韦拉克鲁斯州西北部。1785年，西班牙人路易斯在韦拉克鲁斯州东部墨西哥湾沿岸的热带丛林中，发现了被植物掩盖了500多年的塔欣神殿遗址。后来，考古学家又陆续在这里发现了塔欣古城的其他遗址。建城时间在公元800～1200年之间。公元13世纪初，埃尔塔欣遭到破坏，后来被遗弃。据考古学家估计，塔欣地区可能存有数百座金字塔，但大部分为野草掩盖。1992年，塔欣古城遗址被联合国教科文组织列入世界遗产名录。

在印第安语中，塔欣是"雷电"或"暴风"之意，塔欣古城可能是玛雅人修建的用来供奉自然神的宗教城市。埃尔塔欣遗址被分成三处，即"小城市"、"大城市"，以及被称做"圆柱馆"的神殿金字塔所代表的"塔欣奇克"。"小城市"里，球类游戏场散布在各处,埃尔塔欣在当时是举行盛大球类游戏活动的地方,而这种球类游戏是一种神圣的祭祀仪式。在目前发掘出的17个球场中,最大最美的是"南球场"。城中最著名的建筑是祭祀风雨诸神的壁龛金字塔,它在墨西哥金字塔建筑中独树一帜,塔的底部呈正方形,每边长36米,七层塔身高逾18米,共镶嵌着365个方形壁龛,每个壁龛代表年中一天。每一层还有向外挑出的檐口,由于光线和阴影的对比,更增加了金字塔的庄严气氛。

帕伦克玛雅城邦遗址 位于恰帕斯州西北部。帕伦克是玛雅文明古典时期最重要的城邦之一。公元 600~800 年,这里曾是玛雅繁华古城,重要宗教中心。遗址占地约 10 平方公里,主要建筑是一座宫殿和 5 座神庙。宫殿是帕伦克王宫,有 4 个庭院,宫殿建于庭院四周,迂回曲折的走廊把大量宫室联结在一起。西南庭院中矗立一座四层方塔,室内壁上布满各种人物浮雕。有的房间还存留古代蒸汽浴设备。

碑铭神庙是帕伦克遗址最雄伟的建筑,它是一座金字塔、庙宇、墓葬合一的建筑。碑铭神殿的底基边长 65 米,连同神殿高 21 米,675 年起动工,683 年建成。爬上最后几级阶梯,可以进入碑铭神庙的主厅。后墙嵌着两块灰色大石板,上面镌刻着 620 个玛雅象形文字,神庙因此而得名。文字排列得十分整齐,如同棋盘上的一颗颗棋子。这些文字有些看起来像人的脸庞,有些像怪物的面孔,还有一些仿佛是蠢蠢欲动的某种神话怪兽。这两块碑铭到底叙述的是什么,现在还没有人弄清楚,因为它的文字是由图形和音符混合组成,至今犹未被完全破译。

太阳神庙,正面有三扇门的门廊,后部中央为带顶圣殿,两翼各有一侧室。圣殿后壁祭坛雕刻有祭司向象征太阳神的圆盾献祭的图像。拱顶外壁有华丽的灰泥浮雕。

十字神庙,造型与太阳神庙相同。祭坛中央刻有十字图形、怪兽面具和彩咬鹃,两侧各雕有一供奉祭司立像。

枝状十字神庙,造型与太阳神庙相同。石雕祭坛中央是十字图形,十字架上附着有玉米叶和人头形象,顶端为太阳神面形和带着雨神面具的彩咬鹃。据考古学家分析,枝状十字架可能是玉米的象征。

伯爵神庙,建于三层金字塔形台基上,造型与太阳神庙相似。神庙的门廊、石柱、墙裙及屋脊上均装饰有灰泥浮雕,门廊下部含有三座墓室。1833年前后,探险家弗雷德里克·沃尔德克伯爵曾长期在此居住,神庙因此而得名。

此外,遗址还有胶球赛场,呈"工"字形,两侧各建有高大边墙,每道边墙的中部伸出一对石环或木环。古玛雅球队隔着球场中线对峙,代表对立的天神。队员只能用臀部、膝部或肘部撞击实心胶球。比赛按是否及时还击球及攻入对方石环球数计算得分。玛雅祭司依据球队的胜负来占卜吉凶。

1987年,包括古城在内、占地面积达1772公顷的帕伦克国家公园已被联合国教科文组织列入世界遗产名录。

乌斯马尔玛雅城郊遗址　位于尤卡坦州西南部。是公元600~900年玛雅文化鼎盛时期的代表性城市,被称为玛雅古国三大文化中心之一。公元10世纪末,乌斯马尔与奇琴伊察、玛雅潘两城联盟,达到鼎盛时期。1194年,玛雅潘城邦占领乌斯马尔之后,城市逐渐衰落,公元15世纪末被废弃。乌斯马尔是玛雅语,意为"建了三次的地方"。

乌斯马尔古城东西长约600米,南北长约1000米,建筑雄伟而富于变化,体现了古代玛雅人在建筑艺术上的非凡成就。古城重要建筑物都建在一条南北方向的中轴线上,魔术师金字塔、总督府、四方修道院,鸽子宫都是按此布局分布的。

魔术师金字塔包括有5座神殿,它的底面呈椭圆形,长径70米,短径50米,高达26米。塔的边缘呈圆弧状。前后都有石阶一直通往顶端平台。祭司们就在高高的塔顶庙里占卜星象福祸，预测未来。金字塔的建设从公元 6 世纪开始到公元 11 世纪结束，融合了各个时期不同风格的建筑艺术。

总督府是乌斯马尔甚至整个尤卡坦半岛最为宏大精美的玛雅建筑。建于高大的基台上，墙面上方亦有蒲克式石雕饰带围绕整个府第。饰带高 3 米多，总面积达 627 平方米，计刻有 150 个羽蛇神面具图案。

四方修道院有气派宏伟的拱门、宽敞的阶梯和中央庭院。庭院四周建有四座宽矮的宫殿式楼房，墙面上镶嵌着很大的蒲克式石雕饰带，它重复使用同一几何图案，彼此连续。

乌斯马尔古城还有鸽子宫、大金字塔、乌龟宫、球场等古建筑。1996 年联合国教科文组织将其作为文化遗产，列入世界文化遗产名录。

奇琴伊察玛雅城郊遗址　位于尤卡坦州中部。是玛雅帝国最大、最繁华的城邦，始建于公元 514 年，13 世纪时突然废弃，原因不明。重要古迹有库库尔坎金字塔，千柱广场、勇士庙及庙前的斜倚的两神石像，蜗牛观象台，圣井。1988 年联合国教科文组织将其列入世界文化遗产名录。

"库库尔坎"是玛雅语"羽蛇风神"的意思。库库尔坎金字塔是奇琴伊察古城中最高大的建筑、占地约 3000 平方米。它 9 层叠建，塔顶高达 30 米。其塔基为四方形，越往上越小，最上层是 6 米高的羽蛇神坛庙。金字塔四周各有 91 级台阶通向塔顶平台上的神庙。四坡各有 91 级石砌台阶。台阶总数加上一个顶层代表一年 365 天。台阶两侧有宽 1 米多的边墙。北坡台阶两道边墙下端雕刻着带羽毛的蛇头，刀法细腻，形象逼真。每年春分、秋分两天下午，库库尔坎金字塔出现蛇影奇观。下午 3 时左右，太阳开始西下，阳光透过阶梯状金字塔的西北棱角，将光影投射到北坡西边墙上。在游客眼中，边墙从上到下，由笔直变为波浪状,直到蛇头。宛如一条巨蟒从塔顶向大地爬行。5时左右,边墙上的光影变为排成一列的7个等腰三角形,与当地响尾蛇背上三角花纹十分相似。随后蛇头化为阴影,7个等腰三角形由下至上依次消失。临近6时,蛇影奇观结束。这一奇观绝非偶然的巧合,而是古代玛雅人巧妙设计和精确计算的产物。

在库库尔坎金字塔的东面一座宏伟的四层金字塔被称为勇士庙,庙的前面和南面是一大片方形或圆形的石柱,名为"千柱群",这些石柱过去曾支撑着巨大的宫殿。它的入口处是一个用巨大石头雕成的仰卧人形像,古玛雅人称它"恰克莫尔"神像,它的后面是两个张着大嘴的羽蛇神。环绕着这片中心区方圆几公里内还有很多奇琴伊察旧城的石砌建筑,均为同一时代的遗址。

蜗牛观象台是古代玛雅人天文观象台,筑在高台之上。塔呈蜗壳形,内有螺旋楼梯通往塔顶的观察室。室壁开凿不少精密设计的观察孔,沿观察孔的对角线可以观察到春分、秋分落日的半圆,地球南北极的方向,并可计算出星辰的角度。

圣井,是石灰岩竖洞。古代玛雅人每逢雨量不足时,祭司就挑选童女作为祭品,连同珍宝一起投入井中,祈神降雨。考古学家曾从井底挖掘出大量珍宝和少女遗骸。

图伦玛雅城邦遗址 位于金塔纳罗奥州加勒比海沿岸,北距坎昆市约130公里,是唯一一座建在海滨的玛雅古城。图伦古称"萨马",11~16世纪时为繁荣的玛雅城邦。古城东临加勒比海,北、西、南三面有内外两道城墙环绕。城内为市政、宗教建筑荟萃之地,有金字塔城堡、壁画庙、后裔神庙、海神庙、风神庙、祭坛、住房、客店等著名古迹。城外是密集的住宅区遗址。这里也曾是重要的海港和贸易中心,有古老的灯塔为出海船只导航。海岸峭壁上有城楼和瞭望台,可以远眺加勒比海和断崖四周。

博南帕克玛雅城邦遗址 位于恰帕斯州西部。建于公元6~8世纪。城邦遗址主要以古代遗留的壁画为主要内容。画殿由三间拱顶石室组成。室内墙壁和拱顶上布满色彩鲜艳的壁画。在 3 间拱顶石筑的殿堂之中绘满了五色缤纷生动形象的壁画。3 室壁画各表现战争由始至终的一个侧面，又共同构成战争的全过程。第一室壁画描绘博南帕克贵族商讨作战计划及准备出征的情景。第二室壁画表现博南帕克战士向敌对部落发动进攻，取得胜利和献俘的场面。第三室壁画展现战争结束后，博南帕克人举行盛大祭神仪式、欢庆胜利的景象。这组壁画色彩绚丽，构图巧妙，场面宏大，是世界艺术瑰宝。

第五章

军　事

第一节　概述

一　军队发展史

1. 建军简史

墨西哥军队建立于 1821 年，始称国民军。1913 年 2 月 19 日，国民军改称为宪制军，后来这一天被定为陆军节。墨西哥的海军和空军始建于第一次世界大战期间，现以 6 月 1 日为海军节，9 月 16 日为空军节。

墨西哥军队是在争取民族独立、反对外来侵略的长期斗争中成长起来的。1821 年 9 月 27 日，阿古斯丁·德伊图维德以墨西哥新政府首脑身份率领 1.6 万名"三保证"军（宗教、团结、独立）开进墨西哥城，宣布墨西哥独立。"三保证"军由此成为墨西哥的正规军。在 1822 年德伊图维德称帝的时候，墨西哥军队更名为"帝国军"（Imperial Army）。[1] 此后，墨西哥军队经历了保守党和自由党的争斗，1846~1848 年的墨美战争，19 世纪

---

[1] Jordi Díez, Colonel Ian Nicholls, "The Mexican Armed Forces in Transition", http://www.queensu.ca/dms/publications/claxton/Claxton5.pdf.

60年代的抗法战争等重大事件。

1910~1917年革命前，墨西哥军事政变频繁，军事叛乱迭起，给国家造成很大损害。1934年卡德纳斯总统执政后，在革命制度党内设立了军人部，消除了军事将领对地方组织的操纵，把军队置于党中央的直接控制之下。卡马乔总统执政时期取消了该党的军人部，又制定法律规定现役军人不能参与政治活动，不得竞选总统或议员。1917年革命胜利以后，墨西哥再也没有发生军事政变。从1946年起，历届总统都是文官。

"二战"期间，墨西哥站在同盟国一边，参加了反法西斯阵营。墨西哥与美国签订协议，允许美国飞机可以飞越墨西哥领空，可以在墨西哥机场着陆、补充给养和维修。1941年太平洋战争爆发后，墨西哥向轴心国宣战并同轴心国断交，墨西哥还直接派兵参加反法西斯战争。1942年1月12日，墨西哥政府宣布成立墨西哥和美国联合防务委员会，以协调两国间陆、海、空三军的防务工作。然后，墨美双方于1942年3月签署了一项租借协定，由美国向墨西哥武装部队提供所需的军事装备。此后，墨美两军关系一直比较友好。一支以"201中队"（Escuadrón 201）载入史册的墨西哥志愿军——他们亦被称为"阿兹特克之鹰"——共计300多人，在美国受训后，在太平洋战场上与日本帝国主义的军队作战。这是墨西哥军人首次远赴海外执行军事作战任务。

2. 海军的建立与发展

1821年脱离西班牙独立后，墨西哥建立了一支小小的海军。然而，这支海军的大部分舰船在1838年与法国进行的一次短期海战中损失惨重，接着在坦克逊战争中进一步受创，到1846年与美国开战时，墨西哥海军只剩下两条武装汽艇、一条双桅帆船和6条内河驳船。这支小小的舰队无论在数量上还是质量上都远远不及美国海军，在整个墨美战争期间只好龟缩在港口内按兵不

墨西哥

动。在以后的 20 多年里，墨西哥海军也没有什么显著的发展，剩下的舰船在 1862~1867 年反对法国入侵的战争中几乎遭到灭顶之灾。

法国军队撤退后，墨西哥海军开始了艰难的重建之路。墨西哥海军获得的第一批主要新型船只是 4 艘 480 吨的平底铁炮舰和 4 艘袖珍炮艇。在此期间，墨西哥政府在韦拉克鲁斯建立了一所海军军官学校，并在墨西哥海湾和太平洋沿岸建立了海军基地。

1900 年，墨西哥海军有了较大的发展，它向国外购买了运输舰和巡逻艇。1902 年墨西哥海军装备了 2 艘 980 吨的炮舰，这两艘炮舰具有鱼雷发射装置。它们各装备有 2 门 4 英寸口径炮和 4 门发射 6 磅炮弹的大炮，并且可以运载士兵 200 名。1903 年，两艘类似的 1200 吨的炮舰在意大利下水，次年编入墨西哥舰队服役。此后不久，又有两艘分别为 1560 吨和 1850 吨的巡洋运输舰在意大利和英国建造完毕。原先的一系列旧船逐渐退役。

在 1910~1917 年墨西哥革命时期，墨西哥海军只是很小的一支力量。1914 年，墨西哥海军的全部舰队只剩下 1 艘巡洋舰、2 艘巡洋运输舰、4 艘炮舰及 1 艘教练舰。

第一次世界大战后，墨西哥海军获得了一次较大发展的机会。842 吨和 1200 吨的炮舰以及 2 艘木壳驱逐舰，分别在美国下水。6 艘 486 吨的武装拖网船则于 1920 年在加拿大下水。1923 年，墨西哥海军从巴西购得 3162 吨的旧海岸防卫舰。该舰配备 2 门 9.4 英寸和 4 门 14 英寸的大炮，并有 14 英寸厚的装甲带，航速 15 节，成为墨西哥海军当时最大的舰只。到 1927 年时，墨西哥海军大部分的老舰或者退役，或者被废弃，只剩下海岸防卫舰 1 艘、炮舰 2 艘、海岸警戒艇 6 艘、巡逻艇 2 艘和运输舰 1 艘。

1933 年，墨西哥政府宣布了海军现代化计划。根据这个计划的内容，墨西哥在西班牙船厂建造 2 艘 1600 吨的炮舰运输舰，

第五章 军　事

3艘1300吨的护航舰和10艘130吨的巡逻艇。这些舰只大部分于1934～1936年交付使用。

1939年，墨西哥成立了单独的海军部。其时，墨西哥舰队官兵总数已达1900多名。到第二次世界大战爆发时，墨西哥海军已拥有新型护航舰3艘，新型炮舰1艘，新型巡逻艇10艘以及数艘旧炮舰。

"二战"期间，墨西哥海军在1943年建立了第一个具备实战能力的航空队，拥有6架侦察机，并在韦拉克鲁斯设立了一所海军航空兵学校。根据墨美两国达成的关于双方在军事上互相提供便利的协定，墨西哥得到美方不少军事援助。1941年，墨西哥4艘巡逻艇在美国下水。1944年，墨西哥又获得了3艘加拿大造的驱逐舰和2艘美国造的海岸警戒艇。此时，墨西哥海军人员已达4300多人，在凡勒·克鲁兹、赛列那·克鲁兹和加玛斯设有作战基地，并且在凡勒·克鲁兹建有几所海军学校。1944年，墨西哥航空力量，成立了单独的空军。与此同时，墨西哥海军仍然保留了自己的航空兵编制。

到1958年，墨西哥海军总人数已由50年代早期的4900人发展到6200人。1962年，墨西哥从美国海军手里获得了20艘扫雷艇，其中一半拆除了扫雷器械作为巡逻警戒艇使用。在此期间，墨西哥船厂开始建造少量小型巡逻艇、油轮登陆艇及拖轮。海军人数继续扩充，到1966年时已经超过1.1万人。

1970年，墨西哥海军首次获得2艘驱逐舰、1艘驱逐护卫舰和18艘扫雷艇。同时，海军航空兵也在逐步发展，少量而品种繁多的新式飞机逐步取代了老式飞机。到1983年，墨西哥海军共有驱逐舰3艘、驱逐护卫舰1艘、海岸警卫艇6艘、快速扫雷巡逻艇34艘、袖珍巡逻艇50艘、训练船1艘、运输舰1艘、小油轮2艘、修理船1艘、拖轮8条。海军人数迅速上升，达到2.3万人，20年内翻了一番还有余。其中，包括3800名海军陆

战队官兵和 350 名海军航空兵。海军陆战队由 19 个联队组成，隶属于墨西哥城、墨西哥湾和太平洋沿岸的 3 个司令部。海军航空兵共拥有 50 架飞机，分别编入 3 个航空队。①

二　国防体制

1. 军队的主要作用

墨西哥地缘政治环境比较简单，只有三个邻国，北方是美国，南面与危地马拉和伯利兹接壤，东西海岸分别是墨西哥湾和太平洋。美国是个军事强国，近年来墨、美两国双边关系尚好，因而墨西哥北部基本上处于不设防状态。危地马拉和伯利兹都是小国，势单力薄，不会对墨西哥构成军事威胁。因此，长期以来，墨西哥军队基本上没有对外作战任务。虽然在独立后的一个世纪内，墨西哥的军事力量曾经长期左右着墨西哥的国内政局，但是自 20 世纪 30 年代以来，墨西哥仅仅维持着一支极为有限的军事力量，军人也不再参与政治活动。如今，墨西哥军队主要职能是，担负维护国内安定、防止和镇压国内可能出现的动乱和游击队活动，以及在发生自然灾害时救助平民等任务。墨西哥军队所起的作用和受到的重视程度远远不如拉丁美洲其他大国的军队。

2006 年 12 月，卡尔德龙上台执政后，加大了对毒品犯罪和有组织犯罪的打击力度。卡尔德龙在宣誓就职时说道，墨西哥"有组织的犯罪已经徘徊在失控的边缘了"。长期以来，墨西哥毒品犯罪团伙活动猖獗，不断对政府、官员、警察和司法部门发动攻击并施压。墨西哥的毒贩们拥有多种先进武器，无论是火箭筒还是枪榴弹，抑或是各类机关枪，甚至有可以穿透装甲的反器材狙击步枪，例如巴雷特 12.7 毫米狙击步枪。各式武器，应有

---

① 夏殷雷：《墨西哥海军纵观》，载《航海》1985 年第 5 期，第 34~35 页。

第五章 军　事

尽有，真可谓武装到了牙齿。因此，传统上依靠警察缉毒的效果甚微。为此，卡尔德龙政府开创了动用军队参与打击毒贩的先例。迄今为止，他已经动用了 4.5 万名陆军士兵打击毒贩帮派。

2. 军队的组织架构

根据墨西哥宪法的规定，墨西哥总统是墨西哥武装力量的最高统帅，有权宣布"紧急状态"和"战争状态"。总统有权决定武装部队上校以上高级军官的任命、全国兵力的调动、国防开支等重要事项。军区的划分及兵力部署、营以上部队的调动和演习，均须经总统批准。

总统通过国防部长、海军部长和总统府参谋长统辖国家武装力量。国防部长负责指挥陆军和空军；海军部长负责指挥海军；总统府参谋长负责指挥总统警卫部队（系墨西哥军队的主力——机械化步兵旅）。三者之间没有隶属关系。

最高国防决策机构为"国家安全内阁会议"。该机构由总统领导，成员包括国防部长、海军部长、内政部长、外交部长以及其他有关政府部长。

墨西哥国防部和海军部是墨西哥的最高军事行政机关和军事指挥机构。国防部和海军部分别为政府中一个部，是最高军事行

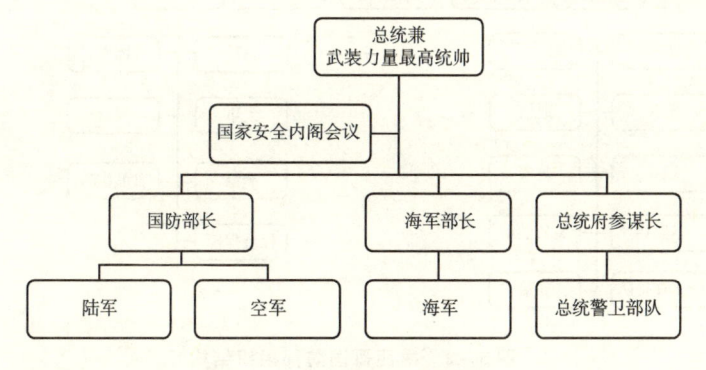

图 5-1　墨西哥的国防体制

墨西哥

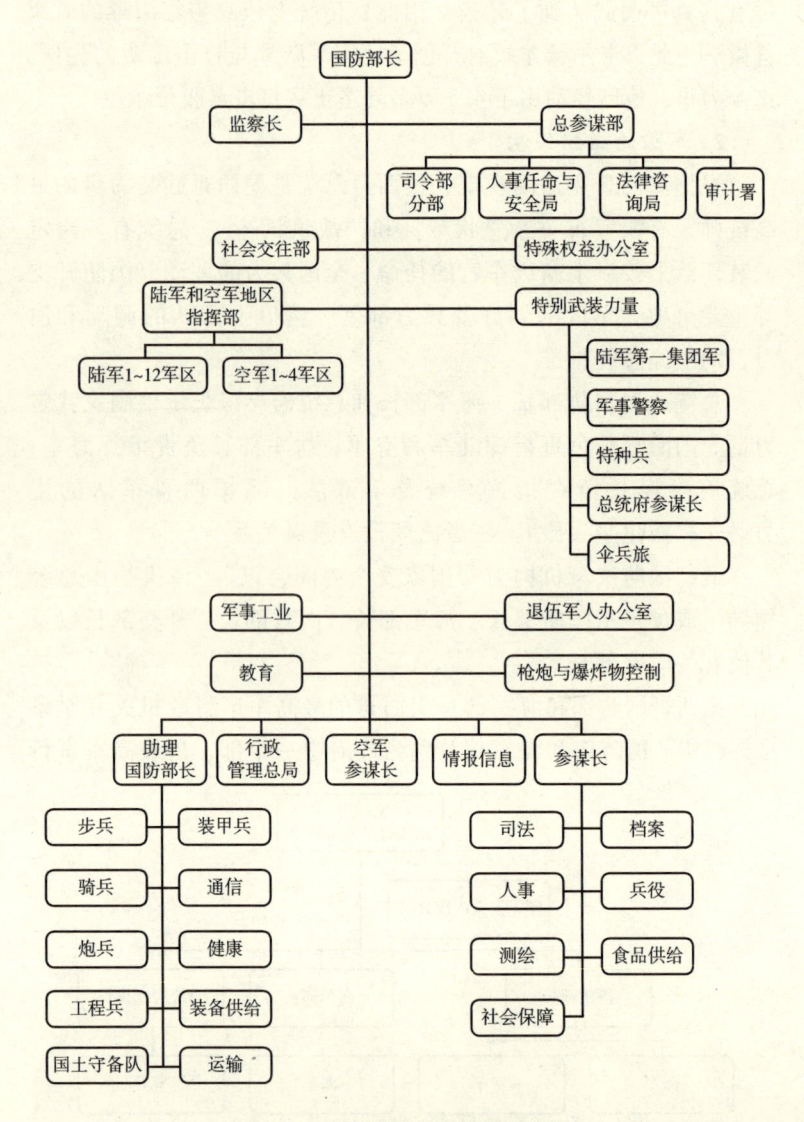

图 5-2 墨西哥国防部组织结构

政机关，也是最高军事指挥机构。国防部和海军部互不隶属，是两个互相平行的军事机构。国防部领导并指挥陆军、空军和准军事部队。海军部领导和指挥海军。国防部长和海军部长经总统任命，由现役四星上将担任。总统通过国防部和海军部对全国武装力量实施领导和指挥，通过总统府参谋部对国家安全和军事问题进行协调。

  墨西哥法律还规定，各军区与州政府不发生隶属关系，亦不得干预地方政务；军区司令每隔4至5年调换一次。最近又规定，所有高、中级军官在一地服役不得超过3年。按照惯例，每届总统任满去职时，大部分高级将领要调动职务。

  现任总统兼武装力量最高统帅是费利佩·卡尔德龙·伊诺霍萨（2006年12月1日就职）。现任国防部长是吉列尔莫·加尔万·加尔万（Guillermo Galván Galván）；海军部长是马里亚诺·弗朗西斯科·塞内斯·门多萨（Mariano Francisco Saynez Mendoza）。

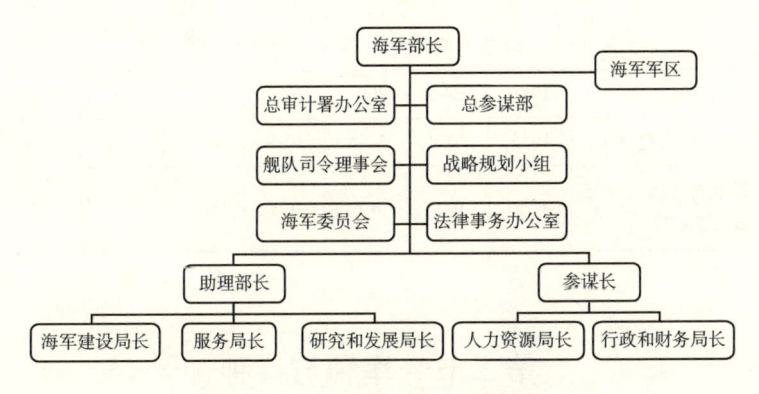

图 5-3　墨西哥海军部组织结构

三　国防预算

  长期以来，墨西哥军费开支占国内生产总值（GDP）的比例是拉丁美洲各国中最低的。这种情况与墨西哥军队基本上没有对外作战任务密切相关。2008年墨西哥的军费开支为482.23亿比索（约合39.4亿美元），仅占国内生产总值的0.5%。多年来，墨西哥军费开支的比例基本上一直维持在这一水平线上。例如，2001年墨西哥的国防预算为313.88亿比索（约合33.4亿美元），占政府预算的10.7%、国家总预算的2.3%、国内生产总值的0.6%。

根据瑞典斯德哥尔摩和平与发展研究所的数据，1988年墨西哥的国防支出19.34亿比索（约合18.5亿美元），占GDP的0.5%。1998年墨西哥国防支出206.77亿比索（约合30.8亿美元），占GDP的0.5%。2005年国防开支30.9亿美元，2006年国防支出33.2亿美元。2007年墨西哥的国防支出461.5亿比索（约合39.3亿美元），占GDP的0.4%。[①]

表5-1 墨西哥国防开支情况（1988～2008年）

年 份	1988	1998	2001	2005	2006	2007	2008
军费开支(亿美元)	18.5	30.8	33.4	30.9	33.2	39.3	39.4
军费开支占GDP的比重(%)	0.5	0.5	0.6	0.5	0.5	0.4	0.5

第二节 军种与兵种

墨西哥武装力量由正规军和准军事部队组成。正规军分陆、海、空三个军种。2005年现役总兵力19.3万

---

① The Stockholm International Peace Research Institute: SIPRI Year Book 1988 - 2009.

人，其中陆军14.4万人，海军3.7万人，空军1.2万人。目前，墨西哥共有海空军基地37处。其中，海军基地20处（韦拉克鲁斯、阿卡普尔科、瓜伊马斯等），空军基地18处（圣卢西亚、蒂华纳、蒙特雷等）。

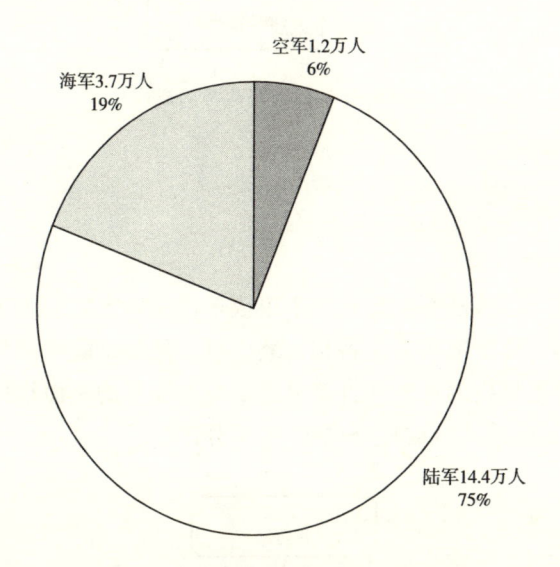

图5-4　2005年墨西哥军事力量构成图

墨西哥陆军是墨西哥武装力量的主要组成部分，而且，从体制上而言，墨西哥空军直接隶属于墨西哥陆军。由此，以陆军为主导、由陆军和空军组成的"陆军部"获得了墨西哥"国防部"的名称。[1] 实际上，墨西哥国防部即为墨西哥陆军部，只是还统辖了墨西哥空军司令部。

---

[1] Jordi Díez, Colonel Ian Nicholls, "The Mexican Armed Forces in Transition", http://www.queensu.ca/dms/publications/claxton/Claxton5.pdf.

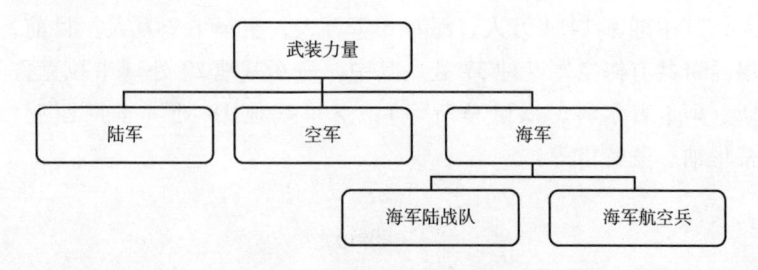

```
        武装力量
    ┌──────┼──────┐
   陆军    空军   海军
                ┌──┴──┐
             海军陆战队 海军航空兵
```

图 5-5　墨西哥兵种构成

一　陆军

1. 组织结构

墨西哥陆军主要有 3 个组成单位：1 个总部、12 个军区司令部和若干特别武装力量。墨西哥陆军总部通过一个高度中央集权的体制和许多将军实行对陆军的全面指挥。墨西哥 12 大军区进一步被划分成 44 个军分区。

```
       陆军
     （国防部）
    ┌────┴────┐
  军区司令部   特别武装力量
```

图 5-6　墨西哥陆军主要组成单位

墨西哥的特别武装力量是一些独立的战斗部队。其中，最主要的是第一集团军。该军总部位于墨西哥城，由两个机械化步兵旅组成，人员和武器装备、给养补充均是全额配备。其他的特别武装力量还包括：两个旅的军事警察部队，特种兵部队，总统警卫队（另一支摩托化战斗旅），伞兵旅等。所有这些独立的战斗部队全部位于首都墨西哥城，是墨西哥军队的精锐。

表 5-2 墨西哥陆军 12 个军区

军区	管辖范围	
1	联邦区	Distrito Federal
2	墨西卡利,南下加利福尼亚	Mexicali, Baja California
3	马萨特兰,锡那罗	Mazatlán, Sinaloa
4	蒙特雷,新莱昂	Monterrey, Nuevo León
5	瓜达拉哈拉,哈利斯科	Guadalajara, Jalisco
6	韦拉克鲁斯	La Boticaria, Veracruz
7	图斯特拉-古铁雷斯,恰帕斯	Tuxtla Gutierrez, Chiapas
8	瓦哈卡	Ixcotel, Oaxaca
9	格雷罗	Cumbres de Llano Largo, Guerrero
10	梅里达,尤卡坦	Mérida, Yucatán
11	拖雷翁,科阿韦拉	Torreón, Coahuila
12	伊拉普阿托,瓜纳华托	Irapuato, Guanajuato

2. 兵力与主要装备

墨西哥陆军现有兵力 14.4 万人。全国划分为 12 个军区、44 个军分区。编有 3 个军、4 个装甲旅、1 个空降旅、1 个军警旅、9 个步兵旅、3 个炮兵团、80 个步兵营、1 个机械化步兵营、19 个装甲营、44 个特种空中机动分队。

墨西哥陆军的主要装备如下:

装甲侦察车:M-8 型 40 辆,ERC-90F "大山猫" 型 119 辆,VBL 型 40 辆,"莫瓦格" 25 辆,MAC-1 型 40 辆。

装甲运输车:HWK-11 型 40 辆,M-2A1 型 32 辆,VCn/TT 型 40 辆,DN-3/4/5 型 134 辆,AMX-VCI 型 495 辆,BDX 型 95 辆,LAV-150ST 型 26 辆,BTR-60 型若干辆。

牵引炮:75 毫米 18 门,105 毫米 176 门。

自行炮:75 毫米 51 门。

迫击炮：81 毫米 1500 门，102 毫米 75 门。
反坦克导弹："米兰"式若干具。
火箭炮：82 毫米若干门。
反坦克炮：37 毫米 30 门。
高射机枪：12.7 毫米 40 挺，20 毫米 40 挺。
地空导弹：RBS – 70 型若干部。

二　海军

1. 组织结构

墨西哥海军部是墨西哥海军的司令部，其总部位于首都墨西哥城南部，规模小于墨西哥国防部。舰队司令理事会在海军中具有独特的咨询与顾问作用。

海军的作战部队由两支独立的舰队组成，分别是墨西哥湾舰队和太平洋舰队。两支舰队各自又被分成 3 个部分，墨西哥湾舰队管辖 1、3、5 战略区；太平洋舰队管辖 2、4、6 战略区。每一战略区又被细分成数个更小的分支机构。海军军分区和分部驻扎的每个海岸至少配备有一个海上警卫连，通常配备一个警卫营。每个海军分区指挥一个规模不等的舰艇纵队。

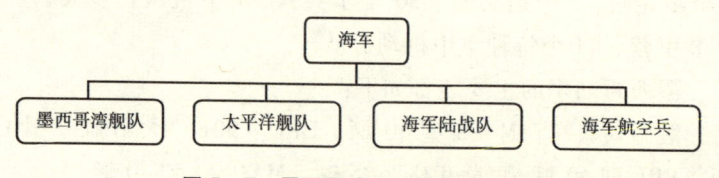

```
                    海军
        ┌───────┬────────┬────────┐
   墨西哥湾舰队  太平洋舰队  海军陆战队  海军航空兵
```

图 5 – 7　墨西哥海军主要组成单位

2. 兵力与主要装备

尽管墨西哥拥有很长的海岸线，然而，墨西哥海军从来就不是一支重要的军事力量。总体而言，墨西哥海军只是一支海岸防御力量。

墨西哥海军现有兵力3.7万人（包括海军陆战队和海军航空兵），划分为16个军区，编有2支舰队、17个分舰队。墨西哥湾舰队和太平洋舰队这两大舰队各有独立的司令部，1支驱逐舰编队，1支辅助舰编队，1个海岸步兵集团，1支特种部队。墨西哥湾舰队和太平洋舰队互相独立，各有自身独特的组织机构，两支舰队内部的组成也不尽相同。

墨西哥海军的主要装备如下：

驱逐舰："基林"级2艘，"弗莱彻"级1艘。

护卫舰："诺克斯"级2艘，"布朗斯坦"级2艘，"埃德索尔"级1艘，"查尔斯·劳伦斯"级3艘。

巡逻艇：109艘。

测量船：5艘。

辅助船：41艘。

训练舰：1艘。

拖船：3艘。

3. 海军陆战队

墨西哥海军陆战队现有兵力8600人，编有3个陆战旅、1个空降旅、14个地区营、2个岸炮营、1个总统警卫营、1个岸防大队、1个独立保安连。

海军陆战队的主要装备是：

装甲突击车：VAP-3550型25辆。

牵引炮：105毫米16门。

火箭炮：51毫米6门。

迫击炮：60、80毫米100门。

无坐力炮：106毫米若干门。

高炮：20、40毫米若干门。

4. 海军航空兵

墨西哥海军拥有自己专属的空中力量，可以执行运输、侦

察、搜索、勘测、监视等空中任务。墨西哥海军航空兵共有兵力1100人。装备各型飞机和直升机共141架,其中作战飞机9架、直升机37架,共分成9个中队。近年来,墨西哥提出要加快海军航空兵建设,准备引进新的海上巡逻机、运输直升机、攻击与侦察直升机、直升教练机、初始基础教练机、多用途直升机、战术运输机、预警机、喷气式战斗机等新型装备。①

三 空军

墨西哥空军是墨西哥军队中最弱小的军种,至今没有从陆军中独立出来。墨西哥空军的指挥遵循墨西哥陆军的参谋体系,共有4个防区,分别是东北、西北、中央和南部4个区域。

墨西哥空军现有兵力1.2万人。其编制是20个中队,其中包括,1个战斗机中队、10个防暴机中队、5个运输机中队、2个摄影侦察机中队、1个武装直升机中队、1个搜索与救援机中队。墨西哥空军现有107架作战飞机、71架武装直升机。

主要装备情况如下:

战斗机:F-5E型8架,F-5F型2架。

战斗教练机:PC-7型70架,AT-33型17架。

武装直升机:"贝尔"205A型1架,"贝尔"206B型15架,"贝尔"206L-3型7架,"贝尔"212型24架。

侦察机:"指挥官"500S型10架,SA2-37A型2架,C-26型4架。

运输机:"康维尔"CV-580型1架,洛克希德"喷气星"L-1329型1架,"塞斯纳"500型1架,C-118型1架,C-

---

① 张若愚:《墨西哥加快海军航空兵建设》,载《环球军事》2008年第5期,第28~29页。

130A 型 7 架，L-100"大力神"型 1 架，"指挥官"500S 型 10 架，波音 727-100 型 3 架，波音 757 型 1 架，IAI-201 型 9 架。

联络机："阿拉瓦"IAI 型 9 架，"空中霸王"A90 型 1 架，"空中霸王"C90 型 3 架，"超级霸王"300 型 1 架，"步枪手"1 架，"幸运山毛榉"F-33C 型 29 架，"色斯纳"182S 型 73 架，"塞斯纳"206 型 11 架，"塞斯纳"210 型 11 架，PC-6 型 4 架，"涡轮指挥官"6 架。

直升机：S-70A 型 6 架，米-2 型 1 架，米-8 型 11 架，米-17 型 24 架，米-26T 型 1 架。

教练机："莫莱"M-7 型 6 架，"莫莱"MXT-7-180 型 21 架，"斯蒂阿曼"PT-17 型 12 架，SF-260 型 30 架。

教练直升机：MD-530F 型 24 架。该型直升机具有作战能力。

四 准军事部队

墨西哥现有预备役军人 30 万。

准军事部队 2.5 万人，其中联邦防暴警察 1.1 万人，民兵 1.4 万人。

此外，墨西哥军队还有 3000 名文职人员。

第三节 兵役制度、军衔制度和军事院校

一 兵役制度

墨西哥名义上实行的是义务兵役制，实际上实行的是义务兵与志愿兵相结合的兵役制度。墨西哥法律规定，

18~45岁的男性公民均须服兵役；义务兵服役期为1年，志愿兵服役期为3~9年。

各级军官最高服役年龄分别为：将官65岁，校官58岁，尉官52岁。

墨西哥军队条例规定，军官退出现役的条件为：

（1）达到军官服役最高年限。少尉46岁，中尉48岁，上尉50岁，一级上尉52岁；少校54岁，中校56岁，上校58岁；少将61岁，中将63岁，上将65岁。

（2）因战、因公致残。

（3）服役期满20年。

墨西哥军队在国内享有崇高的地位，墨西哥政府为退役后的军官提供了比较完善的福利待遇。主要有以下几个方面。[①]

（1）退休金。墨西哥军官服役满20年退役（退休）的，可领取终身退役金（退休金）。其标准按本人工资的百分比计算：服役满20年的，为本人月工资的60%；服役满25年的，为本人月工资的75%；服役满30年的，为本人月工资的100%。其中，服役期为21~24年的军官，每增加一年，可增加3%的退役金；服役期为25~30年的军官，每增加一年，可增加5%的退役金。

服役超过20年退役的军官，可提高一级军衔领取退役金。退役军官达到最低服役年限后，服役每满5年，退役金即提高10%；飞行员、伞兵等特殊专业军官退役，退役金再提高40%；立功、授勋人员也分别提高退役金的比例。墨西哥军官退役金提高的比例累计不封顶，有的高达原工资的150%。

（2）保险金。墨西哥军官服现役时，个人按月缴纳本人月

[①] 邓宝双：《墨西哥军官退役制度简述》，载《转业军官》2009年第4期，第36页。

工资收入的 3% 作为集体保险金。退役时，一次性领取集体保险金。比如，一位服役 46 年的上将，退役时一次性领取的集体保险金约为 5.6 万美元。

（3）医疗保障。墨西哥退休军官的配偶、18 岁以下的子女以及没有工作的父母，可以享受军队免费医疗，一般在军队医院就医。陆军的退休军官还可到政府在各地的福利基金医院就医，医疗费用由军队报销。海、空军退休军官及其家属的医疗经费，由政府拨给；陆军退休军官的医疗经费，由军队的福利基金支付。

（4）住房保障。墨西哥军队的军官在服现役时，每月缴纳一定数额的住房基金，退役时将住房基金和基金 5% 的利息一起返还退役军官。退役军官可租住或购买武装力量社会保障协会修建的住房。军官在服役或退役时，如租住部队提供的住房，每月缴纳工资的 10% 作为租金；20 年后，其住房可归个人所有。退役军官买房时，可将住房基金作为抵押，不足部分可向军队银行申请优惠贷款。

二　军衔制度

墨西哥的军衔分成 5 等 15 级：将官 3 级（上将、中将、少将），校官 3 级（上校、中校、少校），尉官 4 级（一级上尉、上尉、中尉、少尉），军士 3 级（上士、中士、下士），士兵 2 级（上等兵、列兵）。

三　军事院校

墨西哥军事院校的数量不多，主要有墨西哥英雄军事学院、墨西哥海军学院、墨西哥海军航空学院等。

1. 墨西哥英雄军事学院

墨西哥最著名的军校是墨西哥英雄军事学院。该学院始建于

墨西哥

1823年,位于墨西哥首都墨西哥城郊区。该学院具有光荣的历史传统。在反抗外来侵略、争取民族独立斗争中,墨西哥人民英勇战斗,前赴后继,涌现出了许多英雄人物。墨西哥英雄军事学院就有一段悲壮而英勇的故事。在19世纪40年代反抗美国入侵的战争中,1847年9月13日墨西哥首都墨西哥城陷落时,军事学院6名学员死守在查普尔特佩克城堡,英勇不屈,最后弹尽粮绝,壮烈殉国。此后,该学院被任命为"英雄军事学院"。为纪念这6位英雄,至今,军事学院举行大型操演时,指挥员还逐个点名6位英雄的名字,学员们齐声回答:"他为祖国捐躯了!""他为祖国捐躯了!"英雄的形象深深地铭刻在学员心中。

如今,墨西哥英雄军事学院招收高中毕业生和军队同等学力的士官、士兵,学制3年。学员在毕业后可以直接被任命为军官。学院教学、训练制度十分严格。学员每天早上5点半起床,开始一天紧张的科学文化和军事科目的学习与训练,直到晚上11点半才能休息。每天下午都要进行操练,包括讲评、降旗、分列式等。学院还每周举行一次由全院学员和教官参加的大型操演,并允许学员邀请父母、妻子等亲友前来观看。这样一种制度和仪式使学员的责任感、自豪感和荣誉感得到充分的满足与张扬。

除了严格的军事训练和知识学习外,英雄军事学院还十分重视对学员进行爱国主义教育。学院不仅开设有爱国主义精神灌输课程,而且经常组织一些富有爱国主义教育意义的活动,并从条令、条例上进行规定,使爱国主义教育制度化、经常化。就连学员在饭堂里吃饭,每餐完毕,都要全体起立,在乐队的伴奏下齐唱墨西哥国歌,从而使学员无时无刻不受到爱国主义的熏陶和影响。在军事学院的荣誉室里,陈列着历任院长以及学院培养出的将军的大幅照片。这既能展示学院已经取得的骄人成绩,还能激励学员为了祖国、为了荣誉而不断拼搏、不断努力。

第五章　军　事

英雄军事学院的建筑设计具有鲜明的爱国主义色彩和民族风格。学院的办公主楼外形是墨西哥人祖先印第安人的战神墨西特利（将词尾"特利"换成"哥"，意为"战神指定的地方"，便是当今墨西哥的国名）的头像。教学楼造型像墨西哥人崇拜的羽蛇神。俱乐部的造型像燃烧的烽火台。学员宿舍楼的外形像6只雄鹰，它的寓意是学员在6位英雄的精神哺育下不断成长。

2. 墨西哥海军学院

墨西哥海军学院是墨西哥培养海军初级军官，以及海军陆战队、海军航空兵初级军官的学校。海军学院校址位于濒临墨西哥湾的韦拉克鲁斯。海军学院学制4年，主要讲授海军指挥与工程以及海军陆战队和海军航空兵方面的课程。按照在学期间的课程，学员毕业后的去向也有相应的区别。学习海军指挥与工程军官课程的学员，毕业后被分配到海军部队担任初级指挥军官或工程技术军官；学习海军陆战队和海军航空兵军官课程的学员，毕业后分别分配到海军陆战队、海军航空兵部队任职。

3. 墨西哥海军航空学院

墨西哥海军航空学院是墨西哥培养海军航空兵飞行员的学校。校址也在濒海大城市韦拉克鲁斯。海军航空学院的训练分为初级、基础、高级3个层次。学院下辖3个训练中队。初级训练中队装备有 Maule 公司的 MX－7－180 型飞机；基础训练中队混合装备了"幸运"型固定翼飞机以及 MD－500E 和希勒公司的 Uh－12E 直升机；高级训练中队装备有比奇公司的"男爵"型飞机。

此外，墨西哥海军还有其他一些海军院校，分别担负不同的培训任务。例如，海军参谋大学设在墨西哥城，主要培训海军中、高级参谋人员。墨西哥海军陆战队也有自己的学校，负责对海军学院毕业生提供再教育。

第四节 对外军事关系

墨西哥军队的任务主要在于保障国内安全。"二战"后,墨西哥的国防政策一直秉承四大原则:不参加军事联盟,不参加国际维和行动,不卷入外国军事行动(需要得到参议院通过),不允许外国军事力量在本土的存在(需要得到参议院通过)。在这种条件下,墨西哥军队对外军事交往并不活跃。

在中立外交政策的框架下,墨西哥不参加军事同盟条约。尽管1994年墨西哥与美国和加拿大签订了《北美自由贸易协定》,但是墨西哥并未参与美国的军事同盟。同时,墨西哥也没有参加拉美国家的军事同盟。

一 与美国的军事外交关系

1. 两军军事交往

受1846~1848年墨美战争的影响,墨西哥军队和美国军队长期没有往来。直到1994年墨西哥加入《北美自由贸易协定》后,两国的军事交流与合作才开始升温。1995年8月,应墨西哥国防部长恩里克·塞万提斯·阿吉雷(Enrique Cervantes Aguirre)将军的邀请,美国国防部长佩利访问墨西哥,这是美国首位国防部长对墨西哥的访问。在这次访问中,佩利建议成立美墨双边工作组,成员包括美国国防部长、国务卿;墨西哥国防部长、海军部长和外交部长。1995年12月,双边工作组第一次会议在美国得克萨斯州的圣安东尼奥举行。1996年Cervantes将军回访美国,双方建立了几项合作,包括美国向墨西哥特种部队提供73 UH-1H直升机。1995~1997年,两军合作关系迅速发展,尤其是在军事训练方面。1997年,随着佩利的离职，两军关系降温，直到 2001 年。2006 年，卡尔德龙执政后，墨西哥重新加强了与美国的军事合作，支持海军参加美国的海军联合军事演习。

2. 美国军援打击毒贩

卡尔德龙执政以来加大了对毒贩的打击，然而，扫毒战役的进展并不理想。同时，作为墨西哥的最大邻国，美国对墨西哥的禁毒行动同样具有切身利益。根据美国司法部公布的 2009 年毒品威胁评估报告，墨西哥毒品走私势力遍及美国 230 个城市。这表明美国也深受其害。为此，美军打算通过"军事援助"的方式帮助墨西哥打击毒品暴力活动。美军参谋长联席会议主席迈克马伦在 2009 年 3 月向奥巴马总统建议，美国应该立即着手与墨西哥开展更多的军事领域合作，打击逐渐向美国蔓延的毒品暴力活动。马伦认为，美国可以通过援助设备和共享情报等方式帮助墨西哥。美国国防部长罗伯特·盖茨说，美国可以向墨西哥提供军事训练和军事情报。除军事合作外，美国还给予墨西哥经济援助。作为美墨两国加强反毒合作的"梅里达计划"一部分，美国允诺 3 年内援助墨西哥 14 亿美元用于打击毒品走私。

3. 墨西哥军队对美国的人道主义援助

2005 年 9 月墨西哥军队组成一支船队向遭受飓风袭击的美国运送人道主义救援物资，船上装载有食品、补给和专家（包括专业医疗人员、护士和工程师），携带水净化装置、可移动厨房、食品、毯子。这是墨西哥军队自 1846 年墨美战争以来首次在美国执行任务。

二 联合国维和行动

近年来，关于墨西哥应该适当参与联合国维和行动的讨论逐渐兴起。2001 年 1 月，墨西哥外长卡斯塔涅达曾经表示，墨西哥政府将放弃执行至今的中立外交政策，谋求积

墨西哥

极参与国际维和行动。卡斯塔涅达指出,福克斯政府准备将过去"内向型"外交政策转变成"外向型"外交政策。墨西哥对外政策的优先目标是,在拉美国家的支持下争取进入联合国安理会。卡斯塔涅达说,墨西哥也许不会直接参与军事行动,但可以派出军工、护士或军医间接参与联合国的维和行动。然而,按照墨西哥现行的法律体系,墨西哥参与联合国维和行动尚有诸多障碍。这首先是因为,根据墨西哥宪法,未经宣战,墨西哥武装力量不得离开墨西哥领土。

2004年9月,联合国秘书长安南在访问墨西哥期间,曾经表示希望墨西哥能够考虑派兵参加联合国维和部队。然而,墨西哥外长德韦斯告诉新闻记者,墨西哥不会派兵参加联合国维和部队,但将考虑向冲突地区派遣警察和提供人道主义援助,以保障那些地区的安全。德韦斯说,在维护安全的过程中,墨西哥参加联合国的维和行动不是非派兵不可,而是可以通过参加人道主义方面的工作来支持联合国的维和行动。在墨西哥政府对此做出决定前,首要条件是墨国内就这一问题达成共识。

第六章

教育、科学、文艺、卫生、体育

第一节 教育

一 简史

墨西哥是美洲地区最先发展教育事业的国家。早在1523年,佩德罗·德甘特神父就于特斯科科创立了美洲第一所印第安人学校。1532年,西班牙殖民当局在墨西哥城兴办了第一批小学,约有学生1000人。1553年又创建了美洲第一所大学——墨西哥大学。此后,殖民当局为了完成对墨西哥的精神征服,又陆续建立了一些大学和印第安人学校。殖民地的教育事业几乎全部为天主教会所掌握,教学内容以传教和讲授西班牙语为主。18世纪末19世纪初,随着殖民地经济的发展,墨西哥部分地区开始兴办技术专业学校,但是只有有钱人家的子弟才能入学。

墨西哥独立后,华雷斯总统于1867年颁布了墨西哥第一部教育法令,规定小学实行免费义务教育。1870年,全国已拥有各类学校4000多所,学生达30万人。然而,当时的许多学校仍控制在天主教会手中。在1916年的制宪会议上,激进派代表与保守派代表就宪法草案的教育条款展开了激烈的斗争,最后激进派的进步主张获得了胜利。1917年宪法第三条规定：教育自由；公立学校、私立初、高级学校均不得带有宗教色彩；任何宗教团体不得开办初等教育、中等教育、师范教育和工农教育。宪法还明确规定将这几类教会学校收归国有。从此，墨西哥教育事业逐渐摆脱了天主教会的影响。

自1910~1917年墨西哥革命后，历届墨西哥政府均对教育事业比较重视。第二次世界大战后，墨西哥教育发展迅速。全国城市基本普及义务教育制，1980年文盲率降至6.2%。自20世纪90年代以来，尽管墨西哥国民经济只实现了年均3.3%的增长率，但由于墨西哥联邦政府历来重视国民教育，进行了大规模的投入，国民素质得到显著提高，各层次教育进入了一个新的发展阶段。从各项指标看，成年人（15岁以上）识字率由1990年的87.6%提高到2006年的91.7%，青年（15~24岁）由95.4%升至97.9%。墨西哥学前教育毛入学率由1991年的63%提高到2006年的106%；初等教育由112%升至113%，其中净入学率持续维持在98%左右的高水平；中等教育毛入学率由53%增至87%，净入学率由45%快速升至70%；高等教育毛入学率也由15%升至26%。从男女受教育的差别来看，1990~2006年，墨西哥教育发展的性别差异有显著改善，女性文化素质和受教育水平越来越接近男性，其中中等教育的毛入学率在2006年甚至超过了男性，与拉美其他国家相比，墨西哥教育发展水平和国民素质也处于相对领先的地位。除高等教育的毛入学率略低于拉美地区的平均水平外，学前教育、初等教育、中等教育以及成年人识字率都显著或略高于拉美地区的平均水平。2006~2007学年，全国在校学生达3300万人，其中基础教育2540万人，中级教育370万人，高等教育250万人，职业教育160万人。

从教育投入看，联邦政府用于教育的公共支出占GDP的比例为 5.5%，占政府总支出的 25.6%。其中用于初等教育和中等教育的支出比例高达 39% 和 30%，用于高等教育和学前教育的支出为 17% 和 10%，职业教育及其他为 3%。

二 教育地位

2006 年，卡尔德龙上台后，提出了"保证国家安全和主权独立，维护法治国家，实现经济可持续增长和提高社会、经济竞争力"的 2030 年长远发展目标。墨西哥公共教育部以上述目标为指导，根据政府制定的《2007~2012 年国家发展规划》，制定了墨西哥教育中长期规划，以达到"发展均衡教育，提高学生素质，塑造有社会责任感的学生"等 6 个方面的目标。

目标一，提高学习质量，让学生有更好的学习环境。为此，制定了相关措施，对不同层次的教育分别进行体制性改革，重点在于提高学生竞争力，让学生适应 21 世纪墨西哥的发展需要；确保教学工作以学生竞争力为核心，鼓励教师积极参与其中，并对教学成果进行评估；开展各类教师培训活动；要求各类中高级教育机构之间，尽快做到互相承认学历，保证教育的多样性。

目标二，让更多的学生有受教育的机会，保证社会的公平和正义。此规划力求扩大基础教育的覆盖范围，倡导国民尊重本国文化的多样性；同时为 15 岁以上的社会青年提供免费的成人教育，其模式以生存和工作型教育为主。

目标三，全面改善学校教学设施，实现教育手段现代化。内容包括：大规模进行校舍建设和改造；制定完整的信息和通信系统；建立全国信息教育发展合作中心；让更多的信息技术成果服务于教学；同时推进开放式教育和远程教育。

目标四，注重素质教育，全面塑造人才。首先要非常关注学生的身体健康，增加学生锻炼的时间，注意营养平衡；在教学中

增加性教育内容,使学生形成正确的性认识;同时创造条件,培养学生的艺术和文化修养。

目标五,树立学生的社会责任感。主要措施是政府相关部门要积极为接受中高级教育的学生提供实习机会;坚持和完善大学毕业生的"半年至一年的社会服务"制度,增强学生了解、参与和回报社会的责任感。

目标六,建立社会有关部门参与学校管理机制,学校账目透明。要保证学校环境的良好性及安全性,提高包括校长在内的管理人员的素养,为将进入高等教育的学生提供各高校的相关信息和指导,制定透明的高等院校经费来源体系和使用办法。

为了实现以上教育中长期发展目标,2008年上半年,联邦、各州政府及全国教育工会等创立了全国教育质量联盟,其宗旨是:联合全国主要力量,关注和解决教育中长期未解决的"大问题"、"难问题",真正实现"墨西哥的未来在于教育"的口号,把政府发展教育的重大措施落实到位,如实施教学设施现代化、中小学校校长及教师竞聘上岗,做到教师和教育部门专业化,确实改善贫困地区办学条件及加强评估,把教育质量提高作为国家"生活更美好"战略的组成部分。2008年,"教育质量联盟"开展了以下工作。

第一,大规模改善硬件环境,加强管理,努力实现学校现代化。墨西哥多数学校的校舍及设施老化,不少是30年前的。2008~2009学年,政府投巨资,为1.4万所学校配备相应设施,为2.7万所条件恶劣的学校进行装修改造。在信息和通信技术方面,2008年对4套教育技术进行评估,做到2009年开始普及。在社会事务管理及社会活动参与方面,2008~2009学年,在各校成立"学校社会活动参与委员会",在10万所学校推广社会活动参与管理示范;对处于高犯罪率地区的3.7万所学校进行重点监护,不断扩大"安全学校"数量;对5500所全日制寄宿学校进行特别关注；对 2.1 万所无正规作息时间的学校、3.3 万所非工作日（周末等）工作的学校及 3.2 万所低效率学校进行有效管理。

第二，引入竞争机制，开始对中小学校长、教师及学生进行评估考试。2008 年是墨西哥前所未有的评估考试年，作为试点，截至目前，已有几万名中小学教师、学校领导等参加考试，基础教育阶段的学生也参加了全国评估性考试。今后将不断对校长、教师和学生进行评估考试，并将对学校的评估结果通过网络向社会公布。校长及教师通过考试者，方能上岗，以促使学校改善教育质量。以上做法，在墨西哥引起了极大震动，一些州的老师们以罢课、堵塞交通、围攻教育部等极端手段进行抗议，但政府毫不示弱，表示提高教育质量才是真正的公平，国家才有真正的希望。

第三，关注学生利益及全面发展。在学生的健康、饮食及营养方面，2008~2009 学年政府开始重视让学生锻炼身体，预防疾病，并将学生锻炼与学校活动结合；制定并实施预防肥胖的措施，如学校为学生提供营养早餐。在注重改善入学、坚持就读及毕业和升学条件方面，从 2008~2009 学年开始，国家要不断增加奖学金数量；改善对特殊儿童的照顾；对学生进行生活和工作的整体教育，并在课程改革中体现这些内容。

三　教育体制

墨西哥现行教育体制以 1917 年宪法和 1973 年《联邦教育法》为依据。全国教育体系由正规教育和非正规教育两个系统组成。墨西哥从 2008 年开始实行从学前 3 年到初中的 12 年义务教育制。

（一）正规教育

墨西哥的正规教育系统包括学前教育、初等教育、中等教育和高等教育 4 个阶段。

1. 学前教育

孩子从出生到 4 岁上保育学校，称为初始教育。4～5 岁上幼儿园或西班牙语教学中心（印第安儿童为 5～7 岁），又称小学预备教育。

2. 初等教育

小学实行义务教育。全国小学校分为国立学校、州立学校和私立学校 3 种类型。国立学校和州立学校均免收学费。公共教育部还免费向全国小学生发放统编教科书，向小学教师提供教学参考书。公立小学教师属国家工作人员，享有医疗保健、产假、人寿保险、满 30 年教龄可随时退休等福利。

政府规定小学入学年龄为 6 岁。小学实行合科教育，6 年期间主要课程有西班牙语、数学、社会科学、自然科学、文艺、体育、技术和卫生 8 门。

在印第安人聚居地区，政府开设一些双语制小学，以帮助不懂西班牙语的印第安儿童学习文化。双语制小学配备懂印第安语的教师；学生使用印第安语—西班牙语对照教材。

小学毕业后不再升学者，受终结性初等教育（即就业前的职业训练），目的在于培养学生参加社会生产劳动的能力，修业 1～4 年不等。

3. 中等教育

分初中、高中两个阶段。初中有普通初中（主要为升高中做准备）、技术初中（除开设普通课程外，还进行基本的技术训练和职业训练）、电视初中、职工初中（招收具有小学毕业程度的工人，年龄不限，通常是夜课制）和开放初中 5 类。前 4 类都是 3 年制；后一类招收 15 岁以上未上过初中或没有读完初中的人，形式多样，修业年限也因人而异。所有 5 类初中都开设西班牙语、数学、外语、自然科学（生物、物理、化学）、社会科学

(历史、地理、公民)、体育、艺术和技术等。毕业后都可升高中。不愿升学者，受终结性中等教育（即就业前的技术教育），修业2~4年不等。

高中分三类。第一类是普通高中，又叫大学预备学校，修业2~3年。第二类是技术高中，包括同时具有大学预备教育和两种性质的综合高中，培养中级技术人员，修业3~4年。第三类是开放高中，由各大学的附属高中负责，招收因工作和时间的原因不能上正规高中的人，修业年限因人而异。属于高中一级的，还有师范学校，分幼儿教育师范学校、小学教育师范学校和职业教育师范学校3类，学制都是4年。

普通中学和大学预科学校的主要课程有西班牙语、数学、生物、物理、化学、历史、地理、外国语、公民常识、体育、文艺等。普通中学除上述基础课外，还开设技术课（电工、木工、铁工、制图、烹饪、缝纫等），以帮助学生初步掌握一门实用技艺，以后如不能继续升学，可以直接从事某种职业。目前大多数公立中学都开设了技术课，但学习内容不尽相同，学生可根据自己的兴趣和爱好选学其中一门。

4. 高等教育

高等院校有国立大学、州立大学和私立大学3种类型。国立和州立大学免收学费，教员属国家工作人员。国立大学通常在校舍、设备、专业门类、师资质量等方面，都优于州立大学。

高等教育分为大学和研究所教育。墨西哥的高等教育制度虽然较倾向美国制度，但是受到西班牙300年殖民的影响，仍保留部分的西班牙传统，因此，必须注意学位之译名。我国的高中在墨西哥称为"大学预科"，"大学预科"毕业后，必须通过大学入学考试，才能就读大学。大学生除了修习规定的学分外，必须撰写论文，论文口试通过后才准予毕业，获得学士学位（Licenciatura）。

研究所教育则分为三类：硕士班研究（Maestra），硕士班研

究生必须具备学士学位,通过入学考试或申请入学录取后,研究所课程修业二年或以上,并撰写硕士论文。论文口试通过后,授予硕士学位,即"Maestra"。拥有硕士学位者可从事学术研究或大学授课工作。

专门技术研究(Especialidad),专门技术研究系指因某种特殊专业需求而设立的学士后课程,例如心理咨询、企业管理等。修业后不授予硕士学位,因此不具备在大学院校任教或研究之资格。

博士班研究(Doctorado),攻读博士学位,必须具备硕士学位或同等学力,通过博士班入学考试或经申请入学录取。墨西哥的博士班课程分两种,即学分制和师徒制。学分制:在规定年限内修完必修学分,并撰写论文,论文口试答辩通过后,授予博士学位;师徒制:人文科学研究学科较常采用师徒制,以培育研究生的学术研究能力为目的。博士生有一位正指导教授(tutor/asesor),另有两位或以上的共同指导教授(co-asesor)。除了跟随指导教授群做研究外,博士生仍须选修"讨论课",或"专题课程"。学期成绩则由学术委员会考评,其考评标准系参考:指导教授群的考评意见书、博士生的修业证明、博士生的研究进度报告、其他研究成就证明等。师徒制的博士生经两年修业后,才准予撰写博士论文,论文口试答辩通过后,授予博士学位。学分制与师徒制不同处在于,师徒制旨在培育博士生的学术研究能力;因此,师徒制的博士生必须时有论文发表于学术研讨会或刊登于学术期刊。在墨西哥,研究生论文的答辩成绩只有3种:"特优且受表扬"、"通过但不受表扬"、"不及格"。当然论文口试不及格者,即表示不能毕业,必须再接再厉。通过口试的成绩会书写于硕士、博士学位证书上;因此,"特优且受表扬"是所有研究生努力的目标。

高等学校除教学外,还承担大量科研任务,许多大学设有单

第六章 教育、科学、文艺、卫生、体育

一学科或跨学科的研究所，是墨西哥科研事业的骨干力量。

墨西哥的高等院校多集中在大城市，其中在墨西哥城的占全国高等院校总数的 66%。著名的大学有墨西哥国立自治大学、国立理工学院、墨西哥学院、国立师范大学、蒙特雷理工学院、查平戈农业大学等，它们在拉丁美洲地区享有很高的声誉。各州万人以上的大学有瓜达拉哈拉自治大学、新莱昂大学、韦拉克鲁斯大学、普埃布拉自治大学、科阿韦拉大学、圣路易斯波托西自治大学等。

5. 高等院校简介

墨西哥国立自治大学 是墨西哥规模最大、历史最悠久的大学，在拉美也较有影响。学校前身是 1551 年西班牙摄政王费利佩二世批准建立的墨西哥王家大学，后曾更名为墨西哥王家教廷大学、墨西哥国立教廷大学等，几经变迁，于 1929 年实行自治，称墨西哥国立自治大学并沿用至今。学校原址在墨西哥城旧城中心，1955 年迁往南郊新建的大学城。大学城规模宏大，环境优美，校园内矗立着 80 多幢现代化大楼，不少建筑物外墙饰有色彩缤纷的壁画。2008 年，在校学生 29.9 万人，教师员工 3.48 万人。全校有 15 个系、5 所学院、9 所预科学校及 40 余个科研机构。

该校设有建筑系、哲学与文学系、自然科学系、法律系、政治学与社会学系、经济系、会计与管理学系、医学系、口腔医学系、兽医学与动物饲养学系、工程系、化学系、心理学系、外语教育中心、留学生教育中心。另有社会工作、护理与产科、美术、音乐等专科学校。总共开设 222 种专业。

国立自治大学又是墨西哥非常重要的科研基地，附设有天文、生物、物理、地球物理、地理、地质、工程、生物医学、应用数学与系统工程、数学、化学、材料、人类学、目录学、经济学、美学、语言学、哲学、历史、法律、社会学等研究所，还有核物理、大气、生物固氮、细胞生理、遗传与遗传工程、电影学、博物馆学、情报等研究中心。研究人员约有1.5万人。

除教学和科研外，该大学对文化传播工作也十分重视，在全国文化生活中有着举足轻重的地位。学校图书馆包括墨西哥国立图书馆、中央图书馆和5个专业图书馆。学校还附设广播电台、博物馆、出版社、剧场、电影厅。大学城的阿兹特克运动场，可容纳11万观众，是全国最大的运动场。它还拥有全国首屈一指的现代化音乐厅。大学交响乐团和民间舞蹈团常去各地演出。学校还同电视台订有合同，负责编制教育节目。

国立理工学院 建于1937年。系公共教育部直属的最大的理工科学院特设部分社会科学专业。全院共有8万多名学生，5000名教员。

国立理工学院下分机械—电工高等学校、工程—建筑高等学校、纺织工程高等学校、化工高等学校、物理—数学高等学校、药物—顺势疗法高等学校、生物科学高等学校、医学高等学校、护理—产科学校、商业—管理高等学校、旅游高等学校、工程学—社会科学—管理学跨学科专业部、海洋科学跨学科中心和全国计算机中心。此外，学院还附设15个科技研究中心和1座电视台。

受公共教育部的委托，国立理工学院负责督察全国各公立理工科专科学院和学校的教学工作。

墨西哥学院 前身是墨西哥神学院和"西班牙之家"。1940年由联邦政府、墨西哥银行、墨西哥国立自治大学、经济文化基金会和"西班牙之家"共同筹建，后改为半官方性质的墨西哥学院。目前它是墨西哥重要的社会科学研究机构和研究生院。学院的规模不大，教员、研究员、学员和职员总共只有600余人。学院下设国际关系研究中心、经济研究中心、历史研究中心、社会学研究中心、人口研究中心、语言文学研究中心和亚非研究中心。各研究中心都招收研究生，开设硕士或博士课程。墨西哥学院的师资力量比较雄厚,有不少知名学者、教授、外交官、作家在这里任教。学院的学术活动频繁,经常举办专题讲座、学术讨论会和展览会。各科研中心均出版定期刊物,发表研究成果。学院还附设计算机中心、出版社和藏书40万册的图书馆。

(二) 非正规教育

1. 成人教育

在墨西哥,成人教育包括为那些15岁以上未能接受教育或未完成基础教育的成年人提供的非正规教育和在各个不同领域开展的职业技术训练。墨西哥的成人教育主要有扫盲教育、基础教育和岗位培训3种。开展成人教育的机构除国家成人教育局、成人基础教育中心、文化委员会、社区阅览室和职业培训中心外,还有识字班、夜小学、扫盲中心以及工业、农业、海洋技术教育协会和开放教育系统等。

(1) 扫盲教育。扫盲教育的目的是通过以下手段为成人提供阅读、写作和算术基础知识。在识字班、夜小学、扫盲中心等机构,通过直接面授或集体授课,帮助15岁以上成人脱盲。利用广播、电视等现代化教学手段,开展多种多样的广播和电视扫盲教学,墨西哥共有这类电视台、电台60个左右。

(2) 基础教育。成人基础教育由初等教育和中等教育构成,其目的是提高成人的教育水平,改善他们的家庭生活、工作和社会条件。成人基础教育由国家成人教育局、教育部的成人基础教育中心和各种文化团体具体负责,分正规教育和开放教育两种。正规教育通常在职工业余学校和夜校进行,主要为市区职工而设。职工业余学校建在城镇,一般根据当地成人的需要开设程度不同的成人基础教育班,夜校主要是利用公立学校的教室或利用公司、企业的职工业余学校、职工夜校在晚上授课。开放教育主要是利用广播、电视等现代化教学手段开办开放小学和初中,或是为参加基础教育的学生举办自学课程。接受以上两种形式成人教育的成人都要参加考试。

（3）岗位培训。岗位培训是墨西哥成人的又一种受教育形式，其目的在于保证成人学习其各自的工作领域所必需的技术知识，以使他们能够从事合适的工作或能够改变他们的劳动条件。墨西哥成人岗位培训的最大特点是与扫盲教育紧密结合的，表现在政府编制的扫盲教材不仅帮助成人脱盲，而且还和他们工作所需的知识紧密结合，具有实用性负责岗位培训的是教育部的职业培训中心。参与培训的除职业培训中心外，还有成人基础教育中心和工业、农业、海洋技术教育协会及其他社会团体。岗位培训的方式，有在职业培训中心进行直接的课堂授课，也有广泛地利用广播、电视等远距离的教学手段，使大量的成人得到职业技术教育和再教育。

2. 职业教育

墨西哥职业技术教育可分为初中阶段的、高中阶段的和高等教育阶段的。

初中阶段的职业学校有技工学校和技术中学。技工学校主要是培养熟练工人，学制一般为4年，开设与工业、农业、畜牧业、商业、服务业等有关的专业，学生毕业后不能升入高中学习，这类学校全国有2700多所。技术中学属初中教育范畴，学生在校要学习初中的文化课程，同时学习工业、商业、农业、工艺、渔业、林业等相关技术知识，毕业后可以就业。

高中阶段的职业学校也有两类，一类是不属于大学预科教育的中等专业学校，一类是属于高中教育范畴的技术高中。中等专业学校，招收初中毕业生，学制2~4年，主要培养中等专业人才。由专业技术教育全国理事会负责。技术高中附属于高等技术院校。学生除学习普通高中文化课外，还进行专业和技术教育，培养农牧业、工业、林业、海洋科学和服务业方面的中等技术人员。学生毕业后可以就业也可以升入技术学院或大学。

技术学院是高等教育阶段的职业学校,学制一般为4年,培养各种高级技术人才,只招收技术高中的毕业生,学院不授学位。大学招收普通高中和技术高中的毕业生。

四 师资

1944年,墨西哥政府就已明确规定:中等师范教育的师资培养必须达到大学本科水平(之后实际并未达到)。20世纪60年代以后,墨西哥确立了由中等师范学校、高等师范学校以及专门师范学校所组成的师范教育体系。1973年墨西哥《联邦教育法》规定,墨西哥各级各类师范教育由基础教育司改属高教司领导,属高等教育范畴(但直至20世纪80年代中期,墨西哥的师范学校仍然招收初中毕业生,培养初等学校教师)。1987年墨西哥政府提出了教师专业化的计划。1988年,墨西哥政府公布第133、134和135号决定,分别规定了学前教育、小学教育和中学教育的师资培养必须达到大学本科及以上水平。根据规定,从事学前教育、小学教育和初中教育的教师,必须接受高等师范学校教育,完成学制为4~6年的全部课程学习,获得师范教育硕士(相当于本科)学位,并且通过试用期的考察训练。从事体育和特殊教育的教师还要获得相应的证书。1992年墨西哥已取消了中师和师专建制,中小学教师的合格学历已达到了大学本科程度。

墨西哥政府重视对各级教师进行职业教育。教师的水平决定着教育的水平,关系着国家的发展水平。因此,墨西哥政府舍得花钱对学前、小学、初中、高中及大学教师进行职业教育,设有比较灵活多样的各级教师职业教育项目。有的项目教师可自愿参加,有的可拿奖学金学习,有的可接受辅导,有的可去教师中心进修,有的则可攻读学位,等等。仅2004年暑期,就有15万名教师接受了职业教育项目的职业培训。

第二节 科学技术

一 科技政策

墨西哥是拉丁美洲科学技术比较发达的国家。自1940年起，墨西哥开始工业化建设。大量引进国外技术，本国的科技研究也随着发展起来。20世纪70年代以来，墨西哥的科技事业取得了长足的进步，形成了比较完整、系统的科研体系。

墨西哥现行的科研法是1999年颁布的《促进科学技术研究法》，该法对国家在促进和加强科研活动方面的作用作出了规定，其主要目的是改善墨西哥现有各创新体系只讲的关系，就涉及国家整体利益的研发领域允许数私人与政府共同出资，推动知识创新，利用科学技术提高人民的生活质量，改善环境，支持科技人员的培训。

根据1999年颁布的科研法，墨西哥政府科技管理部门主要由以下机构组成：

总统科学技术顾问委员会，该委员会就科技政策、规划、优先发展领域以及与科技有关的法律等重大问题向总统提出咨询。

公共教育部下属的国家科学技术委员会是联邦政府最主要的科研领导部门，下属19个自然科学研究中心，9个社会科学研究中心，并负责墨西哥与国际学术机构的科技交流与合作。财政部主要配合国家科学技术委员会编制联邦科技预算。此外，公共教育部下属的高等教育和科技局，通过向高等院校的科研机构提供经费来促进高等院校的科研活动。能源部、通讯和交通部、环境和自然资源部、农业部等都分别负责与本部职责有关的科技活动。

州一级的科技管理部门为州科技委员会。各州的科委为本州的科学研究和技术开发提供一个探讨问题、交流信息和促进合作

第六章　教育、科学、文艺、卫生、体育

的平台。①

墨西哥的科学研究与开发体系，大致分为五个方面，即：联邦政府各部的科研机构、联邦直属机关的科研机构、高等院校的科研机构、国营企业的科研机构和私营企业的科研机构。全国科研的主力是高等院校、联邦政府各部以及联邦直属机关附设的科研机构。

墨西哥重要的科技研究机构有：科学研究院、石油研究所、全国农业研究所、小麦玉米研究改良中心、技术研究所、冶金研究中心、核科学研究院、全国核研究所、金属机械制造研究所、木材纤维素纸张研究所、电力研究所、生态学研究所、应用化学研究中心、拉巴斯生物学研究中心、全国畜牧研究所等。墨西哥从事农业科研的单位有国立农林牧业研究所、甘蔗生产改进所、国立咖啡生产改进所、国家果树栽培委员会、国立牛奶研究所、国立绵羊和羊毛研究所、生物资源研究所和东南生态研究中心。

二　自然科学

墨西哥自然科学研究领先优势为：环境和气候、生物医药研究和卫生、农林渔业、工业和制造技术、电子、材料和度量学、非核能源、生物技术、航空、空间研究及应用等。

墨西哥十分重视石油勘探、开采和提炼的技术研究。石油技术设备的自给率已达到46.7%，同时还向16个国家出口技术劳务。墨西哥采用先进的地震法在全国进行大规模勘探并同不少石油生产国（包括我国）签有合作协定，提供技术援助。

在炼钢技术方面，墨西哥科技人员根据本国天然气资源丰富这一特点，创造了利用海绵铁直接还原的炼钢法，以减少焦炭和

---

① 李明德、宋霞、高静：《拉丁美洲的科学技术》，世界知识出版社，2006，第433~434页。

废铁进口,降低生产成本。这种先进的炼钢法已推广到亚洲、非洲和拉丁美洲的许多国家。

墨西哥的农作物品种改良工作取得了丰硕的成果。1961年开始育成驰名世界的"墨西哥小麦",它具有高产、抗锈病、耐高肥、抗倒伏及适应温带和热带气候条件等优点。近年来已有25个国家引种了"墨西哥小麦"。墨西哥的玉米、高粱、棉花品种改良研究也取得了优异的成绩。

墨西哥的生物防治工作有较大的进展。全国已有17个州建立了益虫繁育中心。目前,用生物防治虫害的技术已在玉米、棉花、小麦、高粱、大豆、水稻、马铃薯、果树等各种作物上普遍使用,并取得了成效。

墨西哥在地热资源利用方面达到了世界先进水平,墨西哥科学家曾被美国聘为顾问,协助开发美国帝国谷地地热资源。此外,墨西哥在生物固氮、太阳能利用、地震科学等领域也有较高的水平。

墨西哥科技事业的发展不平衡,一些学科的研究领域还处于起步阶段。基础研究部门重视科研成果的应用还不够;应用科学研究部门(除石油研究所外)存在工程设计能力跟不上发展需要的问题,工业生产所需设备和技术大部分还要从国外引进。此外,科技人才外流的现象也比较严重。

三 社会科学

墨西哥社会科学委员会是墨西哥社会科学的协调机构,成立于1976年,目的在于加强社会科学研究的横向联系,打破社会科学领域的分散研究局面。该委员会负责制定"社会科学发展全国规划"。

墨西哥高等院校的各种研究机构是社会科学研究的主要力量。墨西哥国立自治大学人文科学研究协调委员会,是根据1945年的学校机构法成立的学术单位。下属9个研究所:人类学研究所、文献学研究所、经济研究所、美学研究所、语言学研究所、哲学家研究所、历史研究所、法学研究所、社会研究所；还有 6 个研究中心：拉丁美洲研究协调与传播中心、大学研究中心、人文交叉学科研究中心、图书馆学研究中心、地方交叉学科研究中心、美国研究中心。其中拉丁美洲研究协调与传播中心属联合国教科文组织的非官方性学术机构，1978 年由墨西哥哲学家 L. 塞亚创立，由墨西哥国立自治大学提供资助。该中心是拉美地区重要的区域性综合研究机构，重点研究领域为历史、哲学、文学、社会学等，为"拉丁美洲哲学"的主要传播渠道，出版物为《美洲纪要》。

第三节 文学艺术

一 文学

早在西班牙人入侵墨西哥前。印第安人就利用口述、手抄等方式创造了自己的文学，但绝大部分已失传或散佚。目前留存的古代印第安文学作品，大多是在西班牙殖民者征服和统治墨西哥初期，由西班牙传教士记录和抄写的，比较重要的有内察瓦尔科约特尔和卡卡马金的诗篇、玛雅人的历史文献莫伦·巴伦之林、玛雅剧本《拉维纳尔武士》等。

16 世纪西班牙在墨西哥进行殖民统治以后，从事文学创作的主要是移居墨西哥或在墨西哥出生的西班牙作家，如诗人弗朗西斯科·德·特拉萨斯（1525？~1620？）、安东尼奥·德·萨维德拉·古斯曼（生卒年份不详）、贝纳尔多·德·巴尔武埃纳（1562？~1627）、剧作家费尔南·贡萨莱斯·德·埃斯拉瓦（1534~1601？）、胡安·佩雷斯·拉米雷斯（1545~？）。

17 世纪，受西班牙影响，墨西哥文学进入巴罗克时期。特

点是模仿贡戈拉主义文风，崇尚文字的雕琢堆砌，追求形式，流于概念化。但女诗人胡安娜·伊内斯·德·拉·克鲁斯（1651～1695）却一枝独秀。克鲁斯16岁进入修道院，从事研究和写作。她的爱情诗歌语言优美，感情真挚，含有人文主义思想。主要作品有长诗《初梦》《神圣的纳尔西索》，剧本《家庭的责任》《爱情是个大迷宫》。她的著名散文《答菲洛特亚·德·拉·克鲁斯修女》回击了教会对她从事文学创作和科学研究的非难，体现出争取妇女解放、要求男女平等的思想。

17世纪另一位著名作家胡安·鲁易斯·德·阿拉尔孔（1581～1639），生于墨西哥，1613年迁居西班牙，成为"黄金世纪"主要剧作家之一。他的性格喜剧在欧洲和拉丁美洲都有很大影响，代表作有《可疑的真情》《隔墙有耳》等。

18世纪，天主教会教士在墨西哥文化界占据统治地位，文坛趋于冷寂、衰落。

18世纪末19世纪初，墨西哥出现了一批新古典主义派诗人。他们的诗作追求古典田园诗的风格，反对贡戈拉主义的夸饰文体，代表人物有何塞·曼努埃尔·马丁内斯·德·纳瓦雷特（1768～1809）、阿纳斯塔西奥·德·奥乔亚（1783～1833）、安德烈斯·金塔纳·罗奥（1787～1851）等。

19世纪初，墨西哥独立战争爆发。具有独立主义思想的作家和政论家何塞·华金·费尔南德斯·德·利萨尔迪（1776～1827）写了大量通讯、诗歌、散文和小说，抨击教会和贵族阶级，宣传独立和社会革命，因而遭到殖民当局多次迫害。他的代表作《癞皮鹦鹉》是拉丁美洲西班牙语国家第一部长篇小说。全书通过一个绰号叫"癞皮鹦鹉"的流浪汉的遭遇，细腻地描绘形形色色的各阶层人物，揭露殖民地社会种种弊端。作品情节曲折，语言生动，具有流浪汉小说特点及现实主义风格。

墨西哥独立后，浪漫主义文学逐渐兴起。这一流派的主要代

第六章　教育、科学、文艺、卫生、体育

表是小说家伊格纳西奥·曼努埃尔·阿尔塔米拉诺（1834～1893）。其作品语言规范，结构严谨，注重反映墨西哥的现实，主要作品有 1869 年发表的《克莱门西亚》，小说以抗法斗争为背景，叙述了一位忠于共和国的青年军官的爱情悲剧；1901 年出版的小说《碧眼人》，表现了 1861～1863 年间墨西哥自由派反对教权派的斗争，是这一时期浪漫主义小说中的优秀作品。属于这一流派的重要作家还有费尔南多·卡尔德隆（1809～1845）、伊格纳西奥·罗德里格斯·加尔万（1816～1842）、曼努埃尔·帕伊诺（1810～1894）、曼努埃尔·阿库尼亚（1849～1873）、曼努埃尔·M. 弗洛雷斯（1840～1885）、胡安·德·迪奥斯·佩萨（1852～1910）、吉列尔莫·普列托（1818～1897）等。

继浪漫主义文学之后，现代主义文学在墨西哥风行一时，它主要表现在诗歌方面。萨尔瓦多·迪亚斯·米龙（1853～1928）首先使用了现代主义表现手法。曼努埃尔·古铁雷斯·纳赫拉（1859～1895）于 1894 年创办的《蓝色杂志》，对墨西哥现代主义文学的形成起了推动作用。前期现代主义诗人讲究形式的精美和节奏的音乐性，多从异国风光或外国作品汲取灵感，沉湎于幻想的意境，借以逃避现实。后期现代主义诗人反对"外来形式"，常以美洲大陆为题材，但着重抒发个人感情，渲染生与死的神秘，仍有逃避现实的倾向。著名的诗人有阿马多·内尔沃（1870～1919）和恩里克·贡萨莱斯·马丁内斯（1871～1952），前者于 1898 年创办《现代杂志》，对美洲现代主义文学的发展产生过重要影响。

1910 年民族民主革命爆发后，墨西哥涌现出一大批以革命斗争为题材的文学作品（即"墨西哥革命"文学），现实主义文学取得较大发展。马里亚诺·阿苏埃拉（1873～1952）的长篇小说《在底层的人们》，描绘饱尝封建压迫的贫苦农民揭竿而起为土地和自由而进行斗争的历程，他的作品对当时的小说界具有

墨西哥

较深的影响。马丁·路易斯·古斯曼（1887~1977）在 1928 年创作的长篇小说《鹰与蛇》，自述随民族英雄比利亚的军队转战各地的见闻，展现了墨西哥革命的广阔画面。此外，何塞·鲁文·罗梅罗（1890~1952）、格里戈里奥·洛佩斯·伊·富恩特斯（1895~1966）、何塞·巴斯孔塞洛斯（1881~1959）等小说家的作品，也都从不同侧面反映了墨西哥革命时期的社会矛盾和政治斗争。拉蒙·洛佩斯·贝拉尔德（1888~1921）是这一时期著名的诗人，他的《忧伤》《虔诚的血》等诗篇以描绘外省风情见长，并注重内心世界的探索。

20 世纪 30 年代，鲁道夫·马西格利（1905~1979）对墨西哥现代戏剧作出贡献。1937 年出版的《做鬼脸的人》是他的代表作，全剧采用冷嘲热讽的手法，深刻揭露资产阶级政客的虚伪和残忍，具有现实意义。乌西格利的大部分剧作已流传到欧洲。

阿方索·雷耶斯（1889~1959）曾多次出任驻欧洲和拉丁美洲国家的外交使节，1939 年任墨西哥学院院长，主要论著有《美学问题》《文学理论绪论》《新西班牙文学》等。

墨西哥当代著名作家有奥克塔维奥·帕斯等。

奥克塔维奥·帕斯（1914~　），著有诗集《口头上的自由》、散文集《孤独的迷宫》等。

阿古斯丁·亚涅斯（1904~1980），著有长篇小说《洪水边缘》《慷慨的大地》《贫瘠的土地》等。

卡洛斯·富恩特斯（1928~　），著有长篇小说《阿尔特米奥·克鲁斯之死》《最明净的地区》《锐皮》《我们的土地》等。

胡安·何塞·阿雷奥拉（1918~　），著有短篇小说《上帝的沉默》《跟魔鬼签订的契约》，短篇小说集《几种臆想》《寓言集锦》，长篇小说《集市》等。

胡安·何塞·鲁尔福（1918~　），著有长篇小说《佩德罗·帕拉莫》，短篇小说集《平原上的烈火》等。

第六章 教育、科学、文艺、卫生、体育

二 戏剧和电影

1. 戏剧

在西班牙征服者进入之前,墨西哥的印第安民族就有戏剧表演的雏形:祭祀或节日在神庙或集市前的舞蹈、歌唱和哑剧。保存下来的最完整的古代印第安民族的剧本是《拉比纳尔的武士》,属于玛雅文化。

据记载,最早以本地印第安民族语言演出的圣礼剧是1533年的《最后的裁判》。16世纪末,已经有本地出生的剧作家的作品在固定的剧场上演。保存下来的有 F. G. 德·埃斯拉瓦(1544~1601)和 J. P. 拉米雷斯(1545~?)的作品。

17~18世纪的墨西哥戏剧,大多为诗人所作,深受西班牙文艺思潮的影响。17世纪最重要的剧作家是胡安·鲁易斯·德·阿拉尔孔(1581~1639),但后来他的生活和创作活动转移到了西班牙。女诗人胡安娜·伊内斯·德·拉·克鲁斯(1651~1695)则在修道院里写出了她重要的戏剧作品《家庭的责任》。其后的欧塞比奥·贝拉(1688~1737)不仅是剧作家,也是演员。他和兄弟何塞组成剧团,在1713年和1725年建成的两座正式剧场里演出。

1800~1821年间,是墨西哥摆脱西班牙殖民统治、建立独立的新国家的时期。戏剧活动由于政治斗争的激化而停滞。

1833年,在扩建后的首都剧场演出了 M. E. 德·戈罗斯蒂萨(1789~1851)的新古典主义剧本《面包和葱头与你同在》。1841年在同一剧场又演出了费尔南多·卡尔德隆(1809~1845)的取材于欧洲历史的骑士剧《比武》,显示出墨西哥戏剧的浪漫主义倾向。这种倾向在伊格纳西奥·罗德里格斯·加尔万(1816~1842)的剧本《穆涅斯,墨西哥的来访者》中更为明显。

墨西哥

19世纪后半叶是墨西哥戏剧的浪漫主义时代。J.佩翁·伊·孔特雷拉斯（1843~1907）的大量剧作大多以爱情、品德、荣誉为主题，活跃了墨西哥的舞台，1876年一年就上演了10出，其中最有名的是《国王的女儿》。他的后继者M.阿库涅（1849~1873）的《往昔》和M.J.奥松（1858~1906）的《死后》（1883），开始显示出现实性的风俗主义倾向，而何塞·罗萨斯·莫雷诺（1838~1883）写出了第一批儿童剧《新年》《一堂地理课》等。

1910~1917年革命后，滑稽剧和轻歌剧广为流行，后来逐渐为带有明显墨西哥特色的通俗民间戏剧所代替。1928年，萨尔瓦多·诺沃（1904~ ）和哈维尔·比利亚乌鲁蒂亚（1903~1950）创建了墨西哥的第一个实验剧团"乌利塞斯剧院"，旨在"由非职业性的演员来演出新的戏剧作品"，安托尼埃塔·里瓦斯·梅尔卡多为主要女演员。他们翻译上演了许多外国的古典和现代名剧。其后，胡利奥·布拉乔于1931年组成学生剧团，他专注于导演方法和演技的改革，为此，创办了艺术夜校，培养出一批新的演员。1936年又组成大学剧团，上演墨西哥剧作家的作品。

戈罗斯蒂萨于1932年成立"方向剧团"，除了外国名剧外，也上演他本人和比利亚乌鲁蒂亚的作品，促进了戏剧民族化的发展。对戏剧民族化也做出努力的是毛里西奥·马格达莱诺（1906~ ）和J.B.奥罗（1904~ ）于1932年成立的"今日剧院"，力求演出反映墨西哥当代现实的作品，如马里亚诺·阿苏埃拉的名剧《在底层的人们》。

1947年墨西哥政府成立了国立艺术研究院，通过其戏剧部以及从1954年起定期举办的戏剧节，推动了新一代实验戏剧的繁荣。船舶剧团（1942）、墨西哥剧团（1943）、魔灯剧团（1946）、现代艺术剧团（1947）、改革剧团（1948）、学生自治剧团等，都

第六章　教育、科学、文艺、卫生、体育

在戏剧的现代化、民族化、普及化方面发挥了重要作用，其中有一些后来取得经济效益，成为职业剧团。这个时期的重要剧作家，除了戈罗斯蒂萨和比利亚乌鲁蒂亚外，还有 R. 乌西格利（1905~1980）以及年青一代的 E. 卡瓦利多（1925~　）、S. 马加尼亚（1924~　）、L. J. 埃尔南德斯（1928~　）等。

2. 电影

墨西哥是拉丁美洲最早创办电影事业的国家，也是该地区电影业最发达的国家。

墨西哥电影业历史悠久。在法国卢米埃尔发明电影的第二年，即 1896 年，墨西哥电影先驱者萨尔瓦多·托斯卡诺·巴拉甘就开设了墨西哥第一家电影院。两年后他又亲自拍摄短片《唐·胡安·特诺里奥》，这是墨西哥制作故事片的初次尝试。墨西哥革命期间，托斯卡诺还拍摄了一系列纪录片，具有重要的历史文献价值。

1910 年墨西哥第一部无声故事片《多洛雷斯的呼声》诞生，由费利佩·德赫苏斯·阿罗资助并主演。1917~1923 年是墨西哥无声片的发展时期，存在时间较长的制片厂共 12 家。恩里克罗萨斯执导的无声片《灰轿车集团》被评为最佳作品。

20 世纪 20 年代末期，墨西哥电影业一度衰落，不少制片厂关门倒闭。

进入 30 年代后。由于美国好莱坞有声电影的激烈竞争，迫使墨西哥电影业从手工制作转向工业化生产，墨西哥电影不仅开始占领国内市场，并向其他国家输出。1931 年，第一部有声故事片《圣女》问世。这一阶段涌现了一批优秀导演，费尔南多·德富恩特斯是其中翘楚，他的代表作《门多萨干爹》《跟随潘乔·比利亚前进》和《格兰德庄园》，均以墨西哥革命时期的斗争为题材。30 年代的重要影片还有胡安·布斯蒂略·奥罗的《两修士》，阿卡迪·博伊特勒的《港口之妇》，米格尔·孔特雷拉斯·托雷斯的《华雷斯与马克西米利亚诺》（墨美合拍），埃米略·戈麦斯·穆列尔的《网》，查诺·乌鲁埃塔的《在底层的人们》和《玛雅人之夜》，亚历杭德罗·加林多的《马德里难民》。

20 世纪 40 年代，墨西哥电影业飞速发展，每年平均产片 125 部，是墨西哥电影业的"黄金时代"，不少艺术质量较高的影片相继问世，获得国际影坛的好评。墨西哥成为拉丁美洲重要的电影生产国。阿根廷、古巴、西班牙、哥伦比亚、委内瑞拉、智利等国的著名影星纷纷加入墨西哥影圈；与此同时，不少墨西哥优秀电影演员也应邀赴美国、欧洲、南美拍摄影片。这一阶段的电影以农庄音乐喜剧片居多，片中人物常常是酗酒的骑师（恰罗士）、寻衅闹事的光棍，以及热恋中的情侣，也有一些影片反映城市下层人民的生活。这些影片具有浓郁的民族风格，娱乐性强，又大多配上优美动听的墨西哥流行歌曲，深受拉丁美洲西班牙语国家的观众的喜爱。

"印第安人"埃米略·费尔南德斯是这一时期最活跃的电影导演，他的主要作品有《珍珠》《恋女》《野花》和《玛丽亚·坎德拉里亚》。米格尔·萨卡里亚斯的《鬼魂岩》、胡里奥·布兰乔的《新的黎明》、罗伯特·加瓦尔东的《茅屋》、希尔维托·马丁内斯·索拉雷斯的《废墟塘》等影片，在墨西哥也有较大影响。

早在 1946 年，墨西哥电影艺术科学院和墨西哥电影记者协会即已相继成立。为推动墨西哥电影事业的发展，墨西哥电影艺术科学院设立"阿列尔奖"，墨西哥电影记者协会从 1963 年开始设立"银女神奖"，每年授予国产最佳影片。

20 世纪 50 年代的墨西哥电影仍能保持繁荣，平均每年生产 300 多部影片，但在艺术上却逐渐开始走下坡路。路易斯·布努埃尔此时在西方世界名噪一时，他导演的影片充满暴力镜头、血淋淋的梦幻画面和性变态的描写，国际电影评论界称他为"世

第六章 教育、科学、文艺、卫生、体育

界第二号恐怖大师"。其代表作有《被遗忘的人们》《升天》等。1954年,墨西哥第一部彩色故事片《银鸥》拍摄完毕,执导者是劳尔·德安达。

20世纪60年代以来,墨西哥电影业陷入严重危机,原因是私营制片公司追求票房价值,生产了大量庸俗无聊的商业片,影片内容严重脱离社会现实,不少影片以夜总会、酒吧间、妓院、乱伦为主题,充满低级的淫秽、暴力镜头,为观众所不齿。在艺术方面,不少电影导演机械地模仿一些欧洲导演的手法,丢弃了墨西哥电影原有的民族风格,从而丧失了同欧美片竞争的能力。在美洲西班牙语国家中,墨西哥影片的市场日趋缩小,进一步加剧了墨西哥电影业的困顿局面。在国内,大部分电影院为保持上座率,纷纷上映美、法、意等国进口片,国产影片仅在小城市及边远村镇中保留一些地盘。

近20年来,墨西哥也生产了一些质量较高、具有一定社会内容的影片。著名女导演马塞拉·费尔南德斯·比奥兰特曾先后获得12项"阿列尔奖"及"银女神奖",受到国内外好评。她执导的《归根结底,你的名字叫胡安》,反映了1920年前后天主教会与政府的冲突;《弗丽达·卡洛》介绍了著名壁画家里维拉妻子的艺术生涯;《卡纳涅亚》描写1906年墨西哥北部铜矿工人反对美国资本家的罢工斗争。此外,保罗·勒迪克的《里德与起义的墨西哥》、阿奇巴尔多·伯恩斯的《胡安·佩雷斯·霍洛特》、卡萨尔斯与佩雷斯·图伦特的《独木舟》,亦被列为佳片。

进入20世纪70年代以后,墨西哥逐步推行电影业国有化政策。目前有国家制片公司和国家公务员制片公司两家。

不少墨西哥影片曾在我国相继上映,如20世纪40和50年代摄制的《生的权利》《躲藏的激流》《被遗弃的人》《珍珠》《偷渡的劳工》《白玫瑰》《勇敢的胡安娜》《叶塞尼亚》《冷酷的心》《玛丽亚》等影片,受到中国观众的欢迎和好评。

三　音乐和舞蹈

1. 音乐

墨西哥民族音乐是在印第安音乐、欧洲音乐、黑人音乐影响下发展起来的，民族风格非常鲜明，在中、南美洲享有盛誉，不少作品在世界上广泛流传。

墨西哥印第安诸族有悠久的音乐传统。在古代，音乐歌舞是印第安宗教仪式的重要组成部分。每逢盛大宗教节日，不论是贵族、祭司还是武士、平民，都载歌载舞举行拜神仪式。阿兹特克各神殿中都设有专司音乐歌舞的司，还有歌手和作词谱曲的诗人。都城特诺奇蒂特兰还建有音乐舞蹈学校，男女青年每日下午在那里接受严格的宗教歌舞训练。除宗教音乐外，印第安首领和贵族蓄养的私人歌手也从事世俗歌曲的创作，内容以历史传说、英雄业绩和爱情居多。16世纪，奇奇梅克族的特斯科科帝国首领内察瓦尔科约特尔，为发展印第安音乐作出贡献。他本人创作了大量歌曲，其中70首由西班牙教士会法律顾问加里巴依译成西班牙文，流传至今，为纪念这位印第安音乐家，当今墨西哥最大的音乐厅即以其名字命名。

早期印第安音乐属五声音阶音乐。西班牙征服墨西哥前已发展成七声音阶。印第安音乐节奏强烈，音阶丰富。伴奏已发展成七声音阶。伴奏乐器以打击乐器和吹奏乐器为主。常用乐器有立鼓、横鼓、加拉巴果壳鼓、葫芦沙球、陶沙球、铜沙球、铜锣、刮器、陶哨、螺号、木号、葫芦号、陶笛、芦笛、多管笛等。现代印第安各族人民在许多方面继承了传统的音乐歌舞。

在殖民时期，西班牙传教士将欧洲音乐和欧洲乐器带到了墨西哥，城乡教堂纷纷组织印第安人唱诗班，欧洲音乐的影响逐渐扩大。随着黑人奴隶的输入，非洲黑人音乐也开始在墨西哥流传。殖民时期的专业音乐作品绝大部分是宗教乐曲和圣歌，作曲者多为传教士或教堂乐师。宗教音乐的主要代表是作曲家何塞·曼努埃尔·阿尔达纳（？~1810）。

在殖民统治的 300 年间，活跃在本国农村和城镇的民间乐师将印第安音乐、西班牙音乐和非洲黑人音乐熔于一炉，创造出丰富多彩的新型墨西哥民间音乐。

1824 年，马里亚诺·埃利萨加组建了墨西哥第一个交响乐团。

墨西哥独立初期，许多欧洲歌剧团相继来访，在当地掀起了歌剧创作热潮。1891 年，年轻的作曲家胡文蒂诺·罗萨斯谱写了《乘风破浪圆舞曲》，不久即风靡许多国家，成为世界名曲。总的来说，独立初期的墨西哥音乐家热衷于模仿欧洲学院派风格，很少从民间音乐中汲取养料。

1910~1917 年革命前后，墨西哥涌现了一批民族乐派音乐家，其代表人物是曼努埃尔·M. 庞塞（1882~1948）、西尔维斯特雷·雷维尔塔斯（1899~1940）和卡洛斯·查维斯（1899~1978），他们对墨西哥民族音乐的形成作出了贡献。庞塞系墨西哥第一位从事民间音乐采集、整理工作的音乐家，他一生创作、改编的大量歌曲中，广泛采风民歌素材。除歌曲外，他还写了交响乐、室内乐、钢琴音乐和管风琴曲。代表作有歌曲《小星星》《枯萎的心灵》《在棕榈林分》；交响组曲《查普尔特佩克》；《钢琴协奏曲》《小提琴协奏曲》吉他协奏曲《南方》四重奏《古风组曲》和《墨西哥瞬间》。雷维尔塔斯的音乐创作虽不完全取材于民间音乐，但富有浓郁的民族风格。主要作品有芭蕾舞剧《漫游的蝌蚪》；交响诗《哈尼乔》《街角》《五色缤纷》；电影配乐《网》《玛雅人之夜》《在底层的人们》等。查维斯于 1928 年创建了墨西哥交响乐团并自任指挥，其音乐创作多取材于印第安管乐，包括黑人音乐，常与现代音乐技法相结合。主要作品有芭蕾舞剧《四个太阳》《安提戈涅交响曲》《浪漫交响曲》《钢琴协奏曲》，弦乐四重奏《萨拉班德舞曲》，管弦乐与合唱《湿土》，歌剧《潘菲洛与劳雷塔》等。

1935年，布拉斯·加林多、萨尔瓦多·孔特雷拉斯、丹尼尔·阿亚拉和阿方索·埃斯帕萨组成"四人团"，在创作上继承了查维斯的衣钵。

当代墨西哥著名的音乐家有何塞·埃尔南德斯·蒙卡达和路易斯·桑迪等，他们的作品倾向于使用现代技法；阿古斯丁·拉腊写作的歌曲多达千首，曲调优美动听，深受拉丁美洲人民的喜爱；胡利安·卡里略，在创作中尝试探索现代派作曲技法，曾提出十三者体系理论，运用1/3音、1/4音，甚至1/16音，被称为"超现代派作曲家"，他在国内外具有一定影响。

目前，墨西哥各大城市都拥有交响乐团或管弦乐队。重要的交响乐团有国家交响乐团（原墨西哥交响乐团）、墨西哥国立自治大学交响乐团、瓜达拉哈拉交响乐团、哈拉帕交响乐团、普埃布拉交响乐团、瓜纳华托交响乐团和西北交响乐团。

墨西哥的民间音乐种类繁多，绚丽多彩。全国可分为4个风格区。

（1）哈利斯科区：流行于哈利斯科州。有"帽子舞"和"颂"两种民间歌舞曲，由流浪乐队伴奏。流浪乐队主要在城市广场和饭店酒楼演出，有时也应邀为婚礼或家庭聚会演奏助兴。主要乐器有4把大小不同的吉他、2把小提琴和1个小号，流浪乐队还擅长演唱兰切拉歌曲（农庄歌曲）、浪漫歌曲和科里多谣曲。听众可以当场点唱，也可为亲朋、情侣点送歌曲，或者自己引吭高歌请乐队伴奏。

（2）南方区：流行于恰帕斯州和地峡地区。有马林巴木琴音乐，传统曲目有《桑东加》《哭丧妇》等。马林巴木琴通常由2～3人同时演奏。

（3）韦拉克鲁斯区：流行于韦拉克鲁斯州。有瓦潘戈歌舞

第六章 教育、科学、文艺、卫生、体育

曲，瓦潘戈是一种木台舞蹈，男演员头戴凉帽，身穿白衣、白裤，女演员身穿西班牙长裙，手执折扇。伴奏乐队由吉他、竖琴等乐器组成，舞曲欢快、热烈。

（4）瓦斯特克区：流行于塔毛利帕斯、圣路易斯波托西、韦拉克鲁斯三州的交界地段。有瓦斯特克歌曲，这种歌曲演唱时交替使用真假声。

此外，民间管乐队对墨西哥民间音乐的传播也起着较大的作用。民间管乐队主要活动在农村，编制比较简单，常用乐器有大鼓、小鼓、小号、军号、大号等。按照殖民时期形成的传统，各地村镇每逢节日或重大活动都要请民间管乐队演奏助兴。乐队的演奏技巧虽不甚高明，但具有浓郁的乡土气息，深受广大农民喜爱。

2. 舞蹈

哈拉贝舞（Jarabe），又称"帽子舞"，诞生于约1734年，同名音乐和舞蹈是一起出现的。据研究，它是吉普赛人的哈拉韦舞和西班牙霍塔舞结合的产物。19世纪传遍墨西哥，并成为墨西哥有代表性的民间舞。是以扎帕蒂阿多舞步为主的男女对舞。以哈利斯科州的哈拉韦·塔帕提奥最具代表性。男舞者身穿民族礼服，肩搭花条长巾，头戴宽檐帽，双手背后，脚下踢踏步复杂多变。女舞者着色彩绚丽的长裙，双手舞动长裙，甩出各种图案，脚下亦以踢踏步为主。舞蹈中，男舞者的帽子甩来甩去，有时戴在女伴头上，有时丢在地上，两人围着它舞蹈。乐队与舞者不时发出喊叫声助兴，增加舞蹈的热烈气氛。

四 美术

壁画是深受墨西哥人民喜爱的艺术形式。在墨西哥首都，许多政府机关大厦、博物馆、学校、剧场、电影院及其他公共建筑的外墙或内壁，布满了色彩绚丽的巨型壁画，

墨西哥

墨西哥城遂有"壁画之都"的美称。

墨西哥壁画艺术源远流长,已有一千多年历史。公元 6~8 世纪绘制的博南帕克玛雅彩色壁画,是驰名的艺术宝库之一。

20 世纪 20~40 年代形成的墨西哥壁画派继承了古印第安壁画艺术传统,同时又创造出新的技巧和表现方法,打破了学院派的清规戒律。他们创作的大量壁画作品具有强烈的战斗性和浓厚的民族风格。墨西哥壁画派的代表人物是奥罗斯科、里维拉和西凯罗斯,他们为墨西哥现代壁画的兴起和发展作出了贡献。

何塞·克莱门特·奥罗斯科(1883~1949)早年从事漫画和风俗画的创作。1910~1917 年革命后,与里维拉等人发起壁画运动。他吸收了一些表现派艺术语言和现代版画的技巧,同古印第安艺术的传统象征手法相结合。他的壁画笔触自由奔放,线条简洁有力,色彩偏于暗淡。主要作品散见于墨西哥城的国立预科学校、美术馆、联邦最高法院大厦和查普尔特佩克历史博物馆等处。这些壁画有的反映了伊达尔戈领导的独立运动,有的表现了墨西哥人民的苦难生活,有的描绘了人类的善与恶。

迭戈·里维拉(1886~1957)早年移居欧洲,曾模仿毕加索,倾向于立体派。1921 年回墨西哥,致力于壁画运动并宣传墨西哥民主革命。在卡列斯总统任内,里维拉应邀为首都国民宫内壁绘制一系列大型壁画,内容有羽蛇神传说、古代印第安文化、玉米和可可的种植、龙舌兰工业、科尔特斯登陆、1810 年独立战争、1857 年改革法、马克西米利亚诺的处决、1910 年革命等,堪称墨西哥的历史长卷。1934 年为纽约洛克菲勒中央大厦会客厅绘制壁画《人——世界的主人》,以列宁和工人为画面中心人物,不久被拆毁。里维拉回国后在首都美术馆重绘了这一作品。1948 年,他应邀为墨西哥城普拉多饭店画《星期日下午的梦》,因画中出现"世界上没有上帝"的铭文,与天主教会发

第六章 教育、科学、文艺、卫生、体育

生激烈冲突。嗣后饭店经理部用折合木门将壁画掩盖，仅在私下对宾客启示，这一事件才得以平息。里维拉还为国立预科学校、教育部大厦、大学城、查平戈农业大学、库埃纳瓦卡的科尔特斯宫、美国底特律美术学院绘制壁画。他的作品采用了印第安艺术和民间艺术的传统手法，色彩鲜艳，形象生动，善于表现群众场面。

戴维·阿尔法罗·西凯罗斯（1898～1976）青年时期在巴黎留学。20年代初返回墨西哥，和里维拉等画家致力于墨西哥壁画艺术的开拓工作，1924年加入墨西哥共产党。在壁画创作上，他力图将社会主义内容同民族形式相结合。他的壁画作品具有反对帝国主义、反对殖民主义、拥护社会主义等内容，政治倾向鲜明。在艺术上，他大胆探索，勇于创新。30年代初，他发明并推广新型的硝化纤维化学油料，用这种油料制作的壁画经得起风吹日晒，长时间不变色。他还利用墙壁的凹凸不平和人的视点移动，创造了"移动壁画"。60年代他又全力以赴创作"雕塑壁画"，其人物形象突出画面，视觉效果酷似淡浮雕。他画的主要壁画分布在首都的电力工会大厦、美术馆、大学城和墨西哥饭店内的西凯罗斯文化厅。古巴、美国和智利也有他的壁画作品。代表作有《新民主》《为民族服务的大学》《人类在前进》等。

当代墨西哥著名画家还有鲁菲诺·塔马约（1899～）。塔马约早年旅居纽约18年，旅居巴黎10年。欧美艺术风格的影响加上对墨西哥艺术源流的深入研究，使他形成了自己独特的艺术风格。1960年以来，法国、美国、日本、委内瑞拉、巴西等国相继举办过他的画展。从1928年起，他在美国和墨西哥总共创作了20多幅壁画，其中著名的是装饰在联合国教科文组织大会厅里的《普罗米修斯盗火到人间》。1960年代，塔马约在巴黎、巴塞罗那和罗马创作了大量石版画。1953年，塔马约获巴西圣保

罗画展大奖，1960年获国际古根海姆基金会奖和墨西哥国际奖，1964年获墨西哥国家艺术奖，1969年又获法国古本江基金会奖。

第四节　医疗卫生

一　医疗设施

墨西哥的医疗体制包括公立医院、社会保障部门所属的医院和私人医疗服务提供者。公立医院以及社会保障部门所属的医院占医院总数的比例小于30%，其他绝大多数是营利性的私立医院。而医院总床位70%以上分布于公立医院和社会保障机构所属的医院，这些医院的规模也比较大。不同的服务提供者，其支付水平不同，提供的服务等级和服务质量也不一样。

墨西哥的私人医疗机构发展迅速。私立医院是医疗服务的主要提供者，大多数私立医院的规模都比较小，由个体医生组织拥有和经营。私立医院服务于所有的收入阶层。公立医院由联邦和州政府所有，约占医院总数的14%，占床位总数的30%，主要服务于低收入人群和无任何医疗保障的人群。社会保障部门由很多机构组成，其所属医院占医院总数的15%左右，以及40%的医院床位，主要服务于有保险的人群，包括正式部门的工作人员、公务员及他们的家属。

墨西哥个人医疗服务分为基本和二级医疗卫生服务、三级以上医院提供的昂贵医疗服务。实行分区分级和逐级转诊医疗。

第一级为门诊所，一般只看门诊，设有少量床位，按居民的住地划区，每个门诊所负责当地3万～10万名受保人员的医疗保健工作，每名医生固定地负责600户2400人的治疗、预防、卫生宣传教育工作，居民可以就近就医和接受预防，医生还可以

第六章　教育、科学、文艺、卫生、体育

到居民家出诊，称之为"家庭一体化"。受保人数的85%左右病人均在门诊所得到治疗，遇有疑难病症及住院治疗者则由门诊所医生转向第二级医院。

第二级医院为综合地方医院，也是分区设置，一般负责几十万名受保人的医疗工作，床位约40～360张，一般设有内科、妇科和儿科等，主要任务是收治由初级门诊所转来的患者。

第三级医疗服务机构为医疗中心，是最高层次的医疗机构。医疗中心内一般设有几个专科医院，负责治疗第二级医院的转诊病人，设备比较先进齐全，医疗技术水平也较高，医疗费用也最高。

截至2005年年底，墨西哥全国拥有7.6万张病床，5.3万个诊所，2892间手术室和1315间医学实验室。90%的医疗服务机构在城市。其中公立医院以及社会保障部门所属的医院数据如下所示。

（1）卫生部：有医疗服务机构11762个，其中包括医院459家和诊所18108个、床位32207张和医生58513人。

（2）社会保险局（IMSS）：有医疗服务机构5393个，其中包括医院326家和诊所5067个、床位30306张和医生56305人。

（3）国家公务员社会保障和服务局（ISSSTE）：有医疗服务机构1232个，其中包括医院100家和诊所1132个、床位6746张和医生17309人。

（4）石油公司（PEMEX）医疗系统：有医疗服务机构219个，其中包括医院23家和诊所196个、床位954张和医生2355人。

二　医疗制度

墨西哥的医疗制度由三部分组成，一是政府提供的免费医疗服务，二是社会保险医疗服务，三是私人医疗服务。

政府提供的免费医疗服务对象是贫穷者和偏僻边缘地区的居民，国家卫生福利部负责实施，由政府开办的医疗机构提供服务，或者由政府与保险协会所属医院签订合同来提供，经费均来自国家税收。全国31个州中，得到这项医疗服务的农村居民有1400万人，年人均医疗费用开支约4美元。

社会保险服务由社会团体的医疗保险组织提供服务，全国最大的社会保险组织有全国社会保险协会和国家职工社会保险协会。此外，军队、警察和石油等部门还举办有本系统或本行业的医疗保险机构。以上保险组织都有自身的医疗机构。

私人医疗保健机构多属营利性的，也有与政府签订合同为居民提供免费服务的。

三　医疗保障制度

墨西哥的医疗保障制度包括三部分内容：社会医疗保险、公务员医疗保险和大众医疗保险。社会医疗保险于1943年建立，其覆盖范围是在私人部门正式就业的职工及其家属，资金来源于雇主和雇员的工薪税以及政府财政补助，分别占1/3。公务员医疗保险1959年建立，覆盖政府雇员及其家庭，资金来源于雇员的工薪税和政府财政补助，分别占1/3和2/3。大众医疗保险是墨西哥医疗保险体系的重要组成部分，也是墨西哥医疗保险体系中最具特色的部分。2003年4月，墨西哥修改了卫生基本法，提出到2010年建立覆盖全民的医疗保障制度的目标，其中最重要的内容是通过建立大众医疗保险制度，向未被正规社会保障制度覆盖的人群，特别是为那些最穷的人提供医疗保障。自2004年1月1日以来，大众医疗保险制度在全国范围内正式实施，进展顺利，卫生不公平的状况明显改善。

第六章 教育、科学、文艺、卫生、体育

1. 覆盖人群及资金来源

大众医疗保险覆盖的对象是未被社会医疗保险和公务员医疗保险覆盖的人群。参保的基本单位是家庭。据统计，平均每个参保家庭约有3.2人左右。大众医疗保险的筹资有如下3个方面的来源：第一方面的资金是联邦社会资助资金，这部分资金相当于联邦政府对参保家庭的补助，目的是均衡政府对正规就业人员和其他人员的资助。第二方面的资金类似于雇主缴费，这部分资金由联邦政府和州政府联合承担（由于雇主缺位）。联邦政府投入的部分称为联邦团结资金，平均相当于联邦社会资助资金的1.5倍。州政府投入的部分资金称为州团结资金，相当于联邦社会资助资金的50%。第三方面的资金是家庭缴费。根据规定，参加保险计划的家庭根据其收入水平分为10个等级，收入最低的2个等级家庭可以豁免缴费，收入第三低的家庭中如果至少有1名低于5岁的儿童，也可以豁免缴费；其他7个收入等级的家庭按照收入从低到高分别缴纳从57美元到910美元的年费（家庭成员只有1个的，可以得到50%的折扣）。从实际执行情况看，目前参保家庭大多属于收入最低的2个等级，因此真正缴费的家庭仅占参保家庭的2%。在资金分配方面，主要划分为3个基金。第一个是基本卫生服务基金，包括第一和第二方面资金来源的89%以及第三方面资金的全部，由各州卫生厅使用，用以提供基本卫生服务。第二个是大病基金，包括第一和第二方面资金来源的8%，由联邦卫生部使用，用于提供选定的大病专科医疗服务。第三个是预见性基金，包括第一和第二方面资金来源的3%，这部分资金用于调节各州的支出以及支持基本卫生服务提供能力不足地区的基础设施建设。

2. 服务内容和服务的提供

参保家庭均可享受以下两部分内容的服务：第一部分内容是

高频率、低成本的基本卫生服务包，基本涵盖了基层健康中心100%的服务内容和95%的综合医院服务内容。基本服务包和基本药物目录每年调整一次，基本服务包主要根据疾病负担和筹资水平决定，而基本药物则根据基本服务包和筹资水平来决定。第二部分内容是精心选择的高成本、低概率大病的三级专科医疗服务，大病目录也是每年根据筹资的情况调整范围。

墨西哥医疗保障制度一个显著特征是，不同的医疗保险制度分别建立了直接隶属于本系统的医疗服务机构，社会医疗保险、公务员医疗保险的参保者只能到本系统所属的医疗服务机构就医。理论上讲，大众医疗保险的参保者既可以到卫生部系统的医疗机构就医，也可以到社会医疗保险和公务员医疗保险系统的医疗机构就医。但是，在现阶段，参与提供服务的仅限于联邦和州卫生部系统的医疗机构。

目前，大众医疗保险对卫生部系统医疗机构的费用支付方式根据提供的服务有所不同。对于基本卫生服务包，按照人头付费；对于大病按照病例付费。但是，两者都仅包括服务项目的变动成本部分，固定成本部分继续按照传统预算的方式拨款，计划2010年以后合并这两种支付渠道。

3. 药品的采购、使用与管理

建立大众医疗保险前，墨西哥卫生部所属医疗机构免费向居民提供服务，但是不提供免费药品，即使贫困人口看病也必须自费购药。大众医疗保险特别增加了提供基本药品的内容。为了保证向大众提供安全、有效、经济的基本药品和控制医药费用，卫生管理部门一方面采取措施保证基本药品的提供，另一方面对医院提供药品的行为进行严格管理，不允许医院超出基本药品范围向患者卖药赚钱，防止提供基本药物的政策目标被扭曲。

自2002年开始试点以来，特别是2004年在全国正式实施以来，大众医疗保险制度扩面进展顺利，公共卫生投入明显增加，

第六章 教育、科学、文艺、卫生、体育

资金分配的公平性明显提高，贫困人群的卫生保障水平得到迅速提高。2002 年开始试点时，只有 5 个州参与，当年有 89960 个家庭加入。2005 年，31 个州和联邦区全部加入，其中有 5 个州实现了全民覆盖，共有 355.6 万个家庭参与，约占全部无社会保障家庭的 29.9%，占无社会保障人口的 19.8%。参保家庭主要集中在收入最低两个等级的家庭，2000~2005 年，收入最低两个等级家庭中有医疗保障的比例分别从 7.0% 和 28.2% 增加到 39.4% 和 48.7%，因病致贫的比例显著降低。

改革以来，墨西哥卫生总费用占 GDP 的比重从 2000 年的 5.7% 增加到 2003 年的 6.1%，2005 年则进一步增加到 6.6%，而且主要是公共支出的增加，初步解决了筹资水平低和公共财政投入低的问题。同时，公共资金投入的公平性也有明显改善。政府对有社会保障人群的投入与无社会保障人群投入的比重，从原来的 2.3∶1 下降到 1.1∶1。

第五节 体育

墨西哥在美洲和世界体坛上占有重要地位。墨西哥主要的全国性体育领导机构有 3 个。

一是体育部。是根据总统法令成立的官方机构，从属于教育部，负责协调全国体育工作。

二是体育联合会。根据总统府法令于 1933 年成立，系民间机构，主席由总统任命。体联的职能是领导全国 43 个单项协会，组织国内群众体育和竞赛，为运动员的培训提供教练员、资金和场地器材，负责批准出国人员等。体联在各州设有代表。各单项全国协会受体联和奥委会领导，在各州和联邦区设有分会。分会的基层组织是体育俱乐部。

三是奥林匹克委员会。成立于 1923 年，系民间机构。其主

墨西哥

席和执委会由选举产生，任期4年，可连选连任。职能是负责集训国家队、派遣体育团队出国、接待外国体育代表团队、举办国际比赛等。奥委会拥有大型的奥林匹克中心，内有供各个项目训练的场馆，年度开支由政府拨给。

墨西哥较普及的体育项目有足球、篮球、棒球、网球等。水平较高的有足球，曾获第7届泛美运动会和第10届世界大学生运动会冠军。男女篮球，曾获第7届泛美运动会第3名。竞走，曾多次创造20公里等项目世界纪录。拳击，拥有世界轻量级冠军。男子跳水和男子网球在世界比赛中均获过好名次。

首都墨西哥城拥有大中小型体育场馆7500多个，分别设立在市区2500多个点上，如体育部训练中心、体联的体育城、奥委会体育中心、大学城、俱乐部、体育公园、学校等。其中足球场830多个，包括能容纳10万人的1个，5万~9万人的3个；体育馆30个，包括能容纳1.6万~2万人的3个；田径场10个（其中塑胶跑道场6个）；游泳池120多个；篮球场870多个；排球场1100多个。

近几十年来，不少世界和国际性的体育比赛，如泛美运动会、世界自行车锦标赛、世界杯足球赛、世界排球锦标赛、世界大学生运动会、世界柔道锦标赛、世界划船锦标赛都曾在墨西哥举行，第19届奥运会也是在墨西哥召开的。

传统体育项目有马术、斗牛等。

牧民骑术 这是一项以马术为主的综合性竞技，在世界上素有"马上芭蕾舞"的美称。早在殖民时期它就在墨西哥的大庄园中流行，现已成为墨西哥的国术。骑术比赛有多种表演项目：一是男女"恰罗士"的各种骑术表演；二是套马表演；三是徒步套马；四是驯马、驯牛；五是飞身跨马。恰罗士节比赛的骑士表现了勇敢和机智。一首古老的墨西哥民歌唱道："你要成为恰罗士骑手，那你才算是一个墨西哥人。"历史上，骑术竞赛始于

第六章 教育、科学、文艺、卫生、体育

墨西哥北部和美国西南部西班牙人放牧牲畜、驱集牛群的活动，开始纯粹是一种民间文化，而今天，已经正式成为比赛项目。

斗牛 每年11月到下一年3月是墨西哥的斗牛季节，许多外国游客都赶在这个时候去墨西哥，为的是一睹墨西哥斗牛士的风采。现在世界上大概只有3个国家还有斗牛，墨西哥便是其中之一（另两个国家是西班牙和哥伦比亚）。世界最大的墨西哥城斗牛场，可容纳8万观众。

墨西哥人喜欢看斗牛，在斗牛季节，斗牛场总是座无虚席。用于斗牛的都是专门饲养的公牛，体重一般在400~600公斤之间，膘肥体壮，勇猛好斗。斗牛士身着华丽的紧身斗牛服，头戴黑色扁形帽，右手握利剑，左手舞动红色斗篷，显出一股天下无敌手的剽悍之气。不过斗牛士要与公牛周旋，最后一剑从颈部刺进牛的心脏把它杀死，那是要冒极大风险的。看台上的人自始至终是提心吊胆的。实际上，斗牛士被牛顶伤顶死的事也是不少见的。但正是在这危险刺激的表演中，观众们才充分领略了墨西哥人粗犷勇敢的精神。

墨西哥许多小城镇每逢重大节日还举行民间斗牛表演，在简易场地举行，表演者多为斗牛爱好者，一般未受过正式训练。选用的公牛通常是只有50多公斤的牛犊。表演者或模拟红布功夫，远引牛犊冲刺，表现躲闪技巧，或以双手握住牛犊双角，将牛摔倒。

第六节 新闻出版

一 平面媒体

墨西哥新闻事业相当发达，在拉丁美洲首屈一指。目前登记注册的全国性报纸有500多种，期刊1000

墨西哥

多种。平均每百人订报14.4份。发行量大的多是以体育、娱乐和社交新闻为主要内容的报纸；以政治、经济新闻为主的报纸，发行量较小。没有官方背景的报纸主要靠刊登商业广告或机关团体的专文来维持收入，广告费一般占各大报收入的60%。大部分报社属报业托拉斯，有的为大财团所有。也有一部分为合作社经营（报社工作人员可入股）。墨西哥报刊设备较现代化，很多报社使用电脑编稿，照相制版，印刷机先进，印刷速度快。

墨西哥各报的国际新闻主要采用美联社、合众国际社、路透社、法新社、埃菲社、安莎社、德新社等各国通讯社的新闻稿。世界各大通讯社在墨西哥均有记者常驻。

墨西哥现有3家通讯社，即墨西哥通讯社（Notimex）、墨西哥新闻社（Informex）、墨西哥新闻通讯社（Anmex）。

墨西哥通讯社成立于1968年，系官方通讯社，隶属内政部。该社在国内有自己的记者网，派驻国外的记者较少。新闻报道除文字稿外，还拍电视短片，供各电视台使用。

墨西哥新闻社成立于1961年，是墨西哥最早建立的通讯社，系私营机构。其业务范围较窄，往往是转发外国大通讯社的新闻，主要为国内报纸提供服务。

墨西哥主要报纸有以下品种。

《国民报》（EI Nacional），1929年创刊。日发行量约8万份。

《日报》（EI Dia），1962年创刊。合作社经营。日发行量约7.5万份。

《至上报》（Excelsior），1917年创刊。墨西哥历史最悠久、影响最大的报纸之一。日发行量约18.4万份。

《宇宙报》（EI Universal），1916年创刊。以报道贸易消息著称。日发行量约18万份，星期日版19.7万份。

《墨西哥太阳报》（EI Sol de Mexico），1965年创刊。日发行

第六章 教育、科学、文艺、卫生、体育

量上午版 11 万份、中午版 9.2 万份、下午版 9.5 万份。

《墨西哥先驱报》（EI Heraldo de Mexico），1965 年创刊。为普埃布拉财团控制的一家全国性日报，与教会联系较多。日发行量约 20.9 万份。

《消息报》（Novedades），1936 年创刊。是墨西哥较老的报纸之一。日发行量约 19 万份、星期日版 20.5 万份。

《墨西哥日报》（Diario de Mexico），1950 年创刊。消息不多，但有时有独家新闻。日发行量约 11 万份。

《新闻报》（La Prensa），1928 年创刊。主要刊登社会新闻，常以骇人听闻的社会新闻为其头版头条。日发行量 29.7 万份。

《欢呼报》（Ovacopmes），1947 年创刊。内容以体育新闻为主，主要报道国内体育消息，较受读者欢迎，发行面广。日发行量约 20.5 万份、下午版 22 万份。

墨西哥主要杂志有如下品种。

《永久》（Siempre），1953 年创刊。综合性周刊杂志。由一些著名文化人士主持出版，在拉丁美洲地区有很大影响。

《进程》（Proceso），1976 年创刊。周刊。政治性较强，常对国内重大事件发表评论。主要读者是政界和知识界人士。

《今日》（Hoy），1937 年创刊。是墨西哥最老的杂志。材料丰富，有不少政论文章。

《国际和外交》（Internacional y Diplomatica），创刊于 1951 年以前。墨西哥老杂志之一。报道世界大事，特别是有关拉丁美洲的大事，同时还报道墨西哥重要外交活动。

《晨报》（Manana），1944 年创刊。是墨西哥老杂志之一。主要报道墨西哥国内经济新闻。

《时代》（Tiempo），政治性周刊。墨西哥老杂志之一。报道官方活动，综述总统一周的言论，同时刊登拉丁美洲特别是中美

洲地区的消息。

《冲击》(Impacto)，1949年创刊。综合性周刊杂志。报道国内外重要新闻，亦刊登反映日常生活的文章。

《一切》(Todo)，1933年创刊。墨西哥老杂志之一。报道国内外一些重大事件。

《世界杂志巡礼》(Revista de Revista)，是《至上报》办的杂志。内容较丰富，经常报道拉丁美洲地区的消息。

《首创》(Iniciativa)，1967年创刊。政治性周刊。合作社经营。报道内容较丰富。

二　广播电视

墨西哥早在1923年就有商业广播电台开办，1924年教育部创办了一家国有电台，至1930年代广播业已粗具规模。目前全国有广播电台1023家（其中调频台200家），几乎全都是私营的商业台。其中最有影响的是"拉丁美洲之声"(XEW)，创建于1930年，总部设在首都墨西哥城，由30多家直属台和附属台组成全国性广播网，每天24小时连续播音。非商业性的公共电台一般为政府或社会机构经办，其中最有代表性的是墨西哥自治大学办的"大学广播电台"，1937年创建，主要播送文化、教育、音乐、艺术及儿童节目，不播广告。另外就是国有的对外电台"墨西哥广播电台"(RMX)，使用多种语言对美洲地区广播。

墨西哥的电视开办于1950年。这年，首家电视台、民办的4频道在首都开播。1951、1952年又先后有2频道、5频道电视开播。1955年，上述3家合并，组建成墨西哥电视网。1968年又有8频道电视开办。1973年墨西哥电视网和8频道合并，组成特莱维萨电视公司。现在全国约有电视台540家，绝大多数是私营的商业台，其中有全国影响的是特莱维萨电视公司和阿兹特

第六章 教育、科学、文艺、卫生、体育

卡电视公司。

特莱维萨电视公司（Televisa, S. A.）组建于1973年。经过几十年发展，目前该公司不仅是墨西哥而且也是西班牙语系影响最大的广播电视机构，拥有直属和附属电视台约300家、广播电台17家、节目制作公司3家、墨西哥最大的有线电视台以及报刊若干家，而且在美国和其他拉丁美洲国家的广播电视机构中拥有股份。它的电视网有4套节目，都是以娱乐性节目为主的综合频道，拥有全国80%左右的观众。它的电视新闻节目《回声》全天报道世界各地新闻，并通过卫星传送到美、欧、非等40多个国家。该公司的有线电视网传送22个频道的节目，用户20多万个。该公司还参与数字卫星直播台拉丁美洲空中台的创办，并且在向西班牙开拓业务。特莱维萨公司还是个重要的节目制作和销售商，每年拍摄几十部电视剧、制作5万多小时各类节目，远销世界上70多个国家。这家公司的大部分股份属于拉美首富阿斯卡拉加家族。

阿兹特卡电视公司（Television Azteca）成立于1993年。当时公营墨西哥电视台的7和13频道由于经营不善而被拍卖，零售商阿兹特卡公司买了下来，从而组建了这家新的商业电视公司，成为特莱维萨公司的强劲对手。现在这两个综合频道已夺走了特莱维萨不少观众。

墨西哥非商业性的公共电视台数量很少。只有教育部的22频道、文化部的10频道、墨西哥工科大学的11频道等几家，主要播送教育节目。

根据墨西哥《广播法》，政府内政部负责对广播电视机构的监督指导，交通电信部负责执照发放、频率分配，教育部负责发展教育广播电视。政府除了掌握少量的公共广播电视台外，从1960年起要求全国的商业广播电视台每天提供32.5%的时间（1969年后改为12.5%）代替部分税款，用来播送政府准备的

文告、宣传报道和教育文化节目。这些节目由内政部广播电视节目制作中心提供。这是国家为了改变美国节目泛滥、推动国民教育而采取的积极并颇具特色的措施。

墨西哥有109家有线电视台,其中最大的为"有线电视公司"和"多视像电视公司",各有几十万用户。

第七章

外　交

墨西哥长期奉行独立自主的外交政策，主张维护国家主权与独立，尊重民族自决权，推行对外关系多元化，主张和平解决国际争端。

墨西哥是二十国集团、北美自由贸易区、亚太经合组织、经济合作与发展组织、美洲国家组织、里约集团等组织的成员和不结盟运动观察员。现为里约集团轮值协调国和发展中五国协调国。2008年当选2009~2010年度安理会非常任理事国。现同187个国家有外交关系。

第一节　外交政策

一　防御性外交政策时期（1910~1970）

1910年墨西哥革命爆发后，引起美国政府及其投资者极大不安，为了保护美国人在墨西哥的利益，美国政府以"不承认"来要挟墨西哥政府。美国与墨西哥在政权承认问题上干涉与反干涉的斗争贯穿墨西哥革命的始终。"不干涉"原则成为墨西哥外交政策中的重要内容。1918年，墨西哥政府

墨西哥

宣布了其国际政策的革命原则,即著名的"卡兰萨主义"外交原则。其内容包括:各国一律平等;各国相互尊重对方的制度、法律和主权;任何国家都不得以任何形式、任何借口干涉别国内政;任何外国人都不应谋求比所在国公民更优越的条件,更不应以外国人身份作为其获取保护或特权的资格;本国人和外国人在所在国的国家主权面前应一律平等;法律不分国籍,应尽可能一致,但有关行使主权的内容例外。

1917年墨西哥颁布新宪法,立即遭到了西方势力尤其是美国的阻挠,围绕捍卫宪法的斗争一直持续到20世纪30年代末。宪法中涉及墨西哥与外部关系的主要有两项内容:一是将自然资源国有化;二是土地改革。

墨美之间就资源和外国人拥有墨西哥土地问题开始了旷日持久的冲突。美国在1920~1923年间拒绝承认阿尔瓦罗·奥夫雷贡政府,并向墨西哥施加经济压力,在墨西哥的美国石油公司大量减少石油产量以断绝对墨西哥的石油供应,导致大批墨西哥工人失业。在巨大的压力下,1923年奥夫雷贡政府与美国签订了布卡雷利协议。协议规定,墨西哥1917年宪法第27条不适用于美国公司和个人在新宪法生效前购置的产业,墨西哥以公债券抵偿美国人被没收的地产。美国的要求得到满足后,宣布恢复与墨西哥的外交关系,两国关系有所缓和。

1924年12月,普卢塔科·埃利亚斯·卡列斯就任墨西哥总统后,墨西哥起草并通过了《石油法》。该法规定了包括美国在内的所有外国公司1917年5月1日前在墨西哥获得的油矿租借权只能维持50年,这相当于废除了布卡雷利协议。《石油法》引发了墨美关系的新危机,有些石油公司甚至游说华盛顿对墨西哥进行军事干涉。1928年,墨西哥修订了法律,承认了外国石油公司在1917年5月1日以前所获得的石油开采权,墨美两国间的关系再度缓和。

第七章 外　交

直到 1938 年几任墨西哥政府都没能有效地推行宪法第 27 条，实行对地下资源的国有化。在美国政府支持下，外国公司依然拥有特权。

1938 年，形势的变化为墨西哥总统卡德纳斯提供了对付外国公司的有利条件。正如卡德纳斯本人所说，"自革命以来，各届政府都致力于在外国公司所享有的地下资源特许权问题上有所作为，但是直到现在，国内的问题和国际上的压力一直在减弱着这种努力。然而，今天情况变了：国内没有斗争，一场新的世界大战即将发生。英国和美国对于民主和尊重其他国家主权的谈论已经够多了。这是一个很好的验证机会，当墨西哥行使自己的权利时，看看他们会不会坚持他们口头上的信念。" 1938 年 3 月 18 日，卡德纳斯发表广播演说，宣布没收 17 家拒绝执行最高法院关于增加石油工人工资和福利判决的外国石油公司的财产，对其实行国有化。这个演说后来被称为"墨西哥经济独立宣言"。美国通过抵制从墨西哥进口石油进行报复，宣布暂时终止执行 1936 年的美墨白银协定。

"二战"爆发后，由于担心德国纳粹在政治上和经济上对墨西哥的渗透，美国政府决定缓和与墨西哥的关系，敦促石油公司与墨西哥谈判解决 1938 年的国有化问题。1942 年美国的石油公司同意了墨西哥政府 2380 万美元的赔偿——等于其原来要求的 4%。通过石油国有化运动，墨西哥维护了国家主权，增强了民族凝聚力。

随着战争的临近，美国进一步密切了和拉美国家的关系。罗斯福总统提出睦邻政策，规定了美国对拉美政策的基本方向。在 1939 年巴拿马、1940 年哈瓦那的泛美会议上，美国和拉美国家达成了维护西半球安全的协议，警告好战国家不得染指新世界。在这个西半球联盟中，墨西哥和巴西成为重要角色。卡德纳斯坚定的反法西斯主义立场为墨美关系的亲善打下了基础，他的继任者阿维拉·卡马乔继续了这一政策。1941年日本偷袭珍珠港后,墨西哥同轴心国断绝了关系,并向美国海军提供特权,墨西哥成为美国在美洲大陆的政治和战略要地。从1942年1月起,墨西哥同美国在共同防御委员会进行合作。

战争加强了墨美之间的经济联系。1937~1938年同欧洲的贸易占墨西哥对外贸易的1/3,到1946年墨西哥对欧洲的进出口分别下降至5%和2%,1940年美国进口了90%的墨西哥出口货物,1944年美国向墨西哥提供了90%的进口货物。随着墨美贸易的增长,美国的投资也不断增长,特别是在制造业方面。战争期间,墨西哥加快了从依靠初级产品出口的经济向能够满足国内需求的、初具规模的制造业经济的转化,这就增加了墨美两国之间的相互依赖。1942年墨西哥政府与美国签订了贸易协定(美国市场向墨西哥市场开放)和移民劳工协议(允许墨西哥雇工在美国的铁路和农场工作,后来又扩大到其他部门)。这些协议的基调是强调双方的一致和合作。一些有影响的墨西哥人士认为,这标志着两国"特殊关系"的开始。

在"二战"结束后的12年里,墨西哥的两任总统米格尔·阿莱曼和鲁伊斯·科尔蒂内斯都谋求与美国的紧密联系,以便保持一种"特殊关系",但同时在西半球关系中表现出独立于美国的立场。这种关系的主要例子是1954年墨西哥根据不干涉原则谴责美国中央情报局策划推翻危地马拉阿本斯政权并入侵危地马拉。洛佩斯·马特奥斯执政时期,当华盛顿与古巴关系恶化,艾森豪威尔政府向墨西哥施压要求予以支持时,墨西哥试图保持外交的独立,希望坚持不干涉原则,但也希望避免与美国发生直接对抗。墨西哥与美洲国家组织的其他成员国采取了不同的立场,反对制裁古巴政府并拒绝与之断绝外交关系。美军偷袭猪湾失败后在拉美激起了反美浪潮。墨西哥发言人认为,美国的行动违反了民族自决原则,主张该问题应在联合国范围内,而不是在美洲国家组织内讨论。美洲国家组织给墨西哥提供了一个实行"不同的外交政策"的场合。另外,墨西哥在倡议签订《拉丁美洲和加勒比禁止核武器条约》(1967年签订)上起了重要作用。尽管在美洲国家组织内与美国意见向左,但墨西哥与美国的关系在"二战"期间的友善期之后保持了稳定。

二 第三世界主义外交政策(20世纪70~80年代初期)

墨西哥经过20世纪六七十年代经济的迅速发展,经济实力不断增强。在此基础上,墨西哥积极开展对外活动,在国际事务中日益发挥重要作用。1970~1976年任职的埃切维里亚总统强调不同政治制度和意识形态国家的和平共处,他访问了亚、非、拉及欧洲的37个国家。墨西哥在发展与西欧和日本关系的同时,积极与发展中国家发展关系。

1974年2月12日第29届联大通过了埃切维里亚倡议制定的《各国经济权利和义务宪章》。1975年10月在墨西哥的倡导下25个拉美国家签署《巴拿马协议》,正式成立了拉美经济体系。1976年7月正式宣布200海里承袭海。1977年墨西哥外长在联大重申对外政策四项原则:不干涉别国内部事务;各国人民自决;和平解决争端,不诉诸武力;各国主权平等。1979年9月墨西哥在联合国提出制定"世界能源计划"的建议。1980年1月倡议召开联大紧急会议讨论阿富汗问题。1981年10月在墨西哥坎昆举行了关于合作与发展的国际会议。在联合国、77国集团、拉美经济体系等国际组织和区域性组织中,墨西哥都发挥了积极作用。

1. 埃切维里亚的第三世界主义和多元外交

总体来说,1970年以前,墨西哥政府主要关注国内的经济发展和政治稳定,在国际体系中的作用不在政府的重要议题内。

墨西哥

它的外交政策基本上是遵守国际法、主张不干涉原则和民族自决原则，在国际事务中保持中立和不介入的态度。然而，从20世纪70年代起，国际国内政治、经济形势发生了重大变化。墨西哥经济出现结构性危机，迫切需要扩大出口，而美国却由于经济衰退，采取了更加保护主义的贸易政策。1971年美国政府宣布对所有进口产品增加10%的附加税，拒绝免除墨西哥和加拿大的附加税，尽管两国声称与美国有特殊关系。学术界普遍认为，这标志着墨西哥与美国"特殊关系"的结束。

与美国的"特殊关系"结束的同时，墨西哥的国内政治、经济形势也在恶化。为了减少对美国的经济依附、缓解对国内紧张矛盾的注意力、促进国内政治体系的稳定，1970年12月就职的墨西哥总统埃切维里亚采取了不同以往的对外政策。埃切维里亚宣布，承认"国际关系中的多种意识形态"，"废除所谓意识形态边疆"。他采取积极的多元化外交政策，频繁出访，与60多个国家建交。他联合第三世界国家，在联合国大会上提出《各国经济权利和义务宪章》，谴责工业国家是发展中国家落后的主要原因，要求建立国际经济新秩序，并推动了中国在联合国席位的恢复。埃切维里亚的主张还包括在美洲国家组织内实行政治多元化，促进拉美国家的经济联合。他的基本外交政策是加强墨西哥与第三世界国家之间的联系。为此，他访问了许多亚洲和非洲国家。在美洲，他充当了批评美国政策的代言人，加深了与卡斯特罗和古巴政府的友好关系。很多学者认为，与他的前任、相对保守和亲美的古斯塔沃·奥尔达斯不同，埃切维里亚显示出明显的左派特征。

但是，由于在经济上依附美国，为了国内的经济发展，埃切维里亚在第三世界主义和反美口号的背后，采取了实用主义的做法，寻求美国对其做法的谅解，致力于与美国保持良好关系。埃切维里亚为了使自己的大胆行动不致恶化墨美关系，他对美国投

第七章 外交

资保持开放政策，允许美国在墨西哥非国家控制的部门投资，但他同时也鼓励本国投资替代外国资本。在一些现实主义者眼里，埃切维里亚的这些第三世界主义和积极多元外交的姿态看起来可能是象征性的、空洞的。虽然在多元外交中墨西哥实际上取得的经济收益不大，没有达到大幅度降低对美国经济依赖的目的，但是，经过几十年的消极被动外交之后，墨西哥已经开始引人注目地活跃在国际政治舞台上。继任的两位总统都坚持了这种积极的外交政策，在建立国际新秩序、推动南北对话、和平解决中美洲冲突等重大国际事务中发挥了重要作用，墨西哥成为第三世界颇有影响的国家之一。

埃切维里亚追求外交的多元化、提倡第三世界主义、试图成为西半球和第三世界的领袖人物，除了他个人的政治抱负外，更重要的原因是，"二战"后墨西哥连续多年 GDP 以高于 6% 的速度增长。持续的经济增长使墨西哥跃居世界经济体的第 18 位，同期工业产量与人口大幅增长。墨西哥对决定自己未来的能力有了自信心。另外，国际上冷战格局发生变化，越南战争使美国的实力下降，经济上出现衰退。第三世界力量的崛起，使墨西哥有了让自己的声音在国际舞台上听到的机会。采取这样的外交政策，也是为了增加与美国谈判时的砝码，减轻墨美关系中的不对称性。积极参与国际事务是墨西哥外交政策走向成熟的一个标志。

加强国内政治联盟是墨西哥对外政策的目标之一。墨西哥有一支政治上强大的左派力量，包括知识分子、学生、记者、某些工会和左派政党领袖，他们非常关心政府的对外政策。主权、安全、国家认同，这些历史上形成的神圣观念构成了墨西哥对外政策的基本理念。墨西哥的对外政策一定程度上必须满足左派的要求，否则可能会损害长期稳定的政治局面。推动经济发展是墨西哥对外政策的另一个目标。"二战"后至 60 年代末，历届政府

墨西哥

都把经济增长作为主要任务并为此不惜代价，其负面影响是经济发展严重失调，加深了对美国的依赖和国际收支日益恶化。为了改变这种状况，埃切维里亚政府把反对经济霸权主义、推动国家经济均衡发展作为对外政策的一个重要目标。尽管这一目标短期内未达到预期效果，但今天国际社会经济秩序的改善，与当年墨西哥和其他第三世界国家的努力是分不开的。埃切维里亚的对外政策反映了"欠发达国家在追求独立与发展两个目标时所面临的两股相互抵消的压力的结果"。

2. 波蒂略政府的石油外交政策

70年代中期，由于发现了储量巨大的石油资源，墨西哥在国际上的战略地位提高了。在埃切维里亚之后成为墨西哥总统的洛佩斯·波蒂略继续推行积极的对外政策，而且态度更加强硬。他向联合国提出"世界能源计划"以提高产油国的地位。

1981年，墨西哥承办了在坎昆举行的南北对话，讨论富裕国家和贫困国家间的经济关系。波蒂略相信墨西哥的石油财富将会减少墨西哥对美国的经济依附，使它能够推行独立的外交政策。此时的墨西哥在地区事务中扮演着强国的角色，在尼加拉瓜和萨尔瓦多问题上和美国的关系紧张。墨西哥是桑地诺民族解放阵线的坚定支持者，向他们提供了数以百万美元计的石油和其他经济援助以及决定性的政治支持。1981年他承认萨尔瓦多共产党游击队为"代表性的政治力量"，并在同年宣布墨西哥拒绝加入已经谈判了一年多的《关贸总协定》。

三　外交政策的重心向经济利益转移（20世纪80年代中期至2000年）

20世纪80年代中期，为了解决债务危机，墨西哥政府大幅度调整对外战略。一方面，缓和同美国的关系，低调处理双方分歧，支持美国对拉美的经济政策和"美洲倡议"，"在不影响本国利益的前提下尽可能获得同美国毗邻的所有好处"。另一方面，把经济作为对外战略的首要重点，积极同欧洲、亚太和拉美发展经贸关系。经济复苏成为政府战略的焦点始于德拉马德里时期，到萨利纳斯时期达到高潮。与美国经济的一体化成为发展战略的直接补充。1994年，美加墨北美自由贸易区的建立是墨西哥对外经贸关系发展的转折点。塞迪略政府进一步调整对外战略，仍把美国作为对外政策的战略重点，但避免过分依赖美国，积极谋求对外关系多元化，在政治上更加开放。

1. 德拉马德里时期：外交政策的重心向经济过渡

在洛佩斯·波蒂略执政的6年里，尽管有高额的石油收入，但墨西哥的外债却高达600亿美元。1982年8月，在德拉马德里就任墨西哥新总统之前4个月，墨西哥已宣布无力偿还外债。德拉马德里上台后不得不就外债问题重新谈判。为了寻找经济出路，德拉马德里把外交政策看成是全国发展计划的一个至关重要的部分，并列入他所颁布的《全国发展计划》中。墨西哥联合其他拉美国家努力解决同债权国的债务问题。1984年5月19日，他与阿根廷总统阿方辛、巴西总统菲格雷多和哥伦比亚总统贝坦库尔发表联合宣言，指出利率的不断攀升和贸易保护主义措施的加强已造成整个地区前景暗淡，建议采取具体措施进行国际金融和贸易政策的实质性改革，增加发展中国家商品进入发达国家市场的可能性，要求放宽还债期限、降低利率。宣言在债权国引起很大反响。两周后，上述四国又与厄瓜多尔、秘鲁、委内瑞拉总统联名致信即将出席西方七国首脑会议的首脑，提出在债务问题上依靠同债权银行接触解决不了问题，必须促进债权国与债务国之间的建设性对话。同年6月21～22日，上述七国又同玻利维亚、智利、多米尼加和乌拉圭四国在卡塔赫纳召开会议，确定了解决债务问题的共同纲领。这个被称为"卡塔赫纳共识"的纲领的要点是，与会国愿意"履行还债的承诺"，但条件是债务国与债权国共同负责、平等分担经济调整的代价、降低利率、对提高的利率给予补偿、展期付息、修改债权国银行条例、改善贸易条件等。尽管墨西哥与其他拉美国家做了上述努力,但美国等债权国并不同意一揽子的解决办法,坚持采取双边谈判的方式有条件地解决问题,其条件是按照代表债权国和债权组织利益的"华盛顿共识"在拉美推行政策改革。出于经济外交的需要,墨西哥在经过多年抵制后,1986 年有条件地加入了《关贸总协定》。

为了进行债务谈判,德拉马德里降低了墨西哥第三世界言论的调子。因此,尽管德拉马德里与古巴保持良好关系,他并没有访问古巴。他也认识到不能继续波蒂略那种对桑地诺政权公开的支持,否则会影响墨西哥在外债重新谈判中的地位,但同时墨西哥也不愿意放弃桑地诺政权,他通过建立一个多边的孔塔多拉集团的努力来淡化对桑地诺政权的支持。1983 年墨西哥提议与哥伦比亚、委内瑞拉和巴拿马共同讨论寻求解决中美洲和平问题的方案。不过,德拉马德里同时也使墨西哥与萨尔瓦多的非共产党政府的关系实现正常化。这样就无须改变墨西哥对中美洲政策的实质,德拉马德里的策略取得了成功。1987 年墨西哥设法使债务偿还期得以重新安排,甚至从国际金融界获得了 100 亿美元的新贷款。他和美国总统里根总共会见过 6 次。最后一次气氛最友好,双方同意不再强调在中美洲问题上的意见分歧,转而重视双边关系的贸易和外债问题。通过加入孔塔多拉集团,墨西哥在地区事务中保持适度参与。作为多边外交努力的一部分,墨西哥政府不得不调整以前的立场:逐渐疏远桑地诺政权;承认萨尔瓦多的民主进程;当民选政府一上台,就改善了与危地马拉的关系。

德拉马德里时期的对外政策具有承前启后性,外交政策的重心开始向经济领域转移,但在外交原则上仍坚持自埃切维里亚以来的第三世界主义政策的传统。德拉马德里宣布,他的政府在国

第七章 外 交

际关系上"将努力推进发展中国家的团结,加强其谈判的力量"。他说,墨西哥的历史遭遇、社会结构和意识形态,都使墨西哥成为发展中国家总体的一部分,墨西哥对外政策的基本路线都源于对这一点的承认,"墨西哥真诚地希望密切同非洲、亚洲和大洋洲的政治、文化和经济的联系","支持发展中国家经济合作的努力,并把这种合作理解为一种争取经济自主的基本机制,一种提高发展中国家在多边论坛中的地位的手段,以及一种为了建立国际经济新秩序而采取的各种行动的不可替代的补充措施"。1983年,德拉马德里总统先后访问了巴西、哥伦比亚、哥斯达黎加、西班牙、美国、巴拿马、委内瑞拉、伯利兹等八国。同哥伦比亚、巴拿马和委内瑞拉外长讨论和平解决中美洲争端,形成了孔塔多拉集团,对推动中美洲和平进程发挥了重要作用。在谈到美国时,他提出,墨西哥和美国的联系是"两个根源上、历史传统上、经济发展程度上以及政治、经济、社会和文化发展计划都不同的社会之间的联系"。

2. **萨利纳斯时期:突破外交政策的传统界限,外交重点集中于直接经济利益**

冷战的结束有力地影响了墨西哥的对外政策。1988年,曾在哈佛大学受过教育的萨利纳斯就任墨西哥总统。他对墨西哥对外政策进行了大幅度的调整,把改善和发展墨美关系作为墨西哥对外战略的新重点。萨利纳斯的重要举措是墨西哥退出发展中国家的组织——77国集团,加入了发达国家的集团——经济合作与发展组织。萨利纳斯在就职的第一个国情咨文中明确提出,"我们既反对不理智的对抗,也反对违背我们最坚定信念的屈从——同如此强大的、与我国有着最复杂的共同边界的、历史上屡次侵犯我国的邻居相处是不易的。但是我们与美国的关系不应总是坏的和紧张的。"

在处理与美国的某些双边和国际问题时,萨利纳斯也采取了

灵活务实的态度。他放弃了历届政府反对美国政府和国际组织派观察员监督墨西哥选举、认为该行动是对墨西哥内政的干涉的一贯立场,主动邀请联合国派代表团监督墨西哥大选。在国家关系问题上,萨利纳斯政府改变了其前任对尼加拉瓜桑解阵和萨尔瓦多游击队的态度,以减少与美国的摩擦。萨利纳斯虽然批评美国加强对古巴封锁的"托里切利法",但公开敦促古巴进行"民主改革"。在海湾战争期间,萨利纳斯支持美国的立场。他积极支持布什提出的关于拉美经济问题的《美洲倡议》。

萨利纳斯执政后,对外战略的重点转移到经济领域,经济因素越来越成为墨西哥对外战略的首要的和关键的因素。墨西哥在国际交往中更加重视本国的直接经济利益。

萨利纳斯在就职之初,在努力改善墨美关系的同时,对墨西哥外国投资来源和贸易伙伴的多样化也做了很大的努力。萨利纳斯在其任期内,先后与29个国家或政府首脑会面。除同美国、加拿大签订了《北美自由贸易协定》外,萨利纳斯还与委内瑞拉、哥伦比亚总统共同签署了《纽约声明》并组成三国集团,同智利签署了拉美国家间的第一个双边自由贸易协定,与中美洲国家签署了关税优惠和资助其从墨西哥以优惠价格进口石油的协定。1990年,萨利纳斯访问了一些欧洲国家,参加了达沃斯《世界经济论坛》,1991年同欧共体签署了框架协约,与德国组成了墨德2000年委员会。在亚太地区,1990年,墨西哥正式加入太平洋盆地经济理事会(PBEC);1991年加入太平洋经济合作会议(PECC);1993年,正式加入亚太经合组织(APEC)。萨利纳斯还访问了日本、新加坡、澳大利亚和中国。

萨利纳斯在参加1990年达沃斯《世界经济论坛》前,与一些欧洲国家元首会晤,希望欧共体国家能给予墨西哥更多的经济援助和投资。但他发现,西欧对东欧新兴市场的兴趣远远胜于墨西哥。他的多元化设想落空了,便把对外战略重心集中到北美自

第七章 外 交

由贸易区上。美国从80年代初就一直设想建立由美、加、墨三国组成的北美共同市场。时任总统里根分别与加拿大、墨西哥领导人会晤探讨这个问题，但他的提议先后遭到墨西哥两位总统波蒂略和德拉马德里的拒绝。萨利纳斯执政后，改变了这一立场。1992年8月，在经过14个月的紧张而艰苦的谈判后，墨西哥与美国和加拿大就建立北美自由贸易区问题达成协议，并于同年12月签订了《北美自由贸易协定》。

《北美自由贸易协定》的谈判和签字，代表了墨西哥外交政策的重大转变。在20世纪的大部分时间里，墨西哥历届政府内各个党派、各种意识形态都抵制或公开反对双边自由贸易，认为任何这样的安排都是对国家独立的根本性威胁。对墨西哥来说，是否与美国进行自由贸易的决定，根本不是一个贸易政策的选择，而是一个安全政策的选择，它取决于政策的优先性和国家根本利益的考虑，这使得墨西哥人能够忽略经济刺激——传统上被认为是北美一体化的助动力。然而，1982年债务危机的爆发，与革命制度党统治合法性危机的结合，弱化了官方的制度性的民族主义外交政策。长期以来，这种民族主义外交政策一直捍卫着传统外交政策的边界，以及民族主义理念和象征在意识形态方面的主导权。这场外来的经济冲击带来了新的需要解决的问题，同时这场冲击也使人们对以前的民族主义和计划经济模式失去信任，对国家经济的健康发展感到悲观和不确定。在这样的背景下，新一代精英不但找到了进行自由贸易的理由，而且重新定义了主权、安全和认同的内涵，使得民族主义情绪与全球化目标取得一致。为了超越传统的外交政策，使自由贸易的政策选择正当化，萨利纳斯提出"新民族主义"理论并把它作为内政、外交的基石。他提出，当今世界的形势已经发生巨大变化，"今天的民族主义已很难用过去的字眼来解释"，必须实现"民族主义的现代化"。正是通过这样的理论，萨利纳斯把自由贸易的政策选择置于重新定义了的、不断发展的国家利益的中心。

萨利纳斯的外交战略使墨美两国关系达到历史最好时期。两国高层访问频繁，经贸关系更加密切。加入《北美自由贸易协定》，使墨西哥在国际经济中地位上升，在一段时间内经济走出低谷。但是，在《北美自由贸易协定》谈判期间，墨西哥为了避免在国际上可能会与美国发生的冲突，主动放弃了在联合国担任非常任理事国的机会。而且，在自由贸易谈判中，墨西哥在能源、金融、环保和劳工方面都作出了重要让步。在萨利纳斯任期内，也很少在联合国和其他重要国际机构中积极提出倡议。墨西哥退出77国集团的举动引起了一些发展中国家的不满。萨利纳斯公开接见流亡美国、西班牙的极右古巴侨民组织头目的行为也在国内外引起一些非议。墨西哥在国际社会的影响力有所下降。

3. 塞迪略时期：更深地融入全球经济

20世纪墨西哥的最后一位总统塞迪略在继承萨利纳斯对外战略的基础上，又进行了一些修正，把"在全球范围内推进墨西哥的利益"作为外交政策的目标。在继续把美国作为对外战略重点的同时，尽量校正以往过于偏重美国的做法，重视加强与拉美各国、欧盟和亚太地区国家的关系，实行积极的外交政策和外交多元化战略。塞迪略1996年初访问了西班牙、英国、意大利、瑞士等国，与上述各国领导人商议签署墨西哥欧盟自由贸易协定问题。同年2月，他参加了在哥斯达黎加圣何塞举行的中美洲和墨西哥首脑会议，商讨建立中美洲和墨西哥自由贸易区问题。接着又会见巴西总统卡多佐，建议建立墨巴自由贸易战略联盟。为了实现外交政策的目标，墨西哥把深化和多样化与世界各国、地区的双边关系，提高在主要地区和多边组织中的参与程度，推动国际合作作为发展的最佳工具，加强与各国的关系，更好地面对全球化的挑战。

第七章 外 交

塞迪略时期，墨西哥民众的社会参与程度增加，政治反对派的力量加强，他们要求对政治体系进行转变，这使塞迪略总统有机会成为一位巩固墨西哥民主进程的领袖。另一方面，恰帕斯的遗留问题，以及任期内的侵犯人权问题常使墨西哥遭受外界的诟病，他的外交政策不得不包含了民主和人权问题。墨西哥政府邀请了美洲人权委员会的成员，接受了美洲人权法庭和国际刑事法庭的管辖权，接受了签署的商业协定中的民主条款。由此，墨西哥不仅在经济上而且在政治上更加开放。

四　新世纪外交政策的变化和传承（2000年以后）

萨利纳斯政府和塞迪略政府对墨西哥的外交政策进行了很大的调整，使墨西哥的外交政策从民族主义转为现实主义。在2000年7月的墨西哥总统大选中，由国家行动党和墨西哥绿色生态党组成的变革联盟推举的候选人福克斯在大选中获胜。至此，革命制度党结束了其长达71年的统治，国家行动党也是第一次由反对党变成执政党。墨西哥有些评论家认为，福克斯的胜利是"现代保守派的胜利"，"表明了墨西哥社会有相当一部分人向保守主义和政治右倾转换"。在选举时，国家行动党就提出了"变革"思想，抓住选民最关心的政治、经济与社会问题，打出了诸如"走第三条道路"、"实行私有化，但应发挥国家在市场经济中的指导作用"、"建立社会安全与公正，无人凌驾法律之上"等口号。福克斯当选后也宣称自己是右和左的结合。

福克斯在国内主张进行政治、经济变革，主张民主、宽容、人权，其奉行的对外政策基本原则是以国内政策为基础的。福克斯政府在处理对外关系和制定对外政策时所面临的新形势是：第一，《北美自由贸易协定》签订后对外贸易在墨西哥经济中占据重要地位；第二，民主化要求决策的过程需要公众参与；第三，

墨西哥

美国在世界上地位的变化。福克斯政府的对外政策的中心仍然是与美国的关系。福克斯政府的外交政策是一方面与美国保持紧密的关系,另一方面,要以更加积极的姿态出现在国际多边组织和国际事务的处理上,推动全球化问题在新的多边框架内解决。

福克斯政府上台后,在外交政策方面进行了重大调整,对载入宪法并一直奉行的以"不干涉、各国人民自决"为主要内容的外交政策基本原则进行了修改,在对外政策方面更加强调维护人权。这一改变受到反对党的指责,前外长卡斯塔涅达也成为福克斯内阁中最受争议、受到批评最多的人。墨西哥更加积极主动地在国际组织和国际事务中发挥重要作用,树立墨西哥在国际上的新形象。对于国际上共同关注的重大问题,墨西哥也积极主张加强多边合作,共同应对人类面临的挑战。

第二节 同美国的关系

墨西哥与美国有着长达3000多公里的边界,这种独特的地缘政治特点对墨美关系的发展产生了重大影响,美国在墨西哥对外关系中始终占有特殊地位。从1822年12月美国总统门罗宣布承认墨西哥独立、两国建立外交关系起,墨美关系的发展可以划分为4个阶段。

第一阶段,墨美战争。这一阶段两国关系的基本特点是侵略与反侵略。刚刚独立的墨西哥随即陷入内战,而羽翼日渐丰满的美利坚合众国正积极推行"西进政策",要把美国的领土从大西洋沿岸的13州,向西扩展到太平洋沿岸,以充实其所谓的"天然疆界"。资源丰富的墨西哥则首先成为这一侵略政策的牺牲品。1848年,因内战而元气大伤的墨西哥在墨美战争中失败,被迫签订了《瓜达卢佩·伊达尔戈条约》(Guadalupe Hidalgo

第七章 外　交

Treaty)，把1/2的国土割让给美国。① 作为"世界历史上由战胜者强加给战败者的最苛刻的条约之一",《瓜达卢佩·伊达尔戈条约》导致了两国之间的不信任关系。这场屈辱的战争给墨西哥人留下了难以愈合的创伤。

　　伴随着1910~1917年的墨西哥革命，墨美关系进入第二个阶段。起初，美国当局对激进的墨西哥革命者和由他们组建的革命制度党充满敌意，但1927年美国向墨西哥派驻大使德怀特·莫罗后，墨美之间的对抗状态开始缓解。随后，富兰克林·罗斯福总统提出的"睦邻政策"为后来几十年间的墨美关系的发展铺平了道路。20世纪30~80年代，作为墨西哥民族主义的合法化身，革命制度党一直执行向美国利益挑战的经济和外交政策：经济上坚持走内向型进口替代工业化道路，外交上坚持实行第三世界主义政策。但墨西哥政府也无意触犯实力雄厚的美国，只求两国相安无事。所以，在第二次世界大战期间和古巴导弹危机中，墨西哥都站在了美国一边。而美国对墨西哥也给予了特殊待遇：避免干涉墨西哥的内政、容忍它独立自主的外交政策、封闭的经济政策和一党专政的体制。墨西哥因而没有受到诸如古巴和智利等拉美国家遭受的被美国粗暴干涉和制裁的厄运。1976年，当墨西哥陷入严重的经济危机、货币大幅度贬值时，美国甚至迅速提供了经济援助。

　　《北美自由贸易协定》（NAFTA）的签订是墨美关系第三阶段的一个重要标志，墨美关系从此进入了一个特殊关系发展时期。1982年债务危机爆发后，面对经济持续衰退、外债负担沉重、通货膨胀居高不下和政局不稳的局面，墨西哥政府对其内外政策进行了全方位的重新界定。这是自1910年墨西哥革命以来政

---

① Michael S. Werner (ed.), *Concise Encyclopedia of Mexico*, Fitzroy Dearborn Publishers, 2001, p. 256.

墨西哥

治和社会领域最广泛的变革努力。① 在德拉马德里执政（1982～1988）的 6 年间，墨西哥开始了以出口导向为核心的新自由主义经济改革。不过，德拉马德里总统仍沿袭传统的外交政策。萨利纳斯（1988～1994）这位从美国哈佛大学走出来的经济学家任墨西哥总统后，奉行与美国"特殊接近"、与北美实现一体化的政策。他积极主张墨西哥加入北美自由贸易区，强调"发展与美国、加拿大的经济贸易合作对墨西哥具有极其重要的意义"。此后，墨西哥历届政府外交工作的重点之一就是建设"墨美新关系"。冷战结束后，"经济与商业考虑正成为美国外交政策的核心。美国的经济利益就是在扩大的新市场中更进一步开发出口及投资的机会。"② 建立北美自由贸易区就是实现美国外交战略的一项重要步骤。时任美国国务卿克里斯托弗把建立北美自由贸易区视为美国跨世纪的发展机遇。NAFTA 的签订使墨美关系进入一个新的发展时期。

2000 年 7 月 2 日，墨西哥国家行动党总统候选人比森特·福克斯在大选中获胜，这次大选标志着墨美关系迈进了全新的第四个阶段。墨美特殊关系在福克斯和布什执政初期得到了加强。福克斯希望同美国、加拿大建立像欧盟一样的"北美联盟"、"战略联盟，甚至军事联盟"。因此，他顶住反对党的压力，一直以推动和加强与美国的关系作为墨西哥外交政策的重点，被舆论认为是墨西哥历史上最亲美的总统。布什上台之初，把拉美作为外交政策的重点之一，声称他将同拉美国家一起，共同开创一个"美洲世纪"。他还主张把墨西哥摆在与加拿大和英国同等重要的地位，与墨西哥建立"特殊关系"。布什就任美国总统后第一个出访的

---

① 〔美〕塞缪尔·亨廷顿著《文明的冲突与世界秩序的重建》，周琪等译，新华出版社，1998，第 160 页。
② 仇华飞：《北美自由贸易协定与美墨关系》，载《史学月刊》2002 年第 2 期，第 98 页。

第七章 外交

国家即是墨西哥。布什多次表示，要推动美国立法，让数以百万计的、在美国的墨西哥非法移民获得合法身份。墨美两国关系也由此进入了一个"蜜月期"。有评论认为，墨美关系正向如同美国和英国那种紧密关系的方向发展，墨西哥有可能成为"美洲的英国"。

"9·11"事件后，美国对外战略发生了重大调整。布什政府把克林顿时期的以"人权外交"和"经济外交"为重点的对外战略转为以美国的"国家安全"为中心的对外战略，预防和打击恐怖主义成为美国安全战略的首要任务。与此相适应，布什把越来越多的精力用以反恐、阿富汗战争和伊拉克战争，以及应对中东的冲突、伊朗核问题和朝鲜核问题。美国外交政策和外交日程的大幅度调整，直接导致墨美两国关系出现一些新的变数。由于墨美两国对外政策关注重点的差异，两国关系一再出现波折。一是在伊拉克战争问题上，美国政府认为，墨西哥政府理应在国际舞台上支持美国的反恐行动，而实际上，在对待伊拉克战争问题上墨西哥站到了美国的对立面。墨西哥政府公开反对美国出兵攻打伊拉克。当时墨西哥任联合国安理会非常任理事国，因没有得到墨西哥和智利的支持，美国最后决定决议案不在安理会进行表决。在伊拉克问题上的分歧给墨美关系投下了一道阴影。此后，墨西哥采取多项措施试图修复因伊拉克问题而受损的墨美双边关系。在美国的压力下，反恐斗争和边界安全问题成为墨美双边关系中的首要问题，而在此前，墨西哥一直把移民问题看做墨美双边关系中的首要问题。二是隔离墙问题。2006年10月26日，布什签署了一项法案，在美国和墨西哥边界修筑一道1126公里长的隔离墙，以阻止墨西哥非法移民涌入美国。布什政府的这一决定遭到了墨西哥方面的反对。墨西哥各界人士强烈批评美国的做法，两国关系再次陷入紧张状态。

卡尔德龙就任墨西哥总统后，两国关系得到加强。2009年4月，美国总统奥巴马访问墨西哥，称美国在打击贩毒、有组织暴

力犯罪等方面将坚决支持墨方,并将墨视为美国的"全面合作伙伴"。2009年8月,美国、加拿大和墨西哥三国领袖在瓜达拉哈拉举行第五届北美高峰会议。这是奥巴马上任以来第二次访问墨西哥。奥巴马与卡尔德龙进行了会晤,就双边贸易、共同对抗甲型H1N1新型流感、毒品走私等议题广泛交换意见。但在移民、贸易、扫毒和如何应对地区安全等问题上,墨美之间依然存在不少分歧和矛盾。

第三节 同拉美国家的关系

一 同拉美国家的关系

墨西哥重视加强同拉美国家的关系。由于与拉美其他国家有着共同的历史、文化和种族渊源,因此墨西哥视拉美为"在国际上有着天然联系的地区",希望通过广泛的政治和贸易联系加强与拉美和加勒比地区国家的联系。

20世纪90年代以来,"亲美立场"成为影响墨西哥与拉美国家关系的重要因素。萨利纳斯执政期间非常注重发展与美国的关系,因而与拉美国家的关系相对疏远。但是墨西哥在与拉美的贸易自由化领域取得了不错的成果。1992年,墨西哥与智利签订了自由贸易协议。而且还同玻利维亚、哥伦比亚、哥斯达黎加、尼加拉瓜和委内瑞拉签订了自由贸易协议。墨西哥与这些国家的贸易从这些协议生效实施后得到了实质性的增长。例如与智利间的贸易就增长了600%,与哥斯达黎加的贸易增长了约150%。

塞迪略政府修正了重视美国疏远拉美的做法,强调墨西哥仍是拉美的一员。1997年11月塞迪略总统在委内瑞拉举办的第七届伊比利亚美洲峰会上分析了民主的伦理价值。里约集团是墨西哥扩大与拉美国家之间的政治联系的基石。墨西哥先后参加了在巴拉圭的阿松森和巴拿马城举行的里约集团国家首脑会议。并分别在这两次会议上提出了民主教育的问题和深入讨论了世界金融危机的问题。1999年，塞迪略总统先后访问哥斯达黎加、多米尼加共和国、巴西和乌拉圭；11月，出席在古巴哈瓦那举行的第9届伊比利亚美洲首脑会议；12月，出席巴拿马运河交接仪式。格林外长代表塞迪略总统先后出席委内瑞拉、萨尔瓦多、巴拿马和阿根廷总统就职仪式和在牙买加举行的15国集团第9次首脑会议。

福克斯政府多次强调要加强与其他地区尤其是拉美的关系，表示墨西哥不寻求任何形式的地区领导地位，而是希望消除墨西哥与拉美在一体化道路上的对立情绪、不信任和疑虑，努力寻求双方的团结与合作。墨西哥也积极支持拉美民主化进程，争取同所有拉美国家实现自由贸易。墨西哥视中美洲为"优先联盟"，加勒比地区为"第三边疆"。2000年6月，墨西哥同中美洲北三角国家——危地马拉、洪都拉斯和萨尔瓦多签署自由贸易协议。9月福克斯访问了危地马拉、洪都拉斯、哥斯达黎加、萨尔瓦多和尼加拉瓜。墨西哥与这些国家在经济、文化、军事等诸方面达成共识。2001年3月，福克斯政府提出了"普埃布拉—巴拿马计划"（即3P计划）。3P计划就是要开发从普埃布拉州往南一直到中美洲的巴拿马的广大地区，包括墨西哥9个州和伯利兹、哥斯达黎加、萨尔瓦多、危地马拉、洪都拉斯、尼加拉瓜、巴拿马7国，人口约6500万。这一地区为经济欠发达地区。该计划将重点投资建设包括交通、能源、通信等在内的基础设施，实现地区联网，最终建成一个主要面向北美市场的跨国出口走廊和一个以海滨度假、历史人文景观等为主要内容的跨国旅游区，使这一广大地区脱贫。这个计划得到中美洲各国的支持。

福克斯政府还加强了与南方共同市场国家的关系，2002年7月2日至5日，福克斯对南方共同市场成员国巴西、阿根廷和乌拉圭进行了国事访问，并被特邀参加了南方共同市场国家在布宜诺斯艾利斯举行的第 22 届首脑会议。这是墨西哥为加强与南方共同市场国家关系、推动美洲自由贸易谈判而实施的一次重要外交举措。福克斯此次最引人瞩目的活动是与巴西签署了经济互补协议和与南方共同市场签署了自由贸易谈判框架协议。墨西哥—巴西经济互补协议规定，两国将相互削减 790 种工农业产品的进口关税，削减幅度达 20% 以上。

但是，福克斯政府鲜明的"亲美"立场，影响了墨西哥与阿根廷、玻利维亚、古巴、委内瑞拉等左翼国家的关系，甚至与委内瑞拉、古巴等国一度出现过外交危机。委内瑞拉总统查韦斯多次将福克斯称作是美国的"哈巴狗"，这一言论虽然"刺伤了墨西哥政府和人民的尊严"，却反映出拉美左翼政府对福克斯政府亲美路线的不满。

卡尔德龙政府执政后，将巩固与发展同拉美和加勒比地区国家关系作为对外政策重点，强调墨西哥应在地区事务中发挥更多的领导作用。除继续加强与中美洲国家的关系外，卡尔德龙政府着手修复在福克斯执政时期受到损害的墨西哥同古巴、委内瑞拉、玻利维亚等拉美左翼国家间的关系，呼吁加强拉美地区国家团结，表示愿同古、委等国发展建设性关系，实现双边关系正常化。2007 年 10 月 2 日，墨西哥和委内瑞拉恢复大使级外交关系，重新互派大使。2008 年，墨古关系全面恢复。

二 同古巴的关系

由于地缘、历史等因素，从 1902 年起，古巴就开始与墨西哥保持了一个世纪的牢固友谊。墨西哥曾坚定地支持古巴，卡斯特罗以及古巴革命诗人何塞·马蒂都曾到墨西哥避难，并在此发动和领导了古巴革命。1930 年，时任墨西哥外交部长的赫纳罗·埃斯特拉达提出不干涉他国内政的外交政策，此后墨西哥历届政府一直奉行此道。1964 年 7 月，美国利用美

第七章 外 交

洲国家组织通过对古巴进行"集体制裁"的决议，同时对拉美国家施压，要求它们断绝同古巴的关系。在美国压力下，拉美国家纷纷与古巴断交，只有墨西哥顶住压力，一直同古巴保持外交关系。冷战期间，墨西哥向古巴提供的经济援助仅次于苏联。作为回报，古巴没有向墨西哥左派游击势力提供支持，也从未质疑革命制度党的执政地位。

1994年北美自由贸易区建立，墨西哥对美国的经济依赖越来越深。墨、古、美三角关系随即发生巨大转变。鉴于墨西哥的外交立场已经由以往的戒备美国转向现时的亲美，而古美关系依然保持紧张态势，墨古关系开始渐行渐远。在随后的时间里，两国之间的分歧逐渐公开化，并有愈演愈烈之势。北美自由贸易区在墨西哥和古巴之间引发争论：墨西哥将其视为经济发展的必要条件；古巴则对此持批评态度。1998年卡斯特罗指责墨西哥加入北美自由贸易区是背叛第三世界，投靠和依附美国。他甚至直言，墨西哥儿童对米老鼠的了解甚于对本国历史的了解。此番讲话触怒墨西哥政府，墨西哥驻古巴大使一度被召回国内。

1996年美国开始实施"赫尔姆斯—伯顿法"，这对墨古两国之间的外交关系和经济联系都产生了极为不利的影响。为了同美国保持良好的关系，墨西哥企业不敢再前往古巴投资。1995年，墨古两国双边贸易额超过4亿美元，此后逐年下降。墨西哥失去了古巴主要贸易伙伴的地位，委内瑞拉和巴西取而代之。墨古关系的基础因而变得愈加脆弱。

随着墨西哥国内民主化进程的发展，支持拉美的民主与人权发展成为墨西哥外交关注的重点之一。多年以来，人权问题一直是美国攻击、孤立古巴的一个手段。在这种情况下，墨西哥对古巴人权状况的批评被古巴政府理解为屈从美国、干涉古巴内政，因而遭到古巴的坚决反对。在塞迪略总统执政时期，墨古两国关系冷淡，塞迪略总统从未正式出访古巴，卡斯特罗也未曾受邀访问墨西哥。塞迪略总统仅在 1999 年末前往古巴参加伊比利亚美洲国家首脑会议，却借机在演讲中批评古巴人权状况。随行的外长罗萨利奥·格林打破墨西哥的外交传统，会见了古巴国内的持不同政见者。

福克斯政府在 2000 年执政之后，一直将捍卫人权作为外交的核心内容之一，并在这一领域推行了较为激进的政策。2002 年福克斯在访问古巴时亲自会见当地持不同政见者。同年，墨西哥在联合国人权大会上首次对谴责古巴人权状况的决议案投赞成票，激化了两国此前因为蒙特雷会议事件而产生的矛盾。4 月 22 日卡斯特罗公开发言，指责福克斯总统和卡斯塔涅塔外长屈服于美国的压力，逼迫他提前离开蒙特雷，并断然向记者公开了他与福克斯的电话录音带，使墨西哥政府陷入极为被动的境地。2004 年 5 月初，墨西哥政府突然宣布召回驻古巴大使，将墨古两国关系降至临时代办级。

卡尔德龙执政后，致力于缓和墨古关系，2008 年，墨古关系全面恢复。2009 年 4 月，受甲型 H1N1 流感疫情影响，古巴政府决定暂停与墨西哥之间的航班，这使得两国关系出现紧张。卡尔德龙取消了原计划于 5 月对古巴的访问。随后，两国关系又出现缓和。

第四节　同欧盟的关系

墨西哥认为欧洲是世界力量的平衡因素和本国对外关系多元化战略的重要组成部分，注重发展同欧盟的关系。

墨西哥 1960 年即同欧洲共同体建立了关系。1975 年墨西哥与欧共体签署贸易和经济合作协定，成立双边混合委员会，墨西哥以观察员的身份加入欧共体并派遣大使。1994 年在美国和西欧国家的支持下，墨西哥作为唯一的发展中国家加入了经合组织，在墨西哥大力推行对外开放的方针下，作为墨西哥的第二大贸易和投资伙伴，墨西哥视欧盟为优先贸易伙伴。

萨利纳斯总统上台时，墨西哥债务危机的形势依然十分严峻。吸引外国投资也是萨利纳斯外交活动一个重点。他上任不久就开始了旨在争取外资、增加出口的经济外交活动。欧洲也是除美国之外萨利纳斯争取外资、扩大出口的重点。1990年1月，墨西哥同西班牙签订了"合作和友好协定"，西班牙答应1990~1994年向墨西哥提供贷款和直接投资共40亿美元。

塞迪略总统执政时期，墨欧关系取得了实质性的进展。1997年，墨西哥和欧盟签订了《经济联盟、政治协调与合作协议》，这是欧盟与拉丁美洲国家签订的第一个协议。至1999年底，墨欧《经济联盟、政治协调与合作协议》已被欧盟15国中的绝大多数国家的议会批准。墨西哥和欧盟还针对自由贸易协议进行了谈判。谈判历经9轮，于1999年11月达成协议。墨西哥也是美洲大陆第一个与欧盟签订了自由贸易协议的国家。

塞迪略总统执政期间加强了和欧盟高层官员的互动。1998年2月，塞迪略总统与奥地利、英国、卢森堡的政府首脑举行四国会议，对有关四国利益的问题交换了意见。随后，塞迪略总统对欧洲议会进行了工作访问并指出构建墨西哥与欧盟之间新关系的重要性。1999年，墨西哥格林外长先后访问了比利时、卢森堡、爱尔兰、西班牙、荷兰、法国、捷克、梵蒂冈和希腊；教皇保罗二世、冰岛总理、欧洲议会主席、芬兰总统、德国总统、爱尔兰总统、西班牙国防部长、比利时首相、英国工商部长、西班牙外长、捷克外长也都先后访墨。

福克斯上台后也积极发展与欧洲国家的关系。2001年1月24日福克斯访问欧洲。这是福克斯就任总统后的首次出访。2002年5月福克斯总统参加了在西班牙马德里举行的第二次欧拉首脑会议。"墨欧共同委员会"第二次会议于2002年10月在墨西哥举行，双方签署了《2002~2006年合作谅解备忘录》。

2003 年以来,福克斯总统还先后访问了荷兰、德国、瑞典、瑞士、匈牙利、波兰、奥地利、斯洛伐克和西班牙;爱尔兰总理、西班牙首相、法国外长、波兰外长、丹麦首相、德国总统和总理、欧盟委员会对外关系主席相继访问墨西哥。

卡尔德龙执政后,墨欧关系继续发展。2007 年 1 月,卡尔德龙总统执政伊始就率团访问德国、英国、西班牙并出席瑞士达沃斯世界经济论坛会议。埃斯皮诺萨外长先后对奥地利、斯洛伐克进行了工作访问。英国常务副外交大臣、匈牙利外交部国务秘书等相继访问墨西哥。2008 年 5 月,墨西哥与欧盟共同宣布建立战略伙伴关系,主要目标是在全球范围内体现双方的共同价值和利益,加强双方的对话与协调。

第五节 同苏联、俄罗斯的关系

一 同苏联的关系

墨西哥是西半球第一个与苏联建立外交关系的国家,1924 年与苏联建交。1930 年断交,1942 年两国复交,互派公使。1943 年恢复大使级关系。然而几十年来两国的交往很少,这种情况在 1970 年埃切维里亚执政后有了巨大的变化。20 世纪 70 年代后,两国之间的交往增多。1973 年埃切维里亚总统访问苏联,两国签署了科技合作、贸易、航运和文化协定。1975 年墨西哥与苏联控制的经济互助会签订了协议,成为签订这个协议的第一个非社会主义的拉丁美洲国家。两国建立了墨苏联合委员会,大大加强了双方的文化、贸易和科技交流。波蒂略时期墨苏关系进一步加强,1978 年波蒂略总统再次访问苏联,签署了领事协定和科技合作计划。1979 年两国签署了文化教育和社会科学交流计划。墨苏两国在 70 年代中后期签订的协议数量超过了此前50年的总和。20世纪80年代末以前,墨西哥与苏联在科技、文化、体育教育等方面的关系不断发展。

二 同俄罗斯的关系

苏联解体和东欧剧变后,俄罗斯一度与墨西哥的关系发展缓慢。福克斯执政后,加强了与俄罗斯的关系。

2004年6月,俄罗斯总统普京对墨西哥进行了为期一天的国事访问。访问虽然时间不长,但受到墨俄双方的高度重视,被称为一次"历史性"的访问。福克斯说,普京总统对墨西哥的访问,标志着墨俄双边关系中的一个"新时代"的开始。普京总统这次访墨,是自1891年墨西哥与沙皇俄国建立外交关系以来,俄罗斯国家元首第一次访问墨西哥。访问期间,双方发表了联合声明,并签署了关于两国在征税、司法、文化交流以及经贸合作等方面的6项文件。

墨俄双方都表示高度重视两国关系。两国元首在联合声明中表示,虽然墨俄两国位于世界上不同的地区,但在一系列国际问题上看法一致。联合声明说:"多边主义是21世纪应对全球挑战的最佳模式,两国将为加强多边机制而共同努力","同时,我们将协调立场,为和平解决伊拉克、中东、阿富汗和世界其他地区的冲突创造必要的条件,在此过程中,联合国及其安理会应当发挥中心作用。"在联合声明中,福克斯和普京强调了墨俄两国进一步发展互利友好合作关系的重要性。在加强双边合作方面,经贸合作无疑是双方关注的一个重点,能源领域的合作则是重中之重。双方认为,墨俄两国都是石油生产和出口大国,因此双方在石油、天然气领域的合作不仅对于两国,而且对于世界石油市场都是十分重要的。墨西哥媒体指出,墨俄两国都不是石油输出国成员,两国在原油价格上涨等问题上有共同利益。

2005年6月,墨西哥总统福克斯对俄罗斯进行了为期3天的国事访问。这次访问是两国建交以来墨总统首次正式到访莫斯科。俄墨两国政府达成协议，俄将从位于太平洋西岸的撒哈林岛向墨输送液化天然气。两国强调，能源领域的合作是俄墨两国经贸关系中最优先发展的方向之一。

两国最高领导层之间的联系在国际会议框架内也在不断加强，这些会议包括联合国大会、"八国"首脑会晤、亚太经合组织会议。2007年9月，在澳大利亚举行的第15届亚太经合组织会议期间，普京和墨西哥总统卡尔德龙举行了会晤。

2008年11月，俄罗斯总统梅德韦杰夫对拉美地区国家进行了为期一周的访问，墨西哥外交部副部长劳德斯·阿兰达向俄新社记者表示，墨西哥欢迎俄罗斯重返拉丁美洲。

第六节　同亚太国家的关系

墨西哥非常重视发展与亚太国家的合作关系，积极参与亚太经合组织活动。墨西哥是太平洋盆地经济理事会、太平洋经济合作会议、亚太议会、亚太经济合作组织及东亚—拉美合作论坛等组织成员。墨西哥积极促进与亚太国家的贸易往来和争取更多的投资机会。

一　同亚太地区国家的关系

墨西哥对亚太国家的重视程度逐年提升。1990年9月，墨西哥加入太平洋经济合作会议组织。1992年4月，加入亚太议会集团。1993年11月，墨西哥成为亚太经济合作组织正式成员。1998年，塞迪略总统访问日本。1999年9月，塞迪略总统出席了在奥克兰举行的APEC领导人非正式会议。2000年11月，塞迪略总统访问新加坡。2001年10月，福克斯总统参加了在中国上海举行的第9次亚太经合组织领导人非正式会议。2002年10月,墨西哥在洛斯卡沃斯主办了第10次亚太经合组织领导人非正式会议。2003年10月,福克斯总统参加了在泰国举行的第11次亚太经合组织领导人非正式会议。2005年9月,韩国总统卢武铉访问了墨西哥。2005、2006年,福克斯总统先后出席在韩国釜山、越南河内举行的亚太经合组织第13、14次领导人非正式会议。2006年9月,墨西哥宣布与图瓦卢建交。2007年,卡尔德龙总统出席在澳大利亚悉尼举行的亚太经合组织领导人第15次非正式会议。

二 同日本的关系

一战后,墨西哥与日本关系发展较快,尤其是20世纪70年代以来发展迅速,两国高层往来较多。1973年埃切维里亚总统访问日本,并派遣重要的经济代表团赴日,以取得日本的资金和技术。1975年田中角荣首相访问墨西哥。1978年波蒂略总统访日。1980年大平正方首相访墨。通过首脑之间的交往,两国经济、文化和技术交流迅速扩大。

1994年墨西哥加入《北美自由贸易协定》,日本的电子、汽车、化学等企业投资墨西哥。福克斯总统2001年6月访问日本,会见了日本政治界和企业界的要人,并同小泉首相进行了会谈。两国首脑一致强调墨西哥和日本的双边关系对于两国都有着极大的战略重要性,并且他们还达成一致意见,要推动两国的经济关系发展,加强政治对话和促进关系两国共同利益的各领域的合作。2002年10月,小泉首相利用在墨西哥举行的亚太经合组织的第10次领导人非正式会议和福克斯总统会晤,在会谈中两国首脑就双边关系交换了意见,主要是经济合作领域。他们强调两国经济具有互补性并且达成一致在一年内签订经济联盟协议。福克斯说:"这项协议能够充分利用双边关系的潜力,并且会促进两国经济的发展,就业的增加和减少贫困。"墨西哥和日本于

2003年宣布建立经济合作伙伴关系。2003年10月，福克斯总统访问日本。2004年日本首相再次访问墨西哥，双方签署了以自由贸易协定为主体的经济合作协定。

第七节 同中国的关系

中国和墨西哥同属历史悠久和文化底蕴丰厚的文明古国。中国当前在世界上既是最大的社会主义国家，又是最大的发展中国家，还是联合国安理会常任理事国。这种独特的国际地位就决定了中国能在国际事务中发挥独特的作用，是推动世界政治格局多元化的一支重要力量，肩负着保障国际安全与和平，推动世界发展和保障世界秩序的责任。墨西哥始终非常重视发展与中国之间的关系。

一 政治关系

1971年墨西哥埃切维里亚政府在26届联大宣布承认中华人民共和国政府为中国的唯一合法政府。1972年2月14日中国与墨西哥正式建交，建交后，两国关系发展顺利。特别是近年来，双方高层互访频繁，合作交流领域不断扩大，双方就联合国改革、人权、反恐等热点问题进行密切磋商。2003年12月，温家宝总理正式访问墨西哥，与福克斯总统共同宣布两国建立战略伙伴关系。2004年8月，中国—墨西哥政府间常设委员会成立，迄今已举行三次会议并签署了《2006~2012年共同行动计划》。2005年9月，胡锦涛主席对墨西哥进行国事访问。2008年7月，卡尔德龙总统对中国进行国事访问，两国元首共同宣布建立中墨战略对话。2008年5月中国四川汶川地震发生后，墨西哥政府向中国提供10万美元救灾捐款。墨西哥航空公司免费为中国运送救灾物资。2009年4月墨西哥爆发甲型

第七章 外 交

H1N1 流感疫情后，中国政府向墨西哥政府提供 500 万美元人道主义紧急援助。中国红十字会向墨西哥提供 5 万美元援助。2009年 2 月，中国国家副主席习近平访问墨西哥。

二 双边贸易

中国和墨西哥虽远隔重洋，但两国早在 400 多年前就有贸易往来。据记载，1565 年西班牙殖民者在征服菲律宾和墨西哥后，利用当时业已存在的中国和菲律宾的海上贸易，把中国的陶瓷、丝绸等产品输往墨西哥的阿卡普尔科港，同时又把拉美的可可、玉米等产品运到中国。这段历史距今已 400 多年，可谓源远流长。但是，中墨贸易的快速发展还是在两国建交以后。1972年两国建交时，双边贸易额只有 1299 万美元，1973 年中国与墨西哥签订了贸易协定，成立了贸易混合委员会。2000 年，中国与墨西哥双边贸易突破 18 亿美元。目前，墨西哥是中国在拉丁美洲的第二大贸易伙伴和最大出口市场。中国是墨西哥第五大出口市场和第二大进口来源国。根据中国海关统计，2007 年中国与墨西哥双边贸易额达到 149.7 亿美元，同比增长 31.0%。2008 年，双边贸易额达 175.6 亿美元，同比增长 17.3%，其中中方出口 138.5 亿美元，进口 37.1 亿美元，同比分别增长 18.3% 和 13.6%。

表 7-1 中国与墨西哥双边贸易统计

单位：亿美元，%

年份	中国出口		中国进口		顺(逆)差
	出口额	增长率	进口额	增长率	
2004	48.8	51.8	17.8	31.1	31.0
2005	55.4	11.4	22.3	4.0	33.1
2006	88.2	59.2	26.0	16.6	62.2
2007	117.1	32.8	32.6	28.1	84.5
2008	138.5	18.3	37.1	13.6	101.4

资料来源：中国商务部。

中国对墨西哥出口的主要产品为电机、电气、音像设备及其零附件；核反应堆、锅炉、机械器具及零件；光学、照相、医疗等设备及零部件；从墨西哥进口的主要产品为铜及其制品、矿砂、矿渣及矿灰；电机、电气、音像设备及其零部件、车辆及其零部件（铁道车辆除外）；核反应堆、锅炉、机械器具及零件、有机化学品、熟料及其制品等。

目前，两国贸易存在的问题是双边贸易不平衡，墨西哥一直处于逆差地位。从 2003 年开始，中国超过日本成为墨西哥最大的贸易逆差来源国。此后，随着两国贸易额的不断扩大，墨西哥的逆差也在加大。2007 年墨方贸易逆差为 84.5 亿美元，2008 年上升至 101.4 亿美元。

三 双边经济合作

中国与墨西哥在政治、经贸、司法、旅游、运输、科学技术、文化教育等领域均签订有许多合作协定。2005 年 9 月 12 日，中国政府和墨西哥政府签署了关于避免双重征税和防止偷漏税的协定。2008 年 7 月 11 日，两国政府签署了《中华人民共和国政府和墨西哥合众国政府关于促进和相互保护投资的协定》。

中国和墨西哥的经济技术合作始于 20 世纪 80 年代，但规模不大，而且仅限于港口疏浚、制衣业等少数领域。近年来，双边经贸合作从单一的货物贸易逐步向相互投资、举办经济技术合作项目方向发展。目前，墨西哥是中国在拉丁美洲的第三大投资对象国。据中国商务部统计，2008 年，经中国商务部批准或备案，中国在墨西哥完成非金融类直接投资金额 1219 万美元。截至 2008 年 10 月，中国累计在墨西哥投资 4 亿美元。主要投资领域为电视机生产、纺织服装和农业开发等。

2008 年，中国公司在墨西哥完成承包工程营业额 5.23 亿美元，完成劳务合作合同金额 664 万美元。截至 2008 年 10 月，中国公司累计在墨西哥签订承包工程合同额 13.3 亿美元，完成营业额 21.7 亿美元。中国在墨西哥投资和承包的主要项目有新天集团农业综合开发项目、华源集团棉纺厂项目、河南金龙集团螺纹铜管加工厂、联想集团计算机生产厂等。

墨西哥对华投资始于 1991 年。据中国商务部统计，2008 年，墨西哥对华投资项目 19 个，实际使用金额 385 万美元，同比减少 31.98%。截至 2008 年 10 月，墨西哥在华投资累计设立企业 131 家，合同外资金额 4.33 亿美元，实际投入金额 7036 万美元，主要涉及仓储、房地产、冶金等行业。

第八节 对当前重大国际问题的立场

关于国际关系准则：主张和平解决争端、维护民族自决和国际法等准则；反对单边主义，呼吁加强多边机制和国际合作；强调只有在充分尊重国际法的基础上，通过多边机制解决冲突，才能实现和平与发展。

关于国际形势：全球化造成的不平衡损害了发展中国家特别是最贫穷国家的利益，导致暴力、有组织犯罪和恐怖主义时刻威胁着世界和平与安全。和平、发展、安全三者紧密相连，没有发展就不会有持久的和平与安全。目前，国际社会面临的最大挑战是贫困、国际恐怖主义、环境恶化以及大规模杀伤性武器扩散。各国应团结一致，共同寻求解决办法。

关于经济全球化：经济全球化是当今世界不可逆转的趋势，为各国实现共同发展提供了机遇。在这一进程中，富国与穷国间的差距拉大，由此引发更多的分歧与争端。应建立人性化、体现社会公正的全球化。

关于联合国改革：系"观点相近国家"核心成员，反对

墨西哥

"四国集团"提案；支持联合国进行全面改革，以使其更具影响力、更民主和更有效，改革应兼顾安全和发展等领域，推动实现千年发展目标；支持安理会在维护世界和平与安全上发挥核心作用，安理会组成应更具代表性，增加有否决权的常任理事国将会导致权力进一步集中，应根据地区平衡原则适当增加非常任理事国名额，并允许连选连任；主张通过协商一致的原则对安理会进行改革，反对单方面强行推动改革方案。

关于民主、人权：认为民主是推动发展和保证公民基本权利与自由的执政体系；强调没有社会公正、就业和经济增长的民主是不完整的民主；主张建立保护人权的国际新秩序，推动承认人权的普遍价值，强化国际人权保护机制；反对将人权问题政治化，呼吁加强人权领域的国际合作。墨西哥支持成立联合国人权理事会。

关于国际反恐：支持打击各种形式的恐怖主义，但反恐行动应在联合国宪章、国际法和有关条约的框架下进行，不能借反恐之名侵犯人权；呼吁各国就反恐开展国际合作。

关于伊拉克问题：主张通过联合国安理会等多边途径解决伊拉克问题，提倡联合国在伊拉克问题上的主导权，反对单边主义和战争。在伊重建问题上，应尊重伊主权和人民的自决权，保障其领土和资源完整。

关于能源问题：寻求与各国开展能源合作，但不会放弃主权；承诺共同维护国际能源市场的稳定；愿推动石油输出国组织与独立产油国间开展对话，推动石油生产国与消费国间加强联系与沟通。

关于可持续发展问题：重视可持续发展，系美洲大陆第一个批准《京都议定书》的国家。积极参与约翰内斯堡世界可持续发展会议的工作，并推动成立了"观点相近的生物多样性大国集团"，其目标是推动生态多样化，公平分配和享有基因资源。

第七章 外交

墨西哥认为减少温室气体排放和缓解全球气候变暖造成的环境危机是世界各国面临的共同责任与义务。

关于美洲自由贸易区：墨西哥是美国美洲自由贸易区政策的积极支持者，认为美洲自由贸易区为促进本地区商品流通和投资提供了最佳舞台，自由贸易协定应有助于缩小各国间的发展差异，以建设一个更加公正、公平的西半球。与美一道力主恢复美洲自由贸易谈判（FTTA）。

关于扫毒：墨西哥重视扫毒，已同十余个国家签有联合扫毒协定，同时强调不干涉内政、互相尊重主权的原则，不允许外国监督、视察，反对建立泛美扫毒部队。

附　录

墨西哥历任总统

任　期	总统姓名
1824.10.10~1829.3.31	瓜达卢佩·维多利亚
1829.4.1~1829.12.17	维森特·格雷罗
1829.12.18~1829.12.14	何塞·玛丽亚·博卡内格拉[①]
	卢卡斯·阿拉曼
	路易斯·金塔纳
1829.12.25~1829.12.31	佩德罗·贝莱斯
1830.1.1~1832.8.23	安纳斯塔西奥·布斯塔曼特
1832.8.14~1832.12.23	梅尔乔·穆斯基斯
1832.12.24~1833.3.31	曼努埃尔·戈麦斯·佩得拉萨
1833.4.1~1833.5.16	巴伦廷·戈麦斯·法利亚斯
1833.5.16~1833.6.3	安东尼奥·洛佩斯·德·桑塔安纳
1833.6.3~1833.6.18	巴伦廷·戈麦斯·法利亚斯
1833.6.18~1833.7.3	安东尼奥·洛佩斯·德·桑塔安纳
1833.7.3~1833.10.27	巴伦廷·戈麦斯·法利亚斯
1833.10.27~1833.12.15	安东尼奥·洛佩斯·德·桑塔安纳
1833.12.15~1834.4.23	巴伦廷·戈麦斯·法利亚斯

续表

任　期	总统姓名
1834. 4. 24 ~ 1835. 1. 21	安东尼奥·洛佩斯·德·桑塔安纳
1835. 1. 28 ~ 1836. 2. 27	米格尔·巴拉甘
1836. 2. 27 ~ 1837. 4. 19	何塞·胡斯托·科罗
1837. 4. 27 ~ 1839. 3. 20	安纳斯塔西奥·布斯塔曼特
1837. 4. 27 ~ 1839. 7. 10	安东尼奥·洛佩斯·德·桑塔安纳
1839. 7. 11 ~ 1839. 7. 19	尼古拉斯·布拉沃
1839. 7. 19 ~ 1841. 9. 22	安纳斯塔西奥·布斯塔曼特
1841. 9. 22 ~ 1841. 10. 10	哈维尔·艾切维里亚
1841. 10. 10 ~ 1842. 10. 25	安东尼奥·洛佩斯·德·桑塔安纳
1842. 10. 26 ~ 1843. 3. 4	尼古拉斯·布拉沃
1843. 3. 5 ~ 1843. 10. 4	安东尼奥·洛佩斯·德·桑塔安纳
1843. 10. 4 ~ 1844. 6. 4	巴伦廷·卡纳利索
1844. 6. 4 ~ 1844. 9. 11	安东尼奥·洛佩斯·德·桑塔安纳
1844. 9. 12 ~ 1844. 9. 21	何塞·华金·德埃雷拉
1844. 9. 21 ~ 1844. 12. 6	巴伦廷·卡纳利索
1844. 12. 6 ~ 1845. 12. 30	何塞·华金·德埃雷拉
1845. 12. 31 ~ 1846. 7. 28	马里亚诺·帕雷德斯－阿里利亚加
1846. 7. 28 ~ 1846. 8. 6	尼古拉斯·布拉沃
1846. 8. 6 ~ 1846. 12. 23	马里亚诺·萨拉斯
1846. 12. 24 ~ 1847. 3. 21	巴伦廷·戈麦斯·法利亚斯
1847. 3. 21 ~ 1847. 4. 2	安东尼奥·洛佩斯·德·桑塔安纳
1847. 4. 2 ~ 1847. 5. 20	佩德罗·马丽亚·安纳亚
1847. 5. 20 ~ 1847. 9. 15	安东尼奥·洛佩斯·德·桑塔安纳
1847. 9. 16 ~ 1847. 11. 11	曼努埃尔·德拉培亚－培尼亚
1847. 11. 2 ~ 1848. 1. 8	佩德罗·马丽亚·安纳亚
1848. 1. 9 ~ 1848. 6. 2	曼努埃尔·德拉培亚－培尼亚
1848. 6. 3 ~ 1851. 1. 15	何塞·华金·德埃雷拉
1851. 1. 15 ~ 1853. 1. 6	马里亚诺·阿里斯塔

续表

任　　期	总统姓名
1853.1.6～1853.2.7	胡安·包蒂斯塔·塞瓦略斯
1853.2.8～1853.4.20	曼努埃尔·马丽亚·隆巴尔迪里
1853.4.20～1855.8.9	安东尼奥·洛佩斯·德·桑塔安纳
1855.8.14～1855.9.12	马尔丁·卡雷拉
1855.9.12～1855.10.3	罗慕洛·迪亚斯·德拉维加
1855.10.4～1855.12.10	胡安·阿尔瓦雷斯
1855.12.11～1858.1.11	伊格纳西奥·科蒙福特
1858.1.11～1858.12.23	费利克斯·苏洛亚加
1858.12.24～1859.1.21	曼努埃尔·罗夫莱斯·佩苏埃拉
1859.1.21～1859.2.2	马里亚诺·萨拉斯
1859.2.2～1860.8.13	米格尔·米拉蒙
1860.8.14～1860.8.15	何塞·伊格纳西奥·巴博恩
1860.8.16～1860.12.14	米格尔·米拉蒙
1858.1.19～1872.7.18	贝尼托·华雷斯
1872.7.19～1876.11.27	塞瓦斯蒂安·莱多·德特哈达
1876.10.31～1877.3.15	何塞·马丽亚·伊格纳西亚斯
1876.11.28～1876.12.6	波菲利奥·迪亚斯
1876.12.6～1877.2.16	胡安·N.门德斯
1877.2.16～1880.11.30	波菲利奥·迪亚斯
1880.12.1～1884.11.30	曼努埃尔·冈萨莱斯
1884.12.1～1911.5.25	波菲利奥·迪亚斯
1911.5.26～1911.11.6	弗朗西斯科·莱翁·德拉巴拉
1911.11.6～1913.2.18	弗朗西斯科·I.马德罗
1913.2.19～1913.2.19	佩德罗·拉斯库赖因
1913.2.19～1914.7.15	维多利亚诺·韦尔塔
1914.7.16～1914.8.13	弗朗西斯科·S.卡瓦哈尔
1914.8.20～1920.5.21	贝努斯蒂亚诺·卡兰萨
1914.11.3～1915.1.16	欧拉利奥·古铁雷斯

续表

任　　期	总统姓名
1915.1.16~1915.6.10	罗克·冈萨雷斯·加尔萨
1915.6.10~1915.10.10	弗朗西斯科·拉戈斯·查萨罗
1920.5.24~1920.11.30	阿道弗·德拉韦尔塔
1920.12.1~1924.11.30	阿尔瓦罗·奥夫雷贡
1924.12.1~1928.11.30	普卢塔科·埃利亚斯·卡列斯
1928.12.1~1930.2.5	埃米略·波特斯·希尔
1930.2.5~1932.9.4	帕斯库亚尔·奥尔蒂斯·鲁维奥
1932.9.4~1934.11.30	阿维拉多·L.罗德里格斯
1934.12.1~1940.11.30	拉萨罗·卡德纳斯
1940.12.1~1946.11.30	曼努埃尔·阿维拉·卡马乔
1946.12.1~1952.11.30	米格尔·阿莱曼
1952.12.1~1958.11.30	阿道弗·鲁伊斯·柯尔蒂内斯
1958.12.1~1964.11.30	阿道弗·洛佩斯·马特奥斯
1964.12.1~1970.11.30	古斯塔沃·迪亚斯·奥尔达斯
1970.12.1~1976.11.30	路易斯·埃切维里亚
1976.12.1~1982.11.30	何塞·洛佩斯·波蒂略
1982.12.1~1988.11.30	米格尔·德拉马德里
1988.12.1~1994.11.30	卡洛斯·萨利纳斯·德戈塔里
1994.12.1~2000.11.30	埃内斯托·塞迪略·庞塞·德莱昂
2000.12.1~2006.11.30	比森特·福克斯·克萨达
2006.12.1~2012.11.30	费利佩·卡尔德龙·伊诺霍萨

①1829年12月18日至12月24日，三个总统同时执掌最高权力，称"三头执政府"。

主要资料来源：*All About Mexico*，*Encyclopedia of Mexico1986*。

主要参考文献

一 中文参考书目

吕龙根、陈芝芸编著《墨西哥》,各国手册丛书,上海,上海辞书出版社,1986。

徐世澄著《墨西哥》,外国习俗丛书,北京,世界知识出版社,2000。

李春辉著《拉丁美洲史稿》下册,北京,商务印书馆,1983。

李明德主编《简明拉丁美洲百科全书》,北京,中国社会科学出版社,2001。

刘文龙著《墨西哥通史》,上海,上海社会科学院出版社,2008。

〔苏〕阿尔比罗维奇、拉甫罗夫主编《墨西哥近现代史纲1810~1945年》,刘立勋译,北京,生活·读书·新知三联书店,1974。

曾昭耀:《政治稳定与现代化——墨西哥政治模式的历史考察》,北京,东方出版社,1996。

徐世澄著《墨西哥政治经济改革及模式转换》,北京,世界知识出版社，2004。

徐世澄著《墨西哥革命制度党的兴衰》，北京，世界知识出版社，2009。

苏振兴主编《拉丁美洲的经济发展》，北京，经济管理出版社，2000。

曾昭耀著《现代化战略选择与国际关系——拉美经验研究》，北京，社会科学文献出版社，2000。

曾昭耀、黄慕洁著《当今墨西哥教育概览》，郑州，河南教育出版社，1994。

孙若彦著《经济全球化与墨西哥对外战略的转变》，北京，中国社会科学出版社，2004。

二　外文参考书目

〔英〕布莱恩·海姆奈特著《墨西哥简史》，剑桥国别简史丛书，上海外语教育出版社，2006。

Ezequiel Padilla Couttolenc ed, *All About Mexico*, *Encyclopedia of Mexico*, Compañía Editorial Ultra, 1986.

Douglas W. Richmond, *The Mexican Nation: Historical Continuity and Modern Change*, Pearson Education, Inc. 2002.

KPMG (2006), *Investment in Mexico 2006*.

Chambers, Edward J. and Peter H. Smith eds., *NAFTA in the New Millennium*. University of California Press, 2002.

Riordan Roett ed., *Mexico's External Relations in the 1990s*, Boulder Colorado: Lynne Rienner Publishers, 1991.

Jorge I. Dominguez and Rafael Fernandez de Castro, *The United States and Mexico: between partnership and conflict*, Westview Press, 2001.

三　参考网站

墨西哥经济部网站：http://www.economia.gob.mx
墨西哥银行网站：http://www.banxico.org.mx
墨西哥外交部网站：http://www.sre.gob.mx
墨西哥财政与公共信贷部网站：http://www.shcp.gob.mx
墨西哥国家统计、地理及信息局网站：http://www.inegi.gob.mx
墨西哥议会网站法律索引，http://www.diputados.gob.mx/LeyesBiblio/index.htm
中国商务部网站：http://www.mofcom.gov.cn
中国驻墨西哥大使馆经济商务参赞处：http://mx.mofcom.gov.cn/ddfg/ddfg.html
中国外交部网站：http://www.fmprc.gov.cn
联合国拉美经委会网站：http://www.cepal.org

《列国志》已出书书目

2003 年度

《法国》，吴国庆编著
《荷兰》，张健雄编著
《印度》，孙士海、葛维钧主编
《突尼斯》，杨鲁萍、林庆春编著
《英国》，王振华编著
《阿拉伯联合酋长国》，黄振编著
《澳大利亚》，沈永兴、张秋生、高国荣编著
《波罗的海三国》，李兴汉编著
《古巴》，徐世澄编著
《乌克兰》，马贵友主编
《国际刑警组织》，卢国学编著

2004 年度

《摩尔多瓦》，顾志红编著
《哈萨克斯坦》，赵常庆编著
《科特迪瓦》，张林初、于平安、王瑞华编著

《新加坡》，鲁虎编著
《尼泊尔》，王宏纬主编
《斯里兰卡》，王兰编著
《乌兹别克斯坦》，孙壮志、苏畅、吴宏伟编著
《哥伦比亚》，徐宝华编著
《肯尼亚》，高晋元编著
《智利》，王晓燕编著
《科威特》，王景祺编著
《巴西》，吕银春、周俊南编著
《贝宁》，张宏明编著
《美国》，杨会军编著
《国际货币基金组织》，王德迅、张金杰编著
《世界银行集团》，何曼青、马仁真编著
《阿尔巴尼亚》，马细谱、郑恩波编著
《马尔代夫》，朱在明主编
《老挝》，马树洪、方芸编著
《比利时》，马胜利编著
《不丹》，朱在明、唐明超、宋旭如编著
《刚果民主共和国》，李智彪编著
《巴基斯坦》，杨翠柏、刘成琼编著
《土库曼斯坦》，施玉宇编著
《捷克》，陈广嗣、姜琍编著

2005 年度

《泰国》，田禾、周方冶编著

《列国志》已出书书目

《波兰》，高德平编著
《加拿大》，刘军编著
《刚果》，张象、车效梅编著
《越南》，徐绍丽、利国、张训常编著
《吉尔吉斯斯坦》，刘庚岑、徐小云编著
《文莱》，刘新生、潘正秀编著
《阿塞拜疆》，孙壮志、赵会荣、包毅、靳芳编著
《日本》，孙叔林、韩铁英主编
《几内亚》，吴清和编著
《白俄罗斯》，李允华、农雪梅编著
《俄罗斯》，潘德礼主编
《独联体（1991~2002）》，郑羽主编
《加蓬》，安春英编著
《格鲁吉亚》，苏畅主编
《玻利维亚》，曾昭耀编著
《巴拉圭》，杨建民编著
《乌拉圭》，贺双荣编著
《柬埔寨》，李晨阳、瞿健文、卢光盛、韦德星编著
《委内瑞拉》，焦震衡编著
《卢森堡》，彭姝祎编著
《阿根廷》，宋晓平编著
《伊朗》，张铁伟编著
《缅甸》，贺圣达、李晨阳编著
《亚美尼亚》，施玉宇、高歌、王鸣野编著
《韩国》，董向荣编著

2006 年度

《联合国》，李东燕编著
《塞尔维亚和黑山》，章永勇编著
《埃及》，杨灏城、许林根编著
《利比里亚》，李文刚编著
《罗马尼亚》，李秀环编著
《瑞士》，任丁秋、杨解朴等编著
《印度尼西亚》，王受业、梁敏和、刘新生编著
《葡萄牙》，李靖堃编著
《埃塞俄比亚 厄立特里亚》，钟伟云编著
《阿尔及利亚》，赵慧杰编著
《新西兰》，王章辉编著
《保加利亚》，张颖编著
《塔吉克斯坦》，刘启芸编著
《莱索托 斯威士兰》，陈晓红编著
《斯洛文尼亚》，汪丽敏编著
《欧洲联盟》，张健雄编著
《丹麦》，王鹤编著
《索马里 吉布提》，顾章义、付吉军、周海泓编著
《尼日尔》，彭坤元编著
《马里》，张忠祥编著
《斯洛伐克》，姜琍编著
《马拉维》，夏新华、顾荣新编著
《约旦》，唐志超编著

《安哥拉》，刘海方编著
《匈牙利》，李丹琳编著
《秘鲁》，白凤森编著

2007 年度

《利比亚》，潘蓓英编著
《博茨瓦纳》，徐人龙编著
《塞内加尔 冈比亚》，张象、贾锡萍、邢富华编著
《瑞典》，梁光严编著
《冰岛》，刘立群编著
《德国》，顾俊礼编著
《阿富汗》，王凤编著
《菲律宾》，马燕冰、黄莺编著
《赤道几内亚 几内亚比绍 圣多美和普林西比 佛得角》，李广一主编
《黎巴嫩》，徐心辉编著
《爱尔兰》，王振华、陈志瑞、李靖堃编著
《伊拉克》，刘月琴编著
《克罗地亚》，左娅编著
《西班牙》，张敏编著
《圭亚那》，吴德明编著
《厄瓜多尔》，张颖、宋晓平编著
《挪威》，田德文编著
《蒙古》，郝时远、杜世伟编著

2008 年度

《希腊》，宋晓敏编著
《芬兰》，王平贞、赵俊杰编著
《摩洛哥》，肖克编著
《毛里塔尼亚　西撒哈拉》，李广一主编
《苏里南》，吴德明编著
《苏丹》，刘鸿武、姜恒昆编著
《马耳他》，蔡雅洁编著
《坦桑尼亚》，裴善勤编著
《奥地利》，孙莹炜编著
《叙利亚》，高光福、马学清编著

2009 年度

《中非　乍得》，汪勤梅编著
《尼加拉瓜　巴拿马》，汤小棣、张凡编著
《海地　多米尼加》，赵重阳、范蕾编著
《巴林》，韩志斌编著
《卡塔尔》，孙培德、史菊琴编著
《也门》，林庆春、杨鲁萍编著

2010 年度

《阿曼》，仝菲、韩志斌编著
《华沙条约组织与经济互助委员会》，李锐、吴伟、
　金哲编著

图书在版编目（CIP）数据

墨西哥/谌园庭编著.—北京：社会科学文献出版社，2010.11
（列国志）
ISBN 978-7-5097-1598-7

Ⅰ.①墨… Ⅱ.①谌… Ⅲ.①墨西哥-概况 Ⅳ.①K973.1

中国版本图书馆 CIP 数据核字（2010）第 142227 号

墨西哥（Mexico） ·列国志·

编 著 者/谌园庭
审 定 人/吴国平 袁东振 陈芝芸

出 版 人/谢寿光
总 编 辑/邹东涛
出 版 者/社会科学文献出版社
地　　址/北京市西城区北三环中路甲 29 号院 3 号楼华龙大厦
邮政编码/100029
网　　址/http：//www.ssap.com.cn
网站支持/（010）59367077
责任部门/人文科学图书事业部（010）59367215
电子信箱/bianjibu@ssap.cn
项目经理/宋月华
责任编辑/孙以年
责任校对/曹艳浏
责任印制/郭妍 岳阳 吴波

总 经 销/社会科学文献出版社发行部
　　　　（010）59367081　59367089
经　　销/各地书店
读者服务/读者服务中心（010）59367028
排　　版/北京中文天地文化艺术有限公司
印　　刷/三河市尚艺印装有限公司

开　　本/880mm×1230mm　1/32
印　　张/10.625　字数/268 千字
插图印张/0.25
版　　次/2010 年 11 月第 1 版　印次/2010 年 11 月第 1 次印刷

书　　号/ISBN 978-7-5097-1598-7
定　　价/39.00 元

本书如有破损、缺页、装订错误，
请与本社读者服务中心联系更换

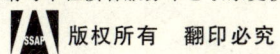

版权所有　翻印必究

《列国志》主要编辑出版发行人

出 版 人	谢寿光
总 编 辑	邹东涛
项目负责人	杨　群
发 行 人	王　菲
编辑主任	宋月华
编　　辑	（按姓名笔画排序）
	孙以年　朱希淦　宋月华
	宋培军　周志宽　范　迎
	范明礼　袁卫华　徐思彦
	黄　丹　魏小薇
封面设计	孙元明
内文设计	熠　菲
责任印制	岳　阳　郭　妍　吴　波
编　　务	杨春花
责任部门	人文科学图书事业部
电　　话	（010）59367215
网　　址	ssdphzh_cn@sohu.com